**人生幸福和事業成功的全面指導**

# NLP
## 實踐指南

Ian McDermott　　Wendy Jago
伊恩·麥克德莫特　　溫蒂·賈珂 ——————— 著

張小孬、李曉岩 ——————— 譯

## the NLP Coach

A Comprehensive Guide to
*Personal Well-Being* & *Professional Success*

# 獻詞

獻給那些勇於做夢的人，
知道有更多東西可以爭取的人，
以及有勇氣開創自身事業的人。
我們想要說的是：「加油！加油！」

這裡提供的工具能夠支持你的旅程。

# 目次

# 序言

這是一本實踐指導書，將為你在生活中各方面獲得成功提供靈感，以及循序漸進的指導。它解釋了 NLP（Neuro-Linguistic Programming，神經語言程式學，其中包含了大量的資訊和技巧）與教練技術的結合，將如何讓你運用清楚有效的方法，把所有的事情都做到卓越。

或許你心中有明確的目標，或許你正留心去擴展自己的技能。本書的目的就是利用 NLP 的幫助，讓你在這兩方面都獲得成功。關於 NLP，目前市場上已經有了很多卓越的書，但本書的特別之處就在於，它首次將 NLP 和教練技術結合起來，並且展示這樣的結合將為你的生活帶來多少活力。

儘管你可能認為 NLP 就是大量的工具，而教練技術僅僅是為你實現既定目標提供支持的一些原則。實際上，NLP 和教練技術之所以有用，是因為它們能提供可運用的方法。這些方法關注的是成就問題，並且可以透過具體的技巧來講授。

我們於 1980 年代中期在一個專業的工作坊結識，並在工作坊裡搭檔做一些培訓練習。伊恩當時正在籌建國際教學研討會（International Teaching Seminars, ITS），而身為治療專家的溫蒂在加強實踐能力。由於我們在那之前都接觸過 NLP，意識到 NLP 將為人們理解生活、提高生活品質，帶來莫大的幫助。

在那次相遇之後，伊恩成了享譽全球的 NLP 培訓師、教練、顧問和作家，而溫蒂也成了一名治療專家、教練和培訓師，並且透過自己的努力，為成百上千人提供了幫助。當溫蒂在 NLP 培訓中遇到困難而無法前進時，自然而然地求助於國際教學研討會。我們在那次重逢後，成了寫作上的搭檔。

在本書中，當我們使用「我們」這個詞時，大多數時候是把自己看成 NLP 教練以及本書的作者。為了清楚和直接的目的，我們會經常使用「你」這個字，比如「當你注意到……」和「當你想去做……」。然而，我們要強調的是，NLP 是你日常生活結構的一部分，並且它所提供的方法和工具是非常寶貴的。

## ◤ 這本書能帶給你什麼？

這是第一部將 NLP 和教練技術完美結合的書，它的出發點是幫你完成具體的目標、管理生活的重要面向。

或許你會疑惑：一本書的作用能跟一個教練的作用一樣大嗎？我們相信，接受書中所說的指導，將是一種動態且互動的經歷。同樣的，我們也希望，隨著你閱讀本書，會發現有了許多與自己的內心對話。

通常，我們會像教練那樣，透過對你提問來促使你思考，並以此提升這樣的對話。或者，我們會建議你透過自身的經歷來辨別一些事件，就像專職私人教練一樣，在書中不同的地方，我們會要求你抽出時間思考一下你目前的目標是什麼。當你清楚了自己的願望以後，就會朝著目標來安排自己的生活，無論是有意識的還是無意識的。隨著閱讀，你就會將書中所學應用於所處的環境、你的需求及目標。

本書一共分為五個部分。第一部分詳細地闡釋 NLP 和教練技術。第二部分將回顧那些你需要用來實現目標的基本 NLP 工具。閱讀過程中，你會發現我們經常提及這些工具，並且告訴你，為了特定的情況和成果，該如何利用這些工具。所以，隨著閱讀，你會對它們越來越熟悉。第三部分研究成功和失敗意味著什麼，也就是說，你應該感興趣的，是你所做的事情，而不是僅僅用非黑即白、非善

即惡的標準來評判它；這樣做對你是很有幫助的。第四部分研究了取得成功所必需的五個重要的面向。最後，第五部分將聚焦於你生活的重要面向，並且幫你：

- 增強自尊心。
- 建構良好的關係。
- 增強腦力。
- 獲得健康、富裕和幸福。
- 讓工作更有價值。
- 精神更加煥發。

一旦你掌握了 NLP 工具和教練技術，就可以在需要的時候進一步將它們應用到生活的各個面向。我們發現，就像專職教練能讓人進步一樣，當人們開始自問一些教練才會問到的問題，就會找到問題的答案。換言之，教練技巧可以讓你做自己的教練。我們相信，隨著閱讀，你就會發現這種情況發生了。這就是為什麼我們會舉一些「尚無定論」的例子，或者建議你使用某些 NLP 工具，而非列一個詳盡無遺的清單。

根據我們的經驗，透過學習教練技術，可以讓你養成一個習慣，那就是自問：「那麼，還有什麼呢？」這樣的習慣對你提出了更高的要求，並且，它不斷地向你證明，你原先所相信的，並非就是事情的全部。同時，我們希望也相信隨著你的閱讀，你就會開始享受身為自己的教練的快樂了。

# PART 1

# 教練技術和NLP

人類的思維、感受及行為都靠大腦來組織。NLP 將帶給你的是實用的工具。有了這些工具，我們就能理解自己的經驗是如何產生的，以及如何與自己和他人進行交流。

身為人類，我們在思維、感受及行為方面，都是習慣性的動物。有些習慣是非常讓人受用的，另一些則可能不起作用、產生限制作用，甚至是破壞作用。有了 NLP 的幫助，我們可以瞭解自己的習慣屬於何種類型；它們在過去是如何形成的，目前是如何影響你的，又將如何影響你的未來。此外，NLP 告訴你多種工具，來改變或調整自己的習慣模式，以便與你的生活重點和奮鬥目標相吻合。

由於 NLP 提供了這樣的見解，就證明了它本身在個人的發展和溝通方面，都是一個強力的工具；它將使你有卓越的榜樣來促進生活的改善、能快速有效地實現目標，並應用在工作和生活中所學到的知識。理解並應用 NLP，會讓你：清楚自己的真正願望；實現目標；提出解決問題的新方法；掌握你所羨慕的別人的一技之長；更有效地支配時間；培養你的目的感；清楚自己的價值觀，並讓你的行動與之保持一致；發現你的個人信念何以幫助或制約你；讓你為需求而做出改變；克服失敗經歷帶來的影響；讓你在實現目標的道路上信心百倍。

那麼，教練技術是如何介入這個過程的呢？教練通常會透過電話對學員進行單獨指導。教練可以幫助你制定出明確且有可能完成的目標，以及為了實現該目標有哪些必經的步驟，確定在這個過程中有哪些內在和外部的資源對之有幫助，並且持續追蹤和採取必要的行動，來確保你穩步前進。教練技術提供了一個清晰的結構性安排，安排中並未列出「你應該做什麼」、「你該怎麼做」等內容，這表示你對這些問題都有自己的答案，儘管你可能還沒意識到它。

# 第 1 章
# 什麼是 NLP？

NLP（神經語言程式學）是一門研究人類卓越表現的學問，提供了大量關於人類如何理解自身的經驗，以及如何理解與他人的溝通等方面的知識。

這一切要追溯到 1970 年代，當時加州大學聖克魯茲分校（UCSC）數學系的學生理查‧班德勒（Richard Bandler），已經著手研究完形療法創始人弗莉茲‧波爾斯（Fritz Perls）的作品。該校的語言學教授約翰‧葛瑞德（John Grinder），對班德勒正在努力複製的語言學模式感到著迷。他們相識之後，對於弗莉茲‧波爾斯、維琴吉尼亞‧薩提爾（Virginia Satir）和米爾頓‧艾瑞克森（Milton Erickson）等傑出心理治療大師，如何成功幫助案主在生活中做出巨大改變而感到好奇，後來也明白了其中的緣由。

這就是 NLP 追逐卓越表現的開始。最初，班德勒和葛瑞德與一個由學生和同事組成的非正式小組一起工作，這個小組的部分成員對 NLP 的發展做出了貢獻，成為 NLP 理論的共同發起人，其中包括了羅伯特‧迪爾茨（Robert Dilts）、茱蒂絲‧迪羅西爾（Judith DeLozier）、萊絲里‧卡麥隆‧班德勒（Leslie Cameron-Bandler）、大衛‧戈登（David Gordon）和史蒂芬‧吉利根（Stephen Gillighan），他們已經是這個領域裡著名的人物，每個人都為 NLP 的發展做出了巨大的貢獻，並且都有發表著作。對他們提出的研究問題之回答，構成了 NLP 的基礎。從一開始，他們就相互協作，親身實踐，而 NLP 的這個傳統也保留至今。

在許多領域裡，人們透過讓其本人介紹自己的理論，來試圖理解他們是如何做得如此卓越，這樣的努力屢見不鮮。比如，他們工作的基礎是什麼？他們認為自己實現目標的原因和方法是什麼？他們的答案與自己的個人經歷和訓練有關，但無論是治療專家還是高爾夫球球員，他們的答案往往是一些關於其信念和理論方面的東西，而沒有告訴我們，他們究竟是怎麼去做的。

NLP 的創始者問的卻是不同的問題。他們感興趣的是取得卓越的過程中，究竟有哪些事情發生。比如，當治療效果很好，並且案主克服了自身的問題時，他們外在的、可以觀察到的行為，以及內心的思想和感受是什麼？這些人尋求的是結果，而不只是理論。他們想要瞭解究竟是什麼在起作用。引導他們的是「好奇心」，或者用「著迷」來形容更貼切。因為他們關注的事情越多，所問的問題越多，他們對目前發生之事的理解就越深刻，而且，越來越多證據顯示，「卓越」（在此例中，是指治療的效果）具有清晰的結構。於是，他們一邊探索這些結構，一邊向人們傳授。

1970 年代、1980 年代出版的許多關於 NLP 早期研究的書籍，展現了這些早期活動的生機和熱情。由 Real People 出版社出版的《王子變青蛙》（*Frogs into Princes*, 1979）、《改變》（*Transformations*, 1981）、《換框法》（*Reframing*, 1982）等書，就反映了他們在發現人類思維和行為的基本模式之後的驚奇，以及有能力運用這些知識，去形成足以幫助人們改善生活的強大技巧之後的激動心情。

然而，NLP 不只是這些具體的技巧，它還包括了大量的知識，是看待事物的一種方法，或者說是一種態度。它的基礎是人們真實的思考和行為，而不是以他們為什麼這樣做的理論為依據的。因此，它根植於現實，並非來自推測。正因為如此，它提供的工具也是根植於現實的。其基礎是那些發揮作用的因素，所傳授的也是這些發

揮作用的因素。

　　從一開始，NLP 就涉及了行為，包括人們相互之間的行為和人們內在的行為。教練技術也是如此，它是教練和學員之間相互嚙合的過程，他們為實現學員的目標而共同努力。NLP 和教練技術有著共同的出發點，那就是它們相信你可以知道自己想要什麼，並且如果你擁有正確的方法和合適的資源的話，就有可能實現你的願望。因此，NLP 教練的工作就是幫助你找到所需的資源，讓你在一條最有可能實現目標的路上向前邁進。

　　NLP 的指導原則之一就是，「現實」並不是一種「外在」的事物，它是一件個人在大腦中真實、主動且親身去建構的事物。它的形成依賴於人們如何處理自己的經歷。同樣的事情對不同的人來說肯定代表不同的意義。一旦我們學會了用這種方法去看待自己或他人的經歷，就知道了自己有更多的選擇。NLP 在行為上為每個人提供了更多的選擇，無論是用更有效的方法來改善關係，或開啟一個更合適的職業，還是想讓生活過得更愉快。

　　每個人都能從 NLP 中獲益嗎？我們的經驗是，NLP 並非專家的特權，專家是站在高位上「解讀」或「指導」。做培訓或 NLP 工作的樂趣之一，就是不管你對 NLP 的瞭解有多少，也不管你已經運用 NLP 有多長的時間，它都可以為你提供新的見解和方法。NLP 不是一件專供你在工作之時去穿的大衣，而是一種讓你的理解力和所作所為，與你的思想和行動融為一體的方法，因為 NLP 就來自於思想和行為。這也是它可以輕鬆運用的原因。

# 利用 NLP 知識來認識世界

「每個人都創造了自己的現實」的這個事實，是由 NLP 的開創者發現的。大部分人都有過這樣驚訝的發現，那就是我們對某個事件的清晰記憶，與別人對此事的記憶大不相同，原因是我們關注的細節不同或得到的結論不同。有時這是很有趣的；有時幸運的話，我們能夠透過回憶整件事，來想出更好的主意；而有時我們的分歧可能很大，比如在爭吵或是打官司的時候。

當我們培訓的對象是夫妻或工作上的同事時，在我們看來，他們討論的好像不是同一件事。很明顯，每個人都相信自己心目中的「真相」。這是為什麼呢？

NLP 為我們形成不同的「真相」背後的過程，提供了一些重要的線索。人們用不同的方法，來篩選和記錄那些下意識發揮作用的資訊。大腦對資訊進行整理和分類的方法，在人與人之間有很大的不同，這就很容易引起誤解或分歧。

例如，我們的五種感官，不但向我們傳遞關於外界的資訊（視覺、聽覺、觸覺、味覺和嗅覺），而且我們還用它們來對資訊進行分析。我們會在內心再次把資訊呈現給自己。正是因為這樣，在 NLP 中，我們要討論表象系統（Representational System）。雖然其中的原因還不清楚，但是人們在做內在呈現的時候，總是偏愛某些感官（通常是一到兩種），儘管事實上，如果我們願意的話，可以使用全部五種感官。

某種表象系統很發達的人，看起來很出色，這甚至成了天才的必備要素。不但如此，還有更多直接的好處。當你知道自己能把哪些事情輕鬆又成功地完成時，就可以發揮自己的優勢，還能獲得意外的收穫。

傑瑞米是我們的一個學員，非常依賴聽覺。他很喜歡音樂，但是需要學會放鬆，以便維持自己的血壓。在實驗幾次之後，他發現讓音樂在大腦中播放，能讓自己的內心得到平靜。經過幾次練習之後，他發現自己不但可以在腦海中「演奏」整個章節的音樂，還可以有選擇地演奏某位指揮所帶領的音樂表演，或是一部分由某種單一樂器演奏的音樂。這對他來說並沒有什麼不尋常，只是一件「自然地」發生的事情。結果，這種能力對他來說非常有用，因為當他有規律地在腦海中為自己演奏音樂時，便覺得自己非常放鬆。在幾個星期的不斷練習之後，他的血壓也降到了正常水準，如果他可以按照這種方法繼續為自己演奏音樂，他的血壓就可以維持得很好。

　　如果你知道同一件事由不同的人經歷時，會遇到不同的整理機制和感官重點，就很容易理解不同的人有不同的現實了。

**案例**

瑪麗和芮恩在工作中參加同一個小組會議。會議討論的焦點是明年的計畫，也包括對一些特別提議的熱烈討論。會後，瑪麗感到很沮喪。「還是老生常談，陳腔濫調。」她說：「又一年過去了，我沒看到什麼不同。」芮恩則說：「我覺得不是。實際上，會議讓我受到鼓舞，我覺得山姆開始動搖自己的立場了，最後他沒有像以前那樣寸步不讓。」這是怎麼回事呢？很明顯的，瑪麗和芮恩聽到的是相同的話，但她們內心的篩檢程式卻給了她們不同的結果。瑪麗做的是視覺過濾（「沒看到什麼

不同」），並且很自然地傾向於找出這次會議和以往會議的相同點（「還是老生常談」）。這是一種後設程式。另一方面，芮恩做的是動覺過濾（「覺得」、「開始動搖立場」、「不再寸步不讓」）。她使用的是另一種後設程式，因為她傾向於找出這次會議和以往會議的不同（「開始」和最後的「立場動搖」）。儘管她們都需要更多的證據，來判斷自己的感覺在將來能否得到證實，但是由於表象系統和後設程式所產生的不同過濾系統，讓她們對同一件事有了大不相同的感覺。

為了確定這些不同，NLP 為我們提供了對事情的更豐富的理解，還為我們進行自我互動和與他人互動，提供了更多潛在的方法。這本書將告訴你如何逐步學會「用不同的眼光**看**問題」、「用一種新方法去**接觸**某人」、「第一次用合適的方法去**聆聽**他們」、「**品嚐**一次新經歷的味道」或「**聞**一下成功的甜蜜芳香」。

你還可以提高使用感官處理的能力，以便強化並檢驗你的預期目標，使其更加生動且吸引人。NLP 表明，那些實現目標的人，通常都會提前深刻地、詳細地、生動地想像自己的目標，並且同時運用幾種表象系統。他們會清晰鮮明地描繪出自己未來的情景；到時候會有怎樣的感受；聽到稱讚等等。我們將告訴你，如何運用這些及其他技巧，承載著你的願望走向成功。第三章會詳細介紹「肯定的未來」。

## ▰ 模仿

如果一件事情可以被描述，它就可以被講解和學習。

NLP 的先驅把「重建某人做成某事的詳細過程」，稱為「模仿」。

如果你想模仿別人身上的某種優點，那麼你對這個人瞭解得越多，你模仿他們的工作方式就越容易。從某種意義上說，許多人都知道這一點是家庭中「自然」和有意學習（就像孩子模仿自己的父母）的基礎，也是日後正規學習（包含在許多全國統一標準的技能學習計畫中的詳細且結構嚴謹的任務分析）。

NLP 的貢獻有兩點：第一，它提供了方法，讓我們瞭解目前的情況，以及如何透過模仿去學習；第二，可能更重要的是，它告訴你，如何把別人有效的人際關係策略，融會到你自己的生活中。

這就是我們的目的。顯然，如果你想學習一項身體技能（蓋房子、打網球、開車），就需要對這項技術的基本要素進行學習和實踐，在理解和發展的過程中，還要遵循那些公認的步驟。NLP 教練技術可以在這些方面提供有價值的幫助，當然，這些原則也適用於人際關係技巧（比如建構良好的個人或工作關係）和心智技巧（像是提高記憶力，或是從情感的挫折中恢復過來）。NLP 告訴我們，有些人能做到那些別人做起來覺得有困難甚至不可能的事，並非偶然，也絕對不僅僅是運氣。如果你想提高心智技巧或情感技巧，那麼「對一個卓越的榜樣進行模仿」是個非常好的 NLP 工具。

為了對某人的技能進行模仿，你必須確切地瞭解他們是怎麼做的。這不僅包括去觀察他所做的事情及時間，還需要瞭解他們對這件事情的態度；對此事的信念是什麼；他們做事時在想些什麼；在事前、事後及做事過程中，他們又對自己說些什麼；以及他們如何處理問題和改正錯誤的。模仿需要密切的觀察和確切的提問，還需要對所有已經獲取的資訊進行篩選，以便找出最重要的因素，在NLP 中，這樣的因素被稱為「造成不同結果的差別」。關於模仿的更多資訊，可以查閱第三章。我們模仿的對象很容易找到，可能在我們外部，或者在我們心裡。

通常我們會找出一個榜樣，來對我們所需的各種技能進行模仿。如果別人能出色地完成一件事，那我們就可以對此進行學習，只要我們掌握了完成這件事之過程的詳細資訊，以及做好了自己去實踐的準備。當然，這裡也有一些困難：我們在各個方面的能力水準，會受到我們的體力、心智、年齡和其他因素的影響。但是對我們來說，還有相當大的空間來讓我們改善自己覺得重要的面向。

NLP 同樣也表明，透過對我們完成得很出色的事情進行嚴密分析，我們也可以模仿自身的優點。這可以幫我們確立繼續在這個領域保持卓越的信念。如果我們在模仿過程中顯得很不熟練，可以檢查一下哪些地方出現了錯誤，以及需要做出什麼樣的變化。

關於自我模仿，有許多激勵人心的例子。目前被我們稱為「亞歷山大技巧」的做法，就是澳洲演員弗雷德里克‧馬蒂亞斯‧亞歷山大（Frederick Matthias Alexander）對於姿勢、行走以及矯正錯誤姿勢的詳細紀錄，這源於他積極改善那些差點葬送自己表演者身分的身體問題。摩謝‧費登奎斯（Moshe Feldenkrais）也面臨個人的健康危機，並透過對自己如何運用身體的詳細觀察，發現了辨別工作強度和運動失衡的方法。後來，他將之提升為一套身體運作方法，也就是現在的費登奎斯方法。

提摩西‧高威（Timothy Gallwey）是富有創新精神的美國運動教練，同時也是《網球的內在競爭》（*The Inner Game of Tennis*）和《高爾夫的內在競爭》（*The Inner Game of Golf*）兩本書的作者，他仔細思考了自己的教學風格，並且發現當他讓學生關注自己的經歷時，學生能取得更大的進步；而當他直接「教」學生時，學生會緊張和害羞，這樣取得的進步就比較少。

費登奎斯和亞歷山大在觀察及思考自身經歷的意義時，表現出一種不尋常的能力，這是一種好奇心加上非評判意識的高效混合體。

他們和高威的發現，都反映了他們的工作態度與方法。在本書後文，我們將告訴你如何培養自我感（sense of self），學會跳出習以為常的成功／失敗這種評判式的框架，找出應該在哪些方面進行改變，才能讓生活更幸福，以及幫助你實現自己的工作和家庭目標。

每個人都可以也應該進行自我模仿。如果你總是能在最後期限前交上報告，或者能保持一輩子的友誼，為什麼不弄清楚你自己是怎麼做到的呢？如果你總是在銀行有結餘，並且有錢可花，又或者你覺得學習是件容易的事，能夠記得學過的東西，為什麼不辨認出是什麼技巧讓這一切變得可能呢？

而且這還會帶來額外的收穫。在很多情況下，在生活的某個方面起作用的因素，可以移植到其他方面。舉例來說，如果你養成了一種按時提交報告的方法，就可以將這些方法稍做修改後，運用到其他方面，以幫助你開闢一條滿足生活所需和目標的道路。這兩項技術都要求你把目前的行為擴展為一個長期目標，並且花一段時間來控制你的節奏。又比如，你有長期保持友誼的能力。如果你可以模仿自己是怎麼做到的，就可以試著幫助別人做到同樣的事，或者學習與金錢建立健康的關係，在第十五章關於如何獲得健康、富裕與幸福中有詳細論述。一旦我們關注過程的話，就很容易發現之前看似不相關的可能應用之處。

自我模仿那些反復出現在自己身上的問題，也是有回報的。這樣的過程能讓你找出那些重要的變數和順序，而它們可能不可避免地引發其他的缺點、危機或災難。在第四章，我們將介紹失敗為什麼會反復出現，因為它們是有結構的。如果一個人總是遲到或從未按時完成任務，甚至曾經有過幾次失敗的婚姻，那麼這樣的事情絕非偶然。任何反復發生的事情，必定包括重複發生的過程和順序，自我模仿可以讓你去發現它們。如果我們問自己「為什麼這樣的事

會再次發生？」並找出這個問題的答案的話，就有了應對的方法，我們可以對這個方法進行修改，也可以選擇不使用這個方法。這樣的練習可以提高我們的能力。

> NLP 關注的是結構而非內容，並且 NLP 是非評判性的。

當朋友告訴你，他正在面臨的危機，或當同事告訴我們一些關於辦公室政治的事情時，這樣的「故事」情節會吸引我們的注意。通常我們會沉迷於故事而看不到深層的結構。你朋友會不停地告訴你，他失敗的人際關係，並且會告訴你最近的一次有多麼糟糕。但只要你看得再深一點，就會注意到這個過程的結構；其中有一個模式，而且這個模式在反復發生。沒有英雄，沒有壞蛋，也沒有評判，只是有一種作用不佳的模式。

很明顯，有些過程失去作用了，或者產生的作用沒有你希望的那麼大，這是為什麼呢？在對待這樣的過程時，如果你能待在好奇心框架裡，而不是責備框架裡，就可以學到更多東西，並且可以避免由於做出評判而使情況惡化。

## 放棄評判以發揮更多

前文提到的提摩西·高威是最有影響力的運動教練之一。高威和 NLP 的開創者生活於相同的時代，而他們的工作都是獨立進行的，卻得出了一樣的結論。高威意識到，對於我們整個潛力的發展來說，稱讚也可能是有害的，因為當人們在尋求稱讚，或者因為被稱讚了而感覺很好的時候，就會想要繼續把事情做好，如此一來，他們可能會過於努力，或是變得小心翼翼而不敢再去嘗試。

「時刻準備去實驗」是成功的一個關鍵因素，這可以讓你發現

許多種成功的行為或解決問題的辦法，而不是僅僅一種。同樣的，NLP 的早期開創者發現，無論在什麼情況下，那些行為有彈性的人具有最大的影響力。而你所具有的彈性，與你嘗試不同的、新奇的或未經測試的反應或策略的能力與意願，有直接的關係。

NLP 教練技術為你提供了學習成長和改變的方法，這些方法是有技巧為基礎的，而且讓你感覺更安全，因為當一件事出錯時，你可以透過研究它為什麼出錯，來為將來的行動提供指導。NLP 假設「失敗是一種回饋」，因此它可能是很有價值的資訊。我們會在第四章和第五章詳細探討這個問題，告訴你如何把「失敗」提供的資訊當作處方，來扭轉事態。如果你真的知道一件事為什麼會出錯，也就發現了關於哪個方面需要改變的重要資訊，它可能是你固有的一個信念，也可能是你現在還習慣使用的一個老方法（儘管它早已經過時了），還可能是你在運用他人的語言時缺乏彈性。

## 小結

NLP 為你理解自己和他人如何發揮心理作用和行為作用，提供了一種特殊的方法，這意味著在你的個人生活和職業生涯中，你可以輕鬆且持續地改變。第三章將告訴你一些重要的 NLP 技巧，這些技巧已經被證明對每個人都是有效的。但在我們詳細介紹 NLP 工具之前，先來看一下教練技術包括哪些內容，以及它如何提高生活的品質和效率。

# 第 2 章
# NLP 教練方法

自 1990 年代起，「教練」（coaching）成了一個時髦的商業用語。起初，它是透過一種有組織的方法，來幫助個人改善生活。當時，教練技術被視為是不同於教學、培訓、顧問和治療的事物。

大家都知道運動教練，運動教練通常強調的是傳授具體的技巧，制定並監督運動員完成訓練計畫。有許多運動教練技術都是業餘的，它可能是讓人費解的鼓勵＋告誡＋指導的混合物。然而，這裡面有一個特殊的地方，那就是私人化的幫助關係。英國短跑名將塞巴斯蒂安·科伊（Sebastian Coe）與他父親之間，就保持著運動員和教練的關係，這跟他們所扮演的父子關係截然不同。我們在前文也提到了提摩西·高威的方法多麼具有創新意義。而近年來有所進步的是管理教練和生活教練，而不是運動教練。我們要說的是，任何卓越的教練技術都具有下列的重要特徵：

- **個人化**：教練技術包括你和教練之間的關係，而這種關係是為你的需求和目標服務的。（有一位傑出的教練經常告訴她的學員，他們必須教**她**如何成為**他們**的好教練）。
- **關注目標**：由你來確定接受教練後想達到的目標為何，而教練的作用在於幫你制定出可以實現的系統化目標，並且幫你將注意力始終聚焦在目標的實現上。
- **提供幫助**：教練的作用是為你提供支援，在你實現目標的過程中為你提供幫助。

相反的，教練技術**不是**：

- **以治療或矯正為目的**：教練技術的初衷並不是探尋以往的事情或問題，也不是去揭露動機或心理過程，並且教練通常也不會像心理治療師那樣，為你提供解釋或尋求建立一種移情關係。
- **教學式的**：教練不會教你具體的技巧，也不會提供大量的資訊。

這本書將教你如何透過 NLP 技巧來改善人際關係、工作和健康狀況等等。這樣的教練技術包括：

1. **教練和學員之間的私人關係**：儘管我們不是面對面，但是你可以透過閱讀這本書，來享受教練技術並從中獲益。實際上，身為教練，我們有很多工作都是透過電話完成的，有時也會使用電子郵件。就像所有絕佳的 NLP 工作一樣，我們（作者）和你（讀者）只是協作關係。這是一個工作同盟，其目的在於幫**你**實現**你**的目標。因此，你可以透過關注你認為重要的事情，來使它更加個人化。

2. **要專注**：這意味著你要認真對待自己、你的目標、你的經驗和下意識的資源狀態。對某些人來說，這意味著留出固定的短暫空檔時間；而對另一些人來說，他們留給自己的是足夠的優質時間，讓他們可以全心投入，既不倉促又不會分心。學會專注，就是為了要認真考慮有哪些想法、過程和策略對你有幫助，並且該如何將之轉化為清楚且容易運用的內容。

3. **一種有益的工作方式**：我們會非常認真地對待你的目標，就

算我們不清楚你的目標是什麼。教練技術可以幫你認識自己，弄清楚你是如何處理事情的，發現自己的長處以及如何克服限制。NLP 做的也是同樣的事情。

下面是 NLP 和教練技術共有的一些重要特點，在相互合作的 NLP 教練關係中會同時出現。這些特點包括：

- **聚焦於成果**：你要問自己的一個非常重要的問題，就是「你想要什麼」。這個問題確定以後，你的 NLP 教練或這本書，將幫你制定一些最可能實現的目標。
- **適應你的目標和需求**：由於 NLP 和教練技術關注的是不同的個體，它們為你提供的幫助，將與你密切相關。NLP 工具和教練策略，都隨著你的需求與工作方法的變化而變化。
- **非評判性的**：這意味著它從外部來看待一個責備／獎勵結構或成功／失敗模式（我們將在第三部分詳細介紹）。即便你的思維或行為方式，沒有你想像中那麼有效，並不代表它就是**錯**的。實際上，情感策略和人際關係策略都是在某些情況下發揮作用，而在其他情況就不太能起作用。NLP 和教練技術的智慧，就在於幫你找出這些策略，讓你擁有更多的選擇，並且可以更有效地利用時間。
- **鼓勵性的**：它們給你的是鼓勵，而不是告訴你去做什麼，以及應該怎麼做。NLP 和教練技術都不會有「應該」這樣的說法，但是包含了大量的技巧和策略。嘗試使用 NLP 和教練技術，並監看哪些內容對你有幫助，是 NLP 教練鼓勵你養成的一個習慣。在你規畫自己的人生時，這個習慣可以增強你的自信心和獨立感。

- **它的基礎是假設你擁有所需要的各種資源**：這裡的資源指的是你實現目標所需的資源。即便你還不知道這些資源是什麼，以及如何利用它們，但重要的是，客觀上這些資源是可以加以利用的。NLP 和教練技術尊重每一個個體。這不僅僅是一個不錯的想法，它的基礎是對現實中卓越事物的模仿。在許多領域的傑出輔導者，都尊重學員的資源狀態，並幫助他們取得比別人更好的結果。隨著你不斷使用 NLP 的工具和策略，會對自己的資源狀態感到驚喜，我們身為教練，對這一點深信不疑。

除此之外，NLP 和教練技術還有以下共同點：

- **讓你按照計畫做事**：這會幫你將目標清晰地印在腦海中，並且在你恍神或注意力不集中時提醒你。你坐在駕駛座上，也就是說，你擁有操縱權，同時也負有責任。NLP 和教練技術幫你將注意力集中於目標上，並且確保你會監控自己的行為和目標之間的關係密切程度。你的目標、計畫，以及與其相關的工作節奏，都由你自己決定。
- **在好奇心框架下工作**：透過問問題，我們可以獲取資訊，並有更多事情能做。你需要問的關鍵問題，是那些可以為你提供有用細節的問題。這些問題為你提供了關於內在和外部事件的細節，能讓你知道什麼需要進行改變、什麼需要保持原樣，以及你在什麼地方可以最有效地介入。
- **幫你將遠大的長期目標分解為細微的、短期的可行性步驟**：通常，你的腦海中會有清晰的目標，卻不知如何著手實現它；或者目前的你和目標之間相距甚遠，讓你感到無力甚至沮

喪。透過將總體目標劃分為具體步驟，NLP 教練技術為你提供實用可行的工作方法，以及一系列能增加你的動力和行為認同感的成功經驗。

- **增強你對此時此地正在發生的事情的認識**：你會更加清楚地意識到，這對你保持或改變當下的模式或發展新的模式，有多麼大的幫助。你的意識越清楚，可以獲取的潛在資訊就越多，這對於你的困難或成功的結構來說，是至關重要的。

- **假設「改變是可以累積的」**：這是一個非常重要的假設，它讓你去瞭解大的改變或成就究竟是如何透過小行為一步步來實現。當然，有時改變是巨大且激動人心的，但在一般情況下，你會希望一點一滴地改變。NLP 教練技術有助於你去發現對你有用的具體方法。

- **假設「如果願意的話，每個人都可以進行終身學習」**：你對自己的工作方式瞭解越多，對更多有益於你的事情的選擇餘地就越大，你學會去改變那些不起作用的事情的能力就越強。第十四章將更密切地關注如何學習。

- **利用過程和結構來學習，而不是內容**：我們尊重內容對你的重要性，但是如果你想做出改變，就需要在經驗驅動層面，也就是過程層面做出變化。如果你想獲得成功，就需要瞭解控制這些過程的結構。

為什麼教練沒有必要比你更瞭解，或至少跟你一樣瞭解你所從事的工作領域？教練在制定目標和實現目標的過程方面是專家，但在你所從事的工作領域並非專家。實際上，如果我們對很多事情**並不瞭解**的話，往往可以幫助我們集中注意力。透過教練技術，你就會發現自己在哪些方面需要更多的資訊，而且教練技術也可以幫你

確定需要做哪些事才能獲得所需的資訊。不同於那種「命令和控制」型的學習或輔導方法，教練技術可以讓你擁有更多資源且更加獨立。我們的希望和目的，就是讓你在閱讀這本書後能有這樣的收穫。

有兩種方法可以讓你學習如何當自己的教練。第一種比較明顯的方法，就是你可以透過我們對 NLP 工具和方法的解釋，把它們應用到你生活的具體方面。隨著閱讀，你會發現，對這些過程瞭解得越多，就會越熟悉這些方法、問題和假設，因此你可以間接地學習它們。

這就跟教練和你面對面時一樣。教練會讓你研究某些過程或探討某些問題。如此一來，你的注意力就會集中在某些方法和領域裡。幾個月過後，你會發現自己開始自發地對待這些過程和問題，並且還會自問一些教練才會問你的問題。

當你習慣了教練的那種「關心而不評判」的方法後，就會開始關心自己，而不是評判自己。隨著閱讀，你會發現這樣的事情發生在你身上，這也正是我們的希望和目的。

PART 2

# NLP 教練工具

無論你是當自己的教練，還是當別人的教練，擁有適當的工具來對待工作，可以讓你獲得另一片新天地。如果你的教練可以利用不同的工具來滿足不同的需求，並且用不同的工具來應對你手上的每個不同階段的任務的話，那麼教練技術會是你的工具包裡，所有實用工具之中最有效的工具。

　　如果你是在當自己的教練，情況也是如此。一旦你確定了自己想要達成的目標，通常就會有很多種方法可以選擇。NLP 表明，無論你是想要影響別人還是幫助自己，彈性最大的人，影響力也最大。瞭解每個工具的內容和作用，是讓你擁有高成效的完美第一步。首先，你的工具包將發揮**槓桿作用**，讓你可以用最小的投入，獲得最大的回報。NLP 和教練技術中有相同的一句話：**少即是多**。所以，在你行動之前檢查一下自己的工具包，是很有幫助的。如此一來，你才能用最簡潔、最有效的方法，取得最大的成就。

　　這就是 NLP 的作用。NLP 將詳細描述人們如何做事情。它告訴你，你如何理解自己的經驗，並視其為「現實」，因為對你來說，它就是現實。然後，它會提供一些方法，讓你更清楚地瞭解你與別人溝通時的一些模式，那麼，你有效使用這些模式的能力，就會大幅增強。不管你想要達成什麼目標，這都是一個非常不錯的工具包。

# 第 3 章
# 24 個 NLP 工具

　　NLP 在生活的很多方面都可以幫你提高成效。你可能在工作中表現得很卓越，但是由於擔心面試時會緊張，所以放棄了申請升職的機會。也可能你的合作夥伴或孩子抱怨著你「就是不理解」他們。也可能你已經意識到，自己有在週末感冒，或者有任務需要限期完成時就會偏頭痛的模式。有了 NLP 工具或技巧，你就可以完成一些具體的目標。在這一部分，我們將講述一系列重要的 NLP 核心工具及應用方法。

　　在我們帶你參觀 NLP 工作室時，你要一邊思考。在參觀的過程中，我們將對 NLP 實踐方法進行全面的概述，並且對我們從事教練工作以來覺得有用的 NLP 工具，進行簡要的介紹。隨著你閱讀本書的後續內容，會看到許多在具體情況下適用的特定工具的建議。如果你還想瞭解更多，本書最後的資源部分列舉了一些繼續學習的書單和培訓課程。

　　針對每個工具，我們都將提供以下的資訊：

1. 該工具的簡介。
2. 該工具的作用是什麼。
3. 該工具在日常生活中應用的例子。
4. 促使你運用該工具的具體情況。
5. 如何應用該工具。

無論如何，這個部分只是一個開端，還有其他許多有用的 NLP 工具和技巧。這些工具將讓你有能力做出改變，進而讓你有興趣更加瞭解 NLP 相關知識。

## 心錨

### ◤ 1. 什麼是心錨？

　　那種能改變人們身心狀態的刺激，就叫做心錨（anchor）。心錨包括各種人體感覺：視覺、聽覺、動覺（身體感覺）、嗅覺、味覺。人們身心狀態的變化，是由先前的感覺、思維過程及生理狀態引起的。因此，如果心錨被激發而引起上述任何一種情況的改變，那麼你的身心狀態也會隨之發生變化。

　　心錨可能來自外部，比如印象。當你隨意聽著廣播時，廣播中響起某首歌曲，而它不斷地讓你回憶起你和某個特別的人一起度過的某個特別的暑假。此刻，你當時的心情便會湧現。心錨也可能來自內心，比如一張往昔的視覺圖像，可能會喚起你的某種特殊情緒，像是幸福或痛苦。

　　你的行為也會成為別人的心錨，引發他人的反應。假如你會在感到需要防備時，選擇溜之大吉。那麼，這會讓別人覺得自己被忽視了，並因此而生氣或感覺受到傷害。這會影響他們對你做出的反應，而他們的反應又會影響到你的情緒。這時，一種行為與反應的鎖鏈就形成了。

　　NLP 把這樣的鎖鏈稱為「校準循環」（calibrated loop）。這樣的校準循環可能是非常有害的，也可能是非常有益的。你可以把它們想像為邪惡或正義的圓環。如果你想成功建立人際關係，理解校準循環是必要的。

## ◢ 2. 心錨有什麼作用？

心錨可以引發聯想和回憶，從而把人們帶入「資源充足狀態」或「資源匱乏狀態」。人們通常意識不到心錨的存在，以及它們如何影響我們。

## ◢ 3. 關於心錨的常見例子

- 回想一下當你處於顛峰狀態的時候，你感覺活力十足，並且做好了應對一項新挑戰的準備。
- 「一種旋律」：你鍾情的音樂會讓你回憶起初次聽到它時，它讓你聯想到的感受和經歷。
- 一杯新鮮的咖啡會讓你精神振奮，思緒活躍。

## ◢ 4. 運用心錨來思考

- 當你突然意識到自己置身於意外的情況中，你內在的心錨被激發了嗎？
- 當你發現自己的反應不能擺脫往事或舊情的影響的時候。
- 當你變得更機敏的時候。
- 當你預料到自己處於威脅或壓力下的時候。

## ◢ 5. 如何應用心錨？

對那些帶你進入資源充足狀態和愉悅狀態的因素，要充滿好奇。

我們的一位學員只要穿上某套特別的服裝，就會進入她所謂的「做好戰鬥準備」的狀態。

另一位學員每次遇到挑戰時，都會想起他父親曾說過的話：「孩子，你已經萬事俱備。」在那一瞬間，他的感覺立刻不同，覺得自

己有依靠了。那麼，對你來說，正面的心錨是什麼呢？

　　同樣要注意到你的負面心錨。這些心錨會引發你的不悅或帶你進入「資源匱乏狀態」。有時，你只要能意識到這些心錨就足夠了，因為當你意識到一種長期固有的狀態，就可以在某種程度上改變它。但如果這樣還不夠的話，思考一下你該如何減弱或去除它。例如，當某人在工作時，使用了一種特殊的語氣，讓你感覺自己像個孩子般無法勝任，或許你會想要辨認出這種感覺與哪些過往經歷有關，並將那些經歷挑揀出來。同樣的，你還可以改變與之相關的「次感元」（sub-modality），並且降低來自你內心的「音量」，或是用另外的聲音蓋過它。

　　你也要注意環境心錨。比如你的房子和工作室，它們的布局、家具擺設及裝潢，是否讓你感覺到愉快？能否讓你達到最佳狀態？如果不能，就看一下你可以改變哪些心錨。

　　盡量全面地回憶一些能讓你達到最佳「資源狀態」的情況，就可以激發你的動覺心錨。比如，當你回憶起最佳狀態時，就將拇指和中指捏在一起。如此反覆做幾次，就可以把你需要啟動的狀態和你選擇的相應動作連結起來。平時多加練習，直到你在需要進入這種「資源狀態」時，可以快速且自然地做到為止。接下來，你就可以在有壓力的情況下使用這個心錨，或把它當作打破或改變不愉快局面或「資源匱乏狀態」的一種方法。

　　為了強化這種心錨，在你自己經歷最佳狀態時，也要持續發展它。那麼你該怎麼做呢？當你在度過美好時光時，就啟動將拇指和中指捏在一起的這個心錨。你的心錨所經歷的美好時刻越多，它就會變得越強。

# 連結和抽離

## ◢ 1. 什麼是連結和抽離？

連結（association，又稱結合）和抽離（dissociation）是大腦用來對大部分經驗進行編碼的兩種基本機制。如果你在某個時刻是連結的，就是連結了這次的經歷，並且全面地體會它。如果你在某個時刻是抽離的，就是抽離了這次的經歷，從一定的距離之外來體會這次經歷，也可能是站在遠處看自己。

連結某次經歷，意味著你是「全身心地參與」；當你透過自己的雙眼來看事物，用雙耳來傾聽，用自己的動覺（身體感覺）來感受的時候，就連結到了這次的經歷當中。你和這次經歷的關係是如此緊密，所以你覺得自己時時刻刻都身處其中。無論是對於目前正在發生的事情，還是你記憶中曾發生過的事情，又或者是你想像中的將來可能發生的事情，情況都是如此。

處於抽離狀態，意味著你的感受是非主動的。你像旁觀者一樣在關注事情的發展。同樣的，無論是此時此刻正在進行的經歷，還是過去的或是你想像中未來的事情，抽離也都同樣適用。

## ◢ 2. 連結和抽離有什麼作用？

這兩種機制為我們提供了兩種完全不同的體驗，即便是對同一個經歷也是如此。每種機制都有其優點和缺點。無論你是想讓現在的自己更有動力，還是想要回憶以往的正面經歷，或者為自己的未來設計一幅美妙的前景，非常希望它變為現實（見本章後文的「肯定的未來」單元），連結狀態都可以幫助你獲得鮮明而強烈的內在經驗。但是，如果你連結了一次令人沮喪的痛苦經歷的話，就有可能會越陷越深，很難改變或跳出這樣的狀態。

同樣的，抽離有時非常有用，有時也會成為障礙。比如，暫時抽離身體或情感的傷痛，對一個人的幫助很大，例如在突發事件中就是如此。

　　你的大腦早就知道該怎麼做，因此，發生車禍的人們通常都會說，他們好像在身體外面看著自己或那個場面。但是，如果你仍繼續保持抽離的話，你的腦海中就只會留下一次痛苦的經歷，而不是如何去改變它對你的影響，或者從中學到一些東西。

　　有時候，後退一步，站在一個中立或抽離的位置看自己，是非常有幫助的。如果你想成為一名縝密的思想家，這就是一項非常寶貴的技能。另一方面，我們也發現，當人們延長這種抽離狀態的話，很可能不只是避開了那些悲傷或痛苦的經歷，也在遠離自己的生活，就好像他們完全失去了感知能力一樣。

## ◤ 3. 關於連結和抽離的常見例子

- **連結**：當你在向別人述說一件對你來說非常重要的事情時，你發現自己一想到這件事就會淚流滿面、激動或高興。
- **抽離**：回憶一下某次經歷當中的自己；你對自己進行觀察，可能是為了看一下自己看起來是什麼樣子。

## ◤ 4. 運用連結和抽離來思考

- **連結**：當你想更加投入一件事情，或是想幫別人更加投入一件事情。
- **抽離**：當你或他人在心理或感情上想要避開一件事情，以便更平心靜氣、更巧妙地處理它的時候。

## ◤ 5. 如何應用連結和抽離？

非常重要的一件事情，就是要問一下自己或他人，在生活中傾向於連結或抽離。這樣的做法會告訴你：為什麼你從來沒有覺得自己百分百參與了一些事情，或者為什麼你覺得某人如此冷漠無情。他可以告訴你，為什麼你或別人永遠在高潮和低谷之間搖擺，為什麼會被接下來要發生的事情牽著鼻子走。

總的來說，處於連結或抽離狀態有四種可能性。在一定的情況下，你可以選擇哪種方法才是最合適的。

**(1) 無論是正面經歷還是負面經歷都會連結**：因為你非常容易連結到正面經歷當中，所以會感覺很棒；同樣的，你也非常容易連結到負面經歷，所以有時候會感覺非常苦惱。由於你沒有學會從一件事情當中抽離出來，很難正確地認識它。

**(2) 無論是正面經歷還是負面經歷都會抽離**：你非常善於從負面的事情當中抽離出來，所以每當有事情發生時，你可以透過往後退並改變認識角度的方法來處理它。但是，如果你用這樣的方法來處理所有事情的話，就會與所有事情保持距離，也就沒有什麼事會讓你感動或吸引你，包括你生活中的正面經歷也不能。

**(3) 連結負面經歷並抽離正面經歷**：你很容易不高興，因為你非常容易連結到那些不好的經歷，又會從那些你從未放在眼裡的美好經歷中抽離。有很多時候你根本不會留意到那些正面經歷，因為你從來都沒有被那些經歷真正打動過。

**(4) 連結正面經歷並抽離負面經歷**：與 (3) 的情況相反，你可以連結正面經歷並抽離負面經歷。在經歷各種感受的時候，

你會往後退並用一種正面的態度，來看待最初看起來負面的事情。這樣的話，你就可以從這些事情當中有所學習，並且實現目標的可能性也就更大。

若要在生活的體驗中獲得更多選擇，用這樣的方法來認識連結和抽離的模式，是你邁出的重要一步。每種模式對於你目前**狀態**的形成都有著巨大的影響，同樣也會產生不同的結果。關於如何選擇你想要的經歷，以下舉例說明。

## 連結

如果你想更好地享受一次經歷的話，那就「進入」自己的身體，用雙眼來看事物，確保你的所有感官都對此興奮並參與其中。如果你發現自己在想一些枯燥的家庭瑣事或是下週要做的事情的話，要意識到這樣做已經讓你脫離了目前的狀態，並且會減少你可能得到的快樂。若要關注事情的各個方面，你可以透過關注當下五種感官的感受，把自己帶回到此時此地的感官經歷當中。

## 抽離

如果你想與目前發生的事情保持一定的距離，可以把自己看成是一個隱蔽的觀察者，從一定的距離之外來看自己。對於目前發生的事情及其緣由，你可以非常關注。或許你會從另一個有利的角度來關注這件事情，並且留意到不同的資訊變得重要起來。然後你可以問自己，怎麼做才會對那個人（也就是你，正在經歷這次事件的人）有幫助。

# 行為彈性

## ◤ 1. 什麼是行為彈性？

行為彈性（behavioural flexibility）是指用多種方法來應對事件或採取行動。它指的是你行為的選擇問題。行為彈性來自於經驗、知識，以及你是否有意願去思考「自身行為將如何影響他人」，或是採用與眾不同的方式來做事情。

## ◤ 2. 行為彈性有什麼作用？

它將給你更多的選擇，因此，你影響某個局勢的可能性會大幅增加。如果你的行為或對事物的反應只有一種選擇，那麼你得到的成果和他人的成果相吻合的可能性，就很有限了，你的影響力也會很有限。

## ◤ 3. 關於行為彈性的常見例子

- 當你在進行某件事時，如果需要，你有能力改變方向。比如，如果你的講解不能吸引學員的注意，那麼就改變方向，採用別的方法。
- 想辦法豐富孩子的洗澡時間和故事時間，這樣他們就不會再排斥上床睡覺。
- 有意識地改變生活慣例，就可以避免重複生活的舊習。

## ◤ 4. 運用行為彈性來思考

- 在你為行動做計畫時，首先快速思考多種可行的方法。
- 當你得到的回饋指出，你應對某個局面的方法可能遇到困難，

或你沒有將某些因素提前考慮進去的時候。

- 當你所處的環境已經被別人掌控的時候，思考一下你該做什麼工作，即便這些工作不符合你常有的做法。

## ◤ 5. 如何應用行為彈性？

要養成自問「還有哪些事情是我可以做的？」的習慣。即便事情進展順利，去考慮其他的方法也很有意義。觀察別人如何做事，並且加以模仿，這樣可以增加你的行為方式和處事技巧。

# 歸類

## ◤ 1. 什麼是歸類？

歸類（chunking）是指把資訊劃分為更大或更小的單元的過程。

## ◤ 2. 歸類有什麼作用？

歸類可以幫助人們組織思維和處理更多的資訊。回想一下我們如何記憶電話號碼，我們會把數字進行分組，而當我們碰上以不同方式組成的外國電話號碼時，這種方法的用處特別明顯。我們可能很難記住別國的電話號碼，因為我們習慣的劃分方法與他們的不同。

歸類同樣可以讓你更有效地對資訊進行分類。比如，你可以透過從具體到籠統或是相反的方法，對事物進行分類。在 NLP 當中，將之稱為「上推」（chunking up，又稱上堆、向上歸類）或「下切」（chunking down，又稱向下歸類）。歸類是資訊過濾的一種形式，至於具體要劃分為幾個層次，則由你選擇的劃分尺度來決定。比如：

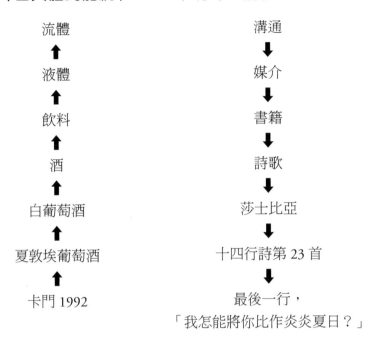

- 上推（由具體到籠統）

  流體
  ↑
  液體
  ↑
  飲料
  ↑
  酒
  ↑
  白葡萄酒
  ↑
  夏敦埃葡萄酒
  ↑
  卡門 1992

- 下切（由籠統到具體）

  溝通
  ↓
  媒介
  ↓
  書籍
  ↓
  詩歌
  ↓
  莎士比亞
  ↓
  十四行詩第 23 首
  ↓
  最後一行，
  「我怎能將你比作炎炎夏日？」

### 3. 關於歸類的常見例子

- 我們如何將電話號碼中的數字分組。
- 享受一場演講：它所包含的資訊量剛好適合你，並且它的歸類也恰好適合你「一口一口地咀嚼」。
- 將材料劃分為代表不同等級的難度或成就的集合或子集，然後運用在學習不同的技能或課程的時候，比如練習某種樂器或滑雪。

### 4. 運用歸類來思考

- 當你手上有一項嚇人的大型任務要做時，把它劃分為較細、較好操作的小型任務。

- 當你被細節困擾時，就做一下上推，來幫你找出總體的目的或意義，或者幫你「找到那張大圖景」或幫你看到「森林而不是樹木」。
- 當你希望更有效地溝通的時候。
- 當你希望想出辦法來達成協議的時候。

## ◤ 5. 如何應用歸類？

一旦你瞭解自己的歸類風格之後，就能懂得該如何快速學習和吸收資訊。你喜歡下切來看細節，還是喜歡上推從宏觀來掌握呢？

你也要瞭解別人在歸類方面的偏好。你的溝通是有效的嗎？如果你的老闆喜歡宏觀處理事情，而你卻對他大談細節問題，這會讓他以為你迷失在細節之中，也會讓他發瘋的。

將繁瑣的任務劃分成小區塊，你就會得到一系列可行的步驟和「迷你」小目標。

當你在與家人或同事洽談時，進行上推來取得一定程度的一致。對行為或環境問題持不同意見的人，可能會在目的或價值觀上取得一致。一旦你意識到事實正是如此，那麼你們在談論細節問題時，就容易達成諒解或做出改變。

# 肯定的未來

## ◤ 1. 什麼是「肯定的未來」？

「肯定的未來」（compelling future）是對未來某種狀態或經歷的表述，因為它非常具體且強大，因此對現在的你產生了無法抗拒的影響。比如，許多在運動界或商界取得高成就的人，對於他們將要完成的目標，在腦海中都有著清晰的認識：他們將會走上領獎臺並

戴上獎牌；他們將在達成協議後握手。當他們被問及這個構想時，此構想就像是清晰且詳盡地印在他們的腦海中一樣。他們已經「知道」將來會是什麼樣子。

這就是肯定的未來；實際上，由於它非常強大，此時此刻已經存在於你的心智和感覺當中了。正因為如此，這些人才能集中心志，採取行動，進而幹勁十足地實現自己的目標。肯定的未來是如此生動，以至於讓你無法抗拒。

## ◢ 2.「肯定的未來」有什麼作用？

它讓你在當下就體會到了這種未來的滋味，並且激勵你千方百計地為實現這個未來而努力。「肯定的未來」會喚起你的多種表象系統。你可以透過想像或幻想，或是選擇廣告畫面或一個你信服的人，來創造自己的「肯定的未來」。無論你是用哪種方法，都要透過自己的表象系統來對它進行內在處理，所以你會：

- 「看到」自己正在做這些事情，「看到」了所涉及的人物和地點。
- 「聽到」了各種聲音、各種言語和各種稱讚。
- 現在就「感覺到」你在那時會有多麼美妙的感覺，還能體會到那時你會有怎樣的身體感覺。如果你想像著自己登上了一座山，也許會感到身體痠痛，汗流浹背，氣喘吁吁，身體搖搖晃晃，但同時得意洋洋。
- 如果到時候有味覺和嗅覺感受的話，也要把它們列入肯定的未來之中。

### ◤ 3. 關於「肯定的未來」的常見例子

- 拿起宣傳手冊，想像下一次的旅行。
- 想像一下當你掌握一項新技能之後的感受。
- 你對今天晚上的約會幻想。

### ◤ 4. 運用「肯定的未來」來思考

- 當你覺得自己受到別人過度說服時，也就是說，他們向你「出售」了他們的「肯定的未來」！這樣的話，你要檢視一下**他們**的未來對你的誘惑力有多大。對於這樣的未來，如果你不「買帳」的話，那麼你可以改變自己表象系統中的次感元（參見本章後文）來降低它對你的吸引力，或者透過內心對話來告訴自己，你可以做出自己的決定。
- 當你想要激勵自己或他人的時候。

### ◤ 5. 如何應用「肯定的未來」？

　　當你在激勵自己為某個理想而奮鬥時，盡可能使用自己的多種表象系統。比如，如果你想減肥，那就想像一下減肥成功後，你會是什麼模樣、你會有怎樣的感受、別人會怎樣恭維你，以及在你品嚐或聞到那些有營養又是你喜歡的，並且會讓你的身材越來越苗條的食物的時候，你的感覺會有多麼好。如果避免你**不喜歡**的事情的發生（在 NLP 中，這是一種叫「避開」的後設程式，參見本章後文）能對你產生有效激勵的話，那就想像一下，如果你**不減肥**會是什麼樣子、你會有什麼樣的感受，這種方法同樣很有效。

　　假如你是一個團隊的領導者，而且想成為一個真誠的團隊領袖，就需要建構一個讓大家都「買帳」的未來。這和盲目樂觀是截然不

同的。這需要你和其他人一起認識到，在剛開始的時候一切並不會
很容易，然後由你引領他們朝著你詳細描繪的未來而努力。

## 對比分析

### ◤ 1. 什麼是對比分析？

對比分析（contrastive analysis）就是對具有部分共通性，但結果
卻不相同的兩件事情，進行比較和對比的過程。就像是同一個夜晚，
你可能是在按時完成任務之後，與家人一起愉快地度過，也可能被
任務折騰到半夜，到最後還是無法完成。

### ◤ 2. 對比分析有什麼作用？

透過對這兩個過程在細節方面進行比較和對比，你就有可能發
現了被 NLP 稱為「造成不同結果的差別」的因素，換句話說，也就
是成功的關鍵因素。如果你利用了這些因素，就可以持續且更好地
實現自己的目標。

### ◤ 3. 關於對比分析的常見例子

- 有些人覺得拼寫單字很容易，有些人則覺得很難。NLP 針對
  這些不同類型的人實際使用的心理和生理程式，進行對比分
  析後，發現善於拼寫的人會很自然地把寫出來的單字，看成
  是與它們相似的圖片，當他們需要把這些單字拼寫出來，或
  需要修正自己的拼寫時，只需要回憶一下這些圖片就可以了。
  那些主要依靠動覺或聽覺來對資訊進行處理的人，會覺得拼
  寫非常困難。但是，如果他們掌握了如何為這些單字畫「圖

片」，並且去回憶這些圖片的話，拼寫能力就會獲得大幅的提高。若要瞭解如何透過不同的系統來進行資訊處理，可以參見本章後文關於表象系統的討論。

- 你使用同一份食譜做了兩個蛋糕，一個很蓬鬆，另一個卻平平塌塌的。這是怎麼回事呢？然後你意識到，另一個蛋糕之所以是平的，是因為你打開了烤箱門，帶入了一股涼冷氣流，也可能是你把雞蛋和麵粉混在一起攪拌時，時間要再拉長一點，這樣才可以混入更多的空氣。

- 上個月你做了一次非常好的演講。而這個月的演講卻不怎麼理想。如果你想在下個月演講得更好，就可以採用對比分析的方法，來找出造成這兩次演講結果不同的差別在哪裡。

## 4. 運用對比分析來思考

- 當你想對兩件表面相同但結果卻不同的事情進行對比的時候。
- 當你想把任何一件事做好的時候，像是學習、做生意、溝通、個人關係、互動、戰略思考或運動表現。

## 5. 如何應用對比分析？

對兩種內心狀態進行對比和分析，一種是當你感覺受到束縛，或是處於「資源匱乏狀態」的時候，另一種則是當你覺得自己可以勝任，或處於「資源充足狀態」的時候，這樣你就會知道該如何應對這兩種情況，還會明白若要在更多領域獲得成功，需要做出哪些相應的改變。

對有效的談話和無效的談話進行對比。比如說，對一次爭吵不斷的談話和一次結束時達成一致的談話進行對比。不但要從談話的內容中找區別，還要從對方細微的非言語行為來找區別。你還要找

出事情發生的次序：有什麼事情發生？事情發生的先後順序是什麼？這一點非常重要，並且兩種情況在這一點上的差別會很大。

透過留意那些容易做到的事情和那些做起來困難的事情，來瞭解自己以往的經歷。比如，也許你發現自己在記憶某些類型的資訊時感覺很容易，但常常忘記其他類型的資訊。也許你還會發現自己在工作上很果斷，但在處理家庭問題時卻很猶豫，或者情況剛好相反。也許你很樂意去維護別人的利益，卻不善於維護自己的利益。這是怎麼回事？在這些情況下，造成不同結果的差別是什麼？

## 準則和準則相等

### ◤ 1. 什麼是準則和準則相等？

準則就是我們評判的標準。我們的準則（criteria）告訴我們，什麼事情才是重要的。準則通常要用抽象詞語來表達，比如誠實、幸福、愛情、友誼、接受、真誠等。對每個人來說，這些詞的意義都是豐富的；但對我們而言，它們所包含的意義卻不一定相同！我們的經歷和信念，影響著我們對每條準則的含義的認識。因此，當我們的準則得到尊重或被違背的時候，就會有不同的行為。這些行為就是我們的證據，而在 NLP 中，它們就叫做「準則相等」（criterial equivalence）。對於同一個詞語，不同的人會產生不同的相等關係，並可能會引發嚴重的誤解。認識到這一點是非常重要的。

### ◤ 2. 準則和準則相等有什麼作用？

一旦你知道了同樣的概念和詞語，對於不同的人來說可能代表著不同的含義，你就可以找出別人認定的含義是什麼。例如，那些你所愛的人告訴你，對他們來說，非常重要的一件事就是他們覺得

你就在他們身邊。你得到的是他們的準則，而不是他們使用的證據。你可能想知道，若要讓他們相信你就在他們身邊，你應該做些什麼或說些什麼；這就叫「準則相等」。對於這些具體的行為，你只能進行猜測。大多數情況下，人們都認為這些行為就是他們自然而然會做出的行為。實際上，這些行為證據通常具有個性特點且不可預測。所以你要開口去問！

## ◢ 3. 關於準則相等的常見例子

下面是關於「愛」的準則相等的不同表現形式：

- 如果他愛我，就應該知道我需要什麼（也就是說，愛我就意味著他能讀懂我的心思）。
- 如果她愛我，我就不需要要求她去做○○（也就是說，愛我就意味著能預料到我的願望）。
- 他知道母親是愛他的，因為每次放學回家的時候，母親都在家裡等他回來。
- 在母親節送一張賀卡給母親，表達你愛她。

## ◢ 4. 運用準則和準則相等來思考

- 當別人使用了一個抽象的詞語，你就可以弄清楚那個詞語的真正含義及對應的行為分別是什麼。
- 當你陷入由含義或行為的「意思」所引發的誤解或衝突時，幾乎可以確定的是不同的準則或準則相等在起作用。
- 當你想要做出改變的時候。思考一下你的提議本身可能包含的不同意義。把你的提議當成是別人眼中的準則相等來看待。

## ■ 5. 如何應用準則相等？

當你或別人使用了一個隱含準則的詞語時，要訓練自己更加集中注意力。問自己（或透過別人來弄明白）它的具體含義是什麼。有什麼樣的動作或行為可以來表現這個準則？準則是抽象的概念，對於你或相關的人來說，準則可見的表現形式是什麼？弄清楚若要確保這個準則沒有被違反，你（或他人）需要做些什麼。有哪些具體的事情可以為你提供資訊？

下決心去弄明白是什麼原因讓你被疏遠了，又是什麼原因拉近了你和別人的關係。你可以先詢問別人，對他來說重要的是什麼事情，然後再詢問，你或其他人應該怎麼做，才會被視為是尊重了他的準則。

當別人說了一個詞之後，不要假設你理解其中的含義。要去檢視一下。

# 迪士尼創意策略

## ■ 1. 什麼是迪士尼創意策略？

這個策略可以讓你設定自己的夢想，並為它的實現提供最大的可能性。它是以華特・迪士尼（Walt Disney）的名字來命名的。當他的團隊在實現某個點子的過程中，華特・迪士尼經常扮演三個不同的角色：夢想家（Dreamer）、現實主義者（Realist）、評論家（Critic）。NLP 前輩羅伯特・迪爾茨模仿並發展了這個策略，使之成為 NLP 工具之一。

## ◤ 2. 迪士尼創意策略有什麼作用？

　　該策略區分了將創意轉化為現實之過程中的三個角色（夢想家、現實主義者、評論家），這樣我們就可以對這些角色進行單獨研究，並得到最清晰的認識和最大的效用。

## ◤ 3. 關於迪士尼創意策略的常見例子

　　大多數情況下，人們會偏愛其中的特定角色：

- 「他是個掃興的人。」（評論家）
- 「他是個很有思想的人。」（夢想家）
- 「他很善於抓重點。」（現實主義者）

　　有時，一個工作團隊會包括形形色色的人，他們都有各自「擅長」的角色。迪爾茨將迪士尼對這三個角色的使用，發展成一種策略，而我們常常會把它用於商業談判和教練工作之中。儘管它的身分確立於商業環境中，但在私人場合中同樣很有價值。你可以同時身兼這三個角色，有意識地在它們之間轉換，也可以讓別人為你扮演這些角色。比如，「你能否認真思考一下我的想法，找出我可能遺漏的具體步驟？」（也就是說，「你能做我的現實主義者嗎？」）有時候，我們發現有些夫妻各自沉迷於其中的某個角色，如果他們想要生活幸福，就需要開始扮演不同的角色。如果其中一方總是扮演夢想家——「他總是在做白日夢」，而另一方總是扮演評論家——「她的所作所為就是為了打敗我」，那麼結果可能是兩個人都很沮喪。尤其是當缺少現實主義者時，他們通常會一事無成。

## ◢ 4. 運用迪士尼創意策略來思考

- 當你想提高自己或團隊的創造力的時候。
- 當你感覺到自己的夢想與「現實」（或實際情況）產生衝突的時候。
- 當你想要檢視該如何實現一個想法、理想或目標的時候。
- 當你或他人已經停止探索，並且說出了「實際上，這不會起任何作用。」之類的話。這時候，你要提醒自己或他人，你們其實做出了一個「評論」式的判斷。在你做出評論之前，從這三個視角出發，檢視一下事情可能的發展動向，是很重要的。這麼做的時候，你可以大聲喊出來，也可以讓它在腦海中進行。很多情況下，人們都沒有經過「理想化」和「現實化」這兩個階段，就直接跳到評論層面上。這三個視角對你的創意和構想的培養與實現，都是很重要的。

## ◢ 5. 如何應用迪士尼創意策略？

將這三個角色分配給不同的人（比如一個家庭或一個團隊的成員），來對計畫和任務進行評估。讓某人暫時扮演夢想家的角色，述說一個構想的所有可能性；讓第二個人檢視一下，如果把這個構想付諸實踐，究竟有哪些事情要做；讓第三個人認真審視，真實地評論它的優點和缺點。或許你還想讓角色轉換一下，讓他們從不同的角度來參與（這樣他們就不會因為只扮演了一個固定的角色而受到限制）。

將一次會議或討論分成三個階段，讓大家在每個階段只扮演一種角色。首先，讓大家展開想像，充分發揮創造力；其次，讓大家思考一下在實踐過程中究竟會有哪些事情發生；最後，讓大家帶著

評論的眼光，對這些可能性進行評估。在每個階段都要做到詳實清晰。在探討過所有階段之後，你就會獲得大量有價值的資訊，並在此基礎上做出最後的決定。

# 生態檢核

## ◢ 1. 什麼是生態檢核？

生態檢核（ecology check）是你在實際行動之前，對該行為可能造成的結果，進行思考的過程，而這些結果與你和你所在的系統都有關。

NLP 認為，行為是透過其發生時所處的系統，來形成結果和引發回應的。感受、思維、行為和生理都是相互影響的；我們也在影響著自己的家庭和所屬的組織機構。每個人還自成一個系統，該系統由低一級的生理系統、心理系統和感情系統構成。家庭是系統；辦公室和機構是系統；社會也是系統。許多系統都相互影響著。因此，就像生態學是研究生物之間，以及生物與環境之間的關係一樣，NLP 中的生態檢核，密切關注的是你的既定行為或改變，如何影響你生活中那些相互關係和相互結合的系統。

若要進行生態檢核，你需要用系統的觀點看待你的所作所為，並且評估你的行為在相關系統的影響下可能造成的後果。生態檢核包括思想分析、透過他人獲取資訊，以及創造並檢視未來情境的可能性。同等重要的是，生態檢核還包括要注意你的直覺。

## ◢ 2. 生態檢核有什麼作用？

當你在檢視是否會有不好的結果出現時，生態檢核為你提供了一種方法，來讓你對行為造成的後果進行評估，並且保證讓你所期

望的影響會發生。透過改變行動**之前**的戰略或行為，它可以讓你明白自己將會遇到哪些障礙，並且確保將這些障礙納入你的考慮範圍。因此，生態檢核可以讓你更輕鬆地做出改變，並且確保改變會持續進行。

## 3. 關於生態檢核的常見例子

- 當事情出錯、當你做事猶豫不決、當你注意到或回應別人在語言或態度上的猶豫時，要注意你的直覺。
- 在你制定改變的計畫之前，找出目前在你的工作實踐中，有哪些有效的做法。思考一下改變會帶來什麼樣的結果。
- 在購物之前，檢查一下你的銀行帳戶。

## 4. 運用生態檢核來思考

- 當你在做計畫或下決定的時候。
- 當你意識到自己或人際間的目標或價值觀發生衝突的時候。

## 5. 如何應用生態檢核？

在你設定成果的時候，自問下列的問題：

- 當我實現想要的成果時，將會為我所處的大社會系統環境（家庭、朋友圈、機構、社區），帶來什麼樣的影響？
- 我所期望的成果，是否與別人對生活的追求相一致？
- 我的成果是否尊重了與其相關的其他人？
- 我的成果是否符合我的信念、價值觀和身分？
- 我的成果是否能增強我的自我感？
- 我的成果是否與我想要保持健康和幸福的想法是一致的？

- 是不是會造成不好的結果？
- 若要實現成果，我應該捨棄些什麼，又該堅持些什麼？
- 對於這個成果，我的直覺感受是否良好？

根據上述標準，如果你覺得你的成果非常不錯，那就去實現它。如果你發現存在問題的話，就思考該如何改變，以便讓所有人都感到滿意。在行動之前，對上述事項進行整理，會減輕你的壓力，讓你生活得更輕鬆。

# 視線解析

## ◣ 1. 什麼是視線解析？

我們使用身體的方法，會對於我們評估資訊和處理經驗，發揮幫助或阻礙作用。聳肩、繃緊肌肉並長時間用力往下看，不利於你想出新的辦法。

然而，有些我們能力所及之事，可以幫助我們提高效率，並且對我們評判自己的經驗和潛力具有暗示作用。這也正是我們需要瞭解視線解析（eye-accessing cue，又稱視線解讀線索）的原因。

我們發現，人們在思考過程中，眼球下意識的運動方向，與他們正在使用的某個特定的表象系統密切相關。對於大多數慣用右手的人來說：

- 往右上方看，表示他們正在進行視覺想像。
- 水平往右看，表示他們正在對某個東西聽起來的效果進行想像。
- 往右下方看，表示他們受到了觸動（身體上或感情上的）。

- 往左上方看，表示他們正在進行視覺記憶。
- 水平往左看，表示他們正在記憶聽到的東西。
- 往左下方看，表示他們的內心正在自言自語，在 NLP 中，這叫做內心對話。

對於慣用左手的人來說，有些情況可能剛好相反。而對某些人來說，這些規律並不一定適用。儘管如此，上面的總體歸納還是很有用的。

## ◤ 2. 視線解析有什麼作用？

我們已經看到，視線解析顯示了一個人當時正在使用的表象系統是什麼。這讓我們有意識地使用某個表象系統，變得更容易了，因為我們絕對知道該往哪個方向看。因此，只要你願意，就可以確實讓自己加強視覺、聽覺和動覺感受。如果我們知道什麼樣的視線解析順序能讓我們成功的話，就可能學會許多技能和準確處理事情的方法。

## ◤ 3. 關於視線解析的常見例子

- 當你膽怯、害羞或害怕時（反映了動覺感受）會往下看。
- 當你想要努力記住某件事時會往上看。
- 當你想找出藏於內心的某件事的具體位置時，可以快速地左右來回看，因為外部可以觀察到的眼球掃描運動，與內心的掃描活動是一致的。

## ◤ 4. 運用視線解析來思考

- 當你想要開發腦力的時候（見第 14 章）。

- 當你想要透過「語言」上的貼近，來建立或加強對某人的親和感的時候。如果你注意到他們常用的眼部運動，就有可能辨別出他們的「主導表象系統」（他們使用的表象系統，會引導他們對別的表象系統進行評估），接著你就可以調整自己的語言，使它與之吻合。比如，如果別人不斷地往下看的話，你就可以使用動覺語言，同樣的，當別人往右上方看時，你就可以使用視覺隱喻。

- 當你發現某些人往左下方看時，這表示他們正在進行內心對話，可能正在猶豫或進行自我討論。

- 當你想要記住聽到的事情（水平往左看）和看到的事情（往左上方看）的時候。

- 當你想要避開不愉快的感覺時（暫時停止往右下方看）。

- 當你在想像一件事情時，如果需要視覺想像，就往右上方看；需要聽覺想像，就水平往右看；需要「找出它的真實感受」時，就往右下方看。


## ◤ 5. 如何應用視線解析？

你可以訓練自己去留意別人的視線動向，以便針對他們的內心活動收集更多資訊，也可以幫你找出他們偏愛的表象系統。你也可以觀察自己的視線動向，這能為你提供更多有用的選擇：

- 當你發現這麼做對你有幫助時，你可以進入某個特定的表象系統。

- 它可以幫你打破那些無效模式，並與有益的模式建立關聯。比如，當你在考試時想不起某些內容，由此產生的不良情緒可能會表現出來，甚至還會因為你不斷地往右下方看而加深。如果你所需的資訊先前是透過視覺（比如書或電視）傳達給你的，你可以透過往左上方看，來回憶起它們。

## 設定框架

### ◢ 1. 什麼是設定框架？

你是否注意過，如果你改變了一張圖片的外框，那麼這張圖片就會發生很大的變化？這是因為框架設定了圖片的邊界，從而突顯了圖片的某些特徵。我們的思維方式，同樣可以用來做自身經驗的框架，突顯其中的特別之處。設定框架（framing）就是將經驗「放入」框架，並賦予它們意義的一種方法。由於使用的框架不同，我們對同一件事的經驗可能大不相同。

NLP 確立了許多可能成為強大工具的不同框架。

### 「問題」框架

如果遇到了意料之外的事，人們往往會把它視為「問題」。有了問題就必須去「解決」或「處理」。而另一些人則可能從不同的角度來為之設定框架，把它視為「一次機會」、「一個挑戰」或「一件讓我迷惑的事情」。對經驗設定框架的方式不同，會造成對它的思考方式、感受方式和行為方式的不同。

對於大多數人來說，出現了問題就需要幫助，需要解決的辦法。有問題的時候，人們會求助於醫師、律師和顧問。把一件事限定在「問題」的框架之內，實際上就是對它做出了判決，縮小了其他可

能的態度和行為的範圍。「一件讓我迷惑的事」和「一件意料之外的事」才是更公正的評判。因為無論從感受上來說，還是從行為上來說，這兩句話都留給了人們更多的可能性。

無論是在政治活動、商業活動、社會活動，還是在私人活動當中，人們對於解決問題的態度是帶有偏見的。乍看之下，這好像很不錯：所有問題都正在解決中，我們可以認為，如果還有問題的話，那麼問題也是越來越少了。

然而，不幸的是，問題框架表示我們只關心那些不起作用的事情。下次看電視時，記得想一下那些被包含在「新聞」框架之下的事情，都包含了哪些內容？設定了「問題」框架，就需要找出那些應該受到譴責的人。習慣了使用問題框架的個人或團體，往往很少對榜樣進行模仿，因為他們不會去關心是什麼事情在起作用。

## 「結果」框架

「結果」（outcome）框架是一種看待事情的方法，能為你的目標指明方向。簡單問一句：「你想要什麼？」已經足夠設定一個結果框架。「告訴我，這個問題是怎麼回事？」可能會造成人們回顧過去來解釋當下的情況；「告訴我，你想要什麼？」則可以把注意力引向未來。既然我們無法改變過去，那麼你在未來所想要的，就可以為你目前的行為提供更好的指導和幫助。

## 「假設」框架

這是一種讓自己「對事情進行試驗」的好方法。「假設」（as-if）框架就是把將來的事情想像成現在正在發生；你覺得它會發生，並且感覺很真實。當你展開自己的想像時，就會想到那些「真的會發生」的事情，這樣你就可以從視覺、聽覺和動覺上對事情進行評價。

有一次，伊恩在指導一個對事業感到迷惘的人。伊恩問他：「我知道目前你的感覺非常迷惘……但是，假設你現在並不迷惘的話，你覺得自己會去做什麼？」這個學員停頓了一下，揚起頭，深深地吸了一口氣，然後說：「嗯，如果是這樣的話，我會瞭解周圍的情況，以便找到新的方向。我會找一位多年不見的負責招聘人員的老朋友出來談談，問問他那裡有沒有新的職位。」只要你跳出目前的障礙，就會看到許多可以採取的措施。

## 換框法

「我願意接受理由。」「你很容易受影響。」「他容易輕信別人。」換框法（reframing）就是透過改變一次經歷或一個事件的框架，來讓其意義發生改變的方法。這可以讓你用不同的視角來看問題；這是一種全新的解釋，而其結果就是你得到了不同的結論、不同的評價，不同的感受。由於這是一種非常重要的設定框架的方法，我們將在本章後文對此進行詳細的介紹。

## ◤ 2. 設定框架有什麼作用？

設定框架是一種給經驗貼上標籤，以便讓我們「懂得」其含義的方法。它給事件或思想塗上了不同的「顏色」。如果我們改變了框架，也就改變了框架下之經驗的含義。如果我們改變了其含義，通常就會改變框架下之事情帶給我們的感受。

## ◤ 3. 關於設定框架的常見例子

• 「問題」框架：「你發現這個問題多久了？」
• 「結果」框架：在特定情況下，問自己最真實的願望是什麼。
• 「假設」框架：把今年當成是西元 3001 年，亞瑟・查理斯・

克拉克（Arthur C. Clarke）的小說《3001：太空漫遊》（*3001: The Final Odyssey*），就像所有虛構故事，會把我們帶入奇幻的世界，讓我們在那裡經歷新的體驗。

## ◢ 4. 運用設定框架來思考

- 當你或他人看待事物的方式，或對事物做出反應的方式固定不變時，改變一下框架，就可以讓你獲得全新的視角。
- 當你感覺到對某些事情的框架正在限制自己的時候。
- 當你想用不同的方法來經歷或評價某些事情的時候。

## ◢ 5. 如何應用設定框架？

當你希望自己的想法或建議，能像你希望的那樣被聽者接受時，就可以充分利用設定框架這個方法。同樣的，在一次會議或一場討論之前，你可以用它來設定一個場景。

訓練自己去聆聽別人為其想法或建議設定框架的方法：他們設定的框架適合你嗎？這個框架與它所包含的內容一致嗎？觀察那些在不同的場合下都非常善於設定框架的人，無論是公共演說者還是你的父母，然後問自己，究竟是什麼原因讓他們的言語和行為如此有效。

# 邏輯層次

## ◢ 1. 什麼是邏輯層次？

邏輯層次（logical level，又稱理解層次）是我們在對概念、事件、關係和組織進行思考的過程中，對其深層結構和模式進行判別的一種方法。邏輯層次能幫助我們瞭解「包含了哪些內容？」或「正在

發生的是什麼事情？」等問題。邏輯層次是有等級的。

　　人們在談及自己的經歷時，經常把它們做層次上的區分。就像我們的一位學員說：「從某種層次上說，房屋被燒毀是一個災難，但是從另一個層次上來說，這件事成就了我。因為我必須搬家並從頭再來，正因為這樣，我開創了自己的事業，而且再也沒有回頭看。」每個層次都會給我們帶來不同類型的資訊，也因此讓人記憶深刻；每個層次只會回答某種類型的問題。為了讓大家看清楚，我們把每個層次所回答的問題列在旁邊。

- **環境層次——什麼地方？什麼時間？** 這個層次包括環境問題或細節。它可能是物質環境，像是一棟特定的建築物或是社會環境，比如當我們和某個特殊的群體在一起的時候。同時，它還包括所有這些事情發生的時間。

- **行為層次——什麼事情？** 所謂的「行為」，就是你實際上做過什麼事情或沒有做什麼事情。這個層次的問題與正在發生或已經發生的事情相關。

- **能力層次——如何做事情？** 能力就是關於你在生活中如何做事。能力層次包括知識、技能及做事的過程。擁有了這些能力，一個人做起事來就會得心應手；而缺少了這些能力，會讓一個人在做同樣的事時舉步維艱。

- **信念和價值觀層次——為什麼？** 信念和價值觀影響著我們對事情的理解：為什麼有些事情對我們來說是可能的，而另一些則是不可能的？信念和價值觀不僅為我們提供了一套基本原理，還驅使我們去採取行動。

- **身分層次——我（們）是誰？** 身分與我們的自我感相關。無論是個體身分或群體身分，我們都需要自己是誰。

- **超越身分層次——為了什麼人或什麼事？** 這個層次與更廣的範圍或更大的系統相關，在這個層次上，關於某些重大目的的問題就形成了。當我們作為個體時，它通常是指我們的精神層次。它將我們帶入對個人使命的思考。這種對個人使命和遠見的衡量標準，同樣適用於群體或組織。

## ◢ 2. 邏輯層次有什麼作用？

邏輯層次為我們理解下列事情提供了方法：

- 你正在處理的是哪種類型的資訊？
- 問題的起源在哪裡？
- 在哪個層次上遇到了問題或問題被證實（這些層次可能不盡相同）。
- 關乎成敗的「真正」問題是什麼？
- 適合互動或介入的邏輯層次是什麼？

無論你是在與別人合作，還是在進行獨立思考，如果你去留意人物、原因、方法、目的、時間、地點等關鍵問題的話，通常就可以確定其中包含了哪些邏輯層次，並且讓你做到下列的重要事情：

- 你可以找出問題的真正來源，而不是它表面上的來源（例如，行為或環境問題通常起源於信念）。
- 你可以找出改變局勢的著力點。對於很多人來說，只要他們確信自己在信念層次或身分層次上沒有改變，就很容易讓他們改變行為。
- 你可以找到能產生明顯效果的微小的介入方法。例如，在辦公室增加一臺飲水機、咖啡機或水壺（環境改變），很可能會

引起人們的注意（行為層次），這樣可以樹立或保持他們身為部門或團隊成員之一的歸屬感（身分層次）。

## ◤ 3. 關於邏輯層次的常見例子

讓我們以看電影為例子。通常，語氣和對不同部分的強調，可以清楚地告訴我們，哪個邏輯層次才是重要的：

- 「我不想去看那部電影。」這可以是關於行為的一個陳述，也就是說，我不想**做**這件事情。
- 「**我**不想去看那部電影。」這意味著也許別人很想去看，但是**我不想去**——屬於身分層次。
- 「我**不想**去看那部電影。」這或許表明了我不想去看是有原因的，儘管我沒有明說——屬於信念和價值觀層次。

其他例子：
- 父母跟孩子說話的方式：「你怎麼這麼懶」（身分層次）、「整理一下你的房間」（行為層次）。
- 為了使員工全身心投入工作而做出的企業文化改變計畫。（信念和身分層次）。

## ◤ 4. 運用邏輯層次來思考

- 當你或別人在應付一個簡單的小情況時，感受卻顯得比較複雜，那麼幾乎可以確定它觸動了你的信念或身分層次。
- 當你想讓生活或所在的組織發生變化時，思考一下可以在哪個邏輯層次上進行嘗試，以及這個層次是不是一個合適的層次。通常，對一個組織來說，要贏得大家內心的贊同才可以，

這就意味著你要在信念和身分層次上進行改變。但人們通常都會嘗試在行為層次上進行快速的調整。

- 當涉及的情況比表面看起來更複雜的時候。
- 當你在對別人進行批評或稱讚的時候。如果你把批評定位在環境或行為層次（也可能是能力層次）上，那麼它就很容易被接受；如果你把它定位在身分層次上，那它就很難被接受，因為當我們的身分即將遭到攻擊時，就會覺得有必要保護它。稱讚則在較高的層次上才最有效，特別是在身分層次上，比如：「你真是太有能力／體貼了。」

## ◢ 5. 如何應用邏輯層次？

邏輯層次可以幫你監控局勢並找出那些關鍵的問題；幫你找到最簡單、最有效的著力點；透過尊重你和他人的下意識層次思想，來幫你建立親和感。邏輯層次能幫你認識看似令人迷惑的局勢，你只需要弄清楚問題是什麼，以及它處在哪個邏輯層次。

利用邏輯層次來幫你評估各種關係是不是「恰當」，包括人們和工作的關係、人們和環境的關係、問題和解決方案的關係。

# 後設模式

## ◢ 1. 什麼是後設模式？

後設模式（meta model）告訴我們，為了理解我們的經驗和所接收到的資訊，我們會透過以下三種方法使之簡單化：

1. **省略（Deletion）**：我們將資訊刪除掉。
2. **一般化（Generalization）**：在有限證據的基礎上，建立可

以廣泛或普遍應用的規則。

3. **扭曲（Distortion）**：透過關注某些類型的資訊而忽略其他類型的資訊，來建立意義。

上述三項都是很自然的過程。它們可能具有幫助或限制的作用。舉例來說，如果你不對進入大腦的大量資訊進行省略，會是什麼樣的情形！你的大腦中會充斥各種亂七八糟的資訊，像是我們見過的汽車車牌。另一方面，你會不會省略一些重要的資訊呢？在一份評估中，你是不是省略了所有正面的回饋，而對某個批判的評價念念不忘呢？

## ◣ 2. 後設模式有什麼作用？

後設模式提供了一整套問題，能幫你檢索失去的資訊、挑戰不合理的推測，以及在事情被扭曲時創造新的意義。

### 省略

- **反面例子**：心不在焉；健忘；當你將一件事情做過火之後，對它所發出的警告置之不理。
- **正面例子**：當你和所愛的人在一起時，完全沒注意到周圍單調的環境。

### 一般化

- **反面例子**：感覺所有人都在和你作對（所有人？地球上的每個人，包括那些你從未見過的人？）。
- **正面例子**：你順利完成了第一次演講，便開始想「我是可以做演講的」。它給了你新的自信。

## 扭曲

- **反面例子**：看到你的老闆和同事有說有笑，這時你便「知道」他們是在嘲笑你。
- **正面例子**：你的伴侶為你買了一件讓你大感意外的特殊禮物，這時候你知道他是愛你的。

## ◤ 3. 運用後設模式來思考

- 當你想弄明白你或別人話語中的真實含義的時候。
- 當你想讓自己的思維更清晰的時候。
- 當你自己或別人在做一般化思考的時候。
- 當你的直覺告訴你，別人的斷言缺乏充分論證的時候。
- 當別人盡力向你推銷一件商品，或盡力勸說你去做一件事的時候。
- 當你在做書面陳述和說明的時候，無論是在討論或爭執。

## ◤ 4. 如何應用後設模式？

### 省略

利用後設模式，你可以透過思考以下類型的問題，來找回一些失去的資訊：

- 資訊究竟是在哪裡失去的。比如，當你說「我感覺自己營養過剩」時，你需要自問：「**究竟是哪些營養過剩？**」
- 潛在的對比是在哪裡形成的。如果你說「事情變得更糟糕了」，你需要自問：「**跟什麼相比更糟糕了？**」
- 在什麼情況下，過程被當成固定不變的事情。比如，當你說「我們的關係在走下坡路」時，你需要自問：「**我們的關係和**

以前究竟有什麼不同，在哪些方面不如以前友好了？」

- 由於你沒有明確說明包含其中的人物和原因，導致了資訊在某些地方有所缺失。比如，當你在說「人們都不喜歡我」時，你要自問：**「實際上是哪些人？」**

## 一般化

使用後設模式，你可以對不同的一般化進行區分，還可以挑戰那些你已經習慣的一般化。

- 普遍陳述：「你從不考慮我的感受。」——**「從不？是不是真的從未有過？」**
- 「必須」和「應該」：「我必須按時回家。」——**「如果你不按時回家會怎麼樣？如果你按時回家了，又會怎麼樣呢？」**
- 「不能」：「我不能做那樣的事情。」——**「是什麼阻止了你？如果你這樣做，又會發生什麼事？」**

## 扭曲

透過後設模式，你會發現人們是如何理解他們的經歷的，以及如果其理解對你或他人不具作用的話，你該如何質疑。

- 複合式相等（complex equivalance）：「沒有正眼看你的人是不可信的。」——**「有沒有正眼看你，與是否值得信賴，有什麼關係呢？」**
- 因果關係：「你的評價讓我覺得名譽受損。」——**「我究竟說了什麼，讓你感覺自己名譽受損了呢？」**
- 讀心術：「我惹你生氣了。」——**「你怎麼知道我生氣了？你為什麼會這麼想？」**

# 後設程式

## ◤ 1. 什麼是後設程式？

後設程式（meta programmes）大部分都是下意識的資訊分類模式，而且這些模式具有很大的影響力，因為它們不但可以影響你所關注的事情，還可以影響你內在表象的形成方式，以及你整理自己的經驗並從中獲取資訊的方式。它們之所以有很大的影響力，是因為你是透過它們來整理自己的經驗。後設程式就像篩檢程式，可以讓你過濾出那些不重要的資訊，並讓你關注那些重要的資訊。沒有它們，我們會不知所措，還會失去了區分重要資訊和不重要資訊的方法。我們將介紹一些重要的後設程式，它們能幫你在職業生涯、人際關係和贏得幸福與健康方面做得更好。

## ◤ 2. 後設程式有什麼作用？

後設程式可以自動為你提供方法，來對經驗、思維和行為進行整理與分類。儘管你和他人都會使用某些後設程式，但是每個人所使用的後設程式組合，卻是他們獨有的。

後設程式與各種可能的行為方式相關，這些可能性形成了一條有很多的位置軸線。處在這條軸線兩端的後設程式反差很大，但是人們通常都是處在中間的某個位置。

對於理解經驗來說，沒有哪種方法是絕對「正確」的，同樣的，也就沒有一種絕對「正確」的方法來使用後設程式。但是，NLP 要強調的是，每個變數**在特定的場合下**，都有其優點和缺點。

利用後設程式來調整自己的藝術，就在於要懂得如何去發揮作用，並且要結合你的預期成果，來評價這種方式。

利用後設程式來吸引和影響別人的藝術，就在於要知道這些人對哪些後設程式有正面的反應，那麼你在和他們溝通時，就可以使用這些後設程式。

## ◤ 3. 關於後設程式的常見例子

- 理解他人。有些人看起來比其他人更樂觀，他們往往會朝著不同的可能性努力，並且會在生活的細節中找到樂趣。如果你瞭解後設程式的話，就會發現那些讓人們的生活豐富多彩的各種模式。
- 你可以有效的安排時間，因為你會發現事情都是按照你的計畫在進行，而不是當你在新的一週開始時，打開日程表就發現裡面亂七八糟地寫滿了需要做的事情，讓你一看到就覺得害怕。
- 選擇一份能發揮你的後設程式之優勢的職業。
- 挑選員工時，你非常清楚適合你的職位要求的人，應該偏愛哪些後設程式。

### 常見的後設程式

#### ◆ 避開─趨向

　　當你為了避免不良的刺激或不好的結果而必須採取行動，那麼你就是在避開它們。或者，你被吸引你的事物所激勵，那麼你就是在趨向它們。要是你能知道自己在某種特定情況下的主導後設程式是什麼，就能讓你以真正有用的方式來激勵自己。同樣的，如果你正在激勵的那個人，懷著強烈的「避開」後設程式的話，那麼就算你用升職或提高地位的方法來激勵他，也是沒用的。如果你可以清楚地讓他們知道，要是不做出改變，結果將會很不愉快，比如失去

地位，那麼他們會因此震驚並採取行動。所以，能激勵某些人前進的那些因素，不一定能激勵其他人。

當別人告訴你，他們不想做某些事，想擺脫某些事或是離某些事遠一點，他們其實是在避開這些事。當別人告訴你，他們想做某些事，或正努力完成某些事，他們就是在趨向這些事。

### ◆ 必要性─可能性

當你被必須或應該完成的事情所驅動，「必要性」是最重要的。當你被那些可能、新鮮或未知的事物所激勵，「可能性」是最重要的。

通常，必要性關乎對程序的強烈喜好：「事情就應該這樣做。」當你聽到別人在談論那些他們應該或必須去做的事情時，就會聽到「必要性」的聲音。在這種情況下，好像沒有太多選擇的餘地，並且通常會有一套必須遵守的程序。相反的，「可能性」會展現對多種可能或選擇的喜好。選擇是很重要的，你會聽到關於願望、希望和可能發生的事情的聲音。

### ◆ 關注的焦點：自我─他人

你可能會關注自己，這並不表示你是自私的。這僅僅說明你在對事件和思想進行評價的時候，會先從自己的角度出發。然而，這可能會導致你長時間陶醉於「自我」，在別人看來，你好像對外部世界漠不關心。相反的，如果你先關注別人，就會先考慮同樣的事情將帶給別人什麼樣的影響，這時你關注的焦點是他人。但別人會認為你是在迎合外部情況，而且只關注你周圍的世界。這兩種情況的任何一種，如果太過極端，都會帶來麻煩。過度關注自己的結果，不只是自私，還有可能變成自戀；而過度關注他人的結果，就是你以犧牲自己為代價而去取悅所有人，變成了你為人人。

### ◆ 求同一求異

伊恩的一個朋友有句「經典」的話:「你知道,這就像是……」他的求同思想太過明顯,成了一個永遠的笑話。有這種思維方式的人,總是在尋找事物的共同點;他們只看到不同的事物或人物的相同點,只看到現在和過去有哪些相似的地方。這樣的關聯讓他們很高興,並且對他們來說也很重要。

所以,如果你想要吸引這類人的注意,就不能建議說,某種行為肯定很有效,是因為它第一次出現,並且和以往的行為都不同。對於求異的人來說,這樣的做法才是有效的。當你在求異的時候,關注的是例外,是失去的某樣東西。

同樣的,這兩種做法都可能是有效的,理想的情況就是你要有彈性地兼顧兩者。但是,我們往往只會沉迷於其中之一。如果你也是這樣,那麼,解放自己的最快、最有效的方法,就是嘗試另一種情況。特別重要的是,要確保在一個團對中,同時擁有這兩種類型的人。


### ◆ 偏愛的歸類方式:大型一小型

我們都很熟悉那些「見樹不見林」的人,以及那些整天忙著「講大道理」,只看宏觀而不關注細節的人。這兩種都是我們可能會有的極端情況。

如果你非常善於記憶和處理細節問題,卻缺少與之相關的宏觀框架的話,你可能會做大量的小型歸類。如果你非常善於設想和計畫,卻沒有耐心去處理那些能確保你的偉大計畫得以進行的細節,或是當你忽視那些與你的總體設想格格不入的事情時,可能會做大量的大型歸類。

想像一下,如果你讓這兩種不同風格的人在一起,會發生什麼

事情。他們肯定會讓對方發瘋。習慣小型歸類的人所說出來的大量細節，會讓習慣大型歸類的人不知所措，而習慣大型歸類的人對細節的忽視，也會讓對方一頭霧水並感到緊張。好的團隊領袖同時需要這兩種風格的成員。如果你想要綜合所有的觀點，從而得出一個均衡的決定，並且擁有一個通力合作的團隊的話，做到這一點是非常必要的。

### ◆ 時間定位：處在時間中一跨越時間

有許多後設程式都讓人感到熟悉，但是，「人們經歷時間的方式並不相同」的這個概念，會讓人感覺有些奇怪。NLP 指出，在人們和時間的關係上，人與人之間的差別可能會很大。每個人的經歷可能大致相同，但是人們在整理經驗時，卻有兩種截然不同的方式。

### ◆ 處在時間中

也許你是真實地「活在當下」。你全面體會著生活，感覺完全生活在現在。你發現自己很少關注時間，因為你對當下發生的事情非常投入。替未來做打算好像很不實際，距離目前越遙遠的事，就越難把握。你通常會覺得過去的事情已經在你「身後」，而將來的事情又在你的「前方」。

NLP 已經清楚指出，我們會將對時間的認識空間化。如果你讓那些處在時間中的人，為你指出昨天或明天的方向的話，他們很可能會指著肩膀後面說那就是昨天，然後指著肩膀前面說那是明天。當一個人用這樣的方式來經歷時間，實際上就是在說他無法看到昨天，因為它就在身後，而能夠看清楚的關於未來的那一點內容，也是距離現在最近的事情。時間就好像是一條軸線，從過去延伸到未來。

### ◆ 跨越時間

大部分用這種方法來經歷時間的人，會把時間定位在他們面前的一條從左到右的軸線上。這是一條時間軸。通常，過去位於左邊，而未來位於右邊，但並非總是如此。對於一個做年度計畫的人來說，往任何方向的一瞥，都會讓你看到這一整段時間。用這種空間組織方法來認識時間，意味著要對事情進行回顧或做出計畫是很容易的，所以，跨越時間的人通常是很好的組織者和策畫者。

NLP 把人們連結不同的時間，以及連結時間和經驗的方法，稱為「時間軸」（Time Line）。處在時間中的人，通常留在時間軸上，但跨越時間的人，通常會與時間軸保持一小段距離。這也許意味著，如果你是一個跨越時間的人，可能很容易就可以避免被此時此地的具體困難所困擾，卻很難集中注意力於具體的事情。

### ◆ 參考框架：內在的或外在的

如果你是由自己來決定哪些事情是對的，而不喜歡由別人來告訴你，那麼你就屬於內在參考型。跟內在參考型的人相處時，如果你可以避免迫使他們去討論別人會怎麼想，你們就會相處愉快。這不僅是因為別人的想法對他們來說並不重要，你還有可能是在一頭公牛面前搖一塊紅布，因為他們非常依賴自己的判斷：「我需要自己做出決定。」

如果你喜歡去瞭解別人說了什麼或者會怎麼想的話，那麼你就屬於外在參考型。喜歡這麼做的人，通常在得出自己的結論之前，會把別人的看法放在一個很高的位置。「別人說○○○，嗯，事實清楚地顯示就應該是這樣的。」像這樣的說法，就表示某些人或事被拿來當成是權威的來源。

一般情況下，這兩種做法沒有好壞之分，而且獨立來看，都有

可能成為不利的因素。

以上是一部分的重要後設程式，當然，已經確立和探討的後設程式還有很多。（如果你想進一步瞭解，可以參考本書最後的 NLP 培訓課程。）我們之所以把這幾個後設程式挑出來重點討論，是因為它們可以幫你理解是什麼在驅動你，以及影響你做出選擇。它們還可以幫你理解那些在與別人溝通時遇到的困難，以及找出你的獨特才智在什麼地方能得到最大、最有效的發揮。

掌握這些後設程式的祕訣就在於：

• 瞭解你天生的偏好是什麼。
• 知道你的每個後設程式的優點和缺點分別是什麼。
• 找出拓寬你的選擇和行為範圍的方法。

## ◤ 4. 運用後設程式來思考

• 如果你想發揮自己的強項。
• 當你在思考求職信的時候（你的或別人的）。
• 當你想要瞭解溝通過程中遇到的問題的時候。

## ◤ 5. 如何應用後設程式？

建立一個檔案來記錄你的資訊處理偏好，以便理解你為什麼會那樣做事情。建立其他關係密切的人或同事的後設程式檔案。思考一下雙方的後設程式之間有哪些異同點。這能為你帶來什麼樣的幫助或困難？與他人的後設程式保持一致，有助於你建立對他們的親和感及影響力。

# 模仿

## ◢ 1. 什麼是模仿？

模仿（Modelling）是 NLP 的基礎，它來自於詢問「別人是如何做事的？」這個問題。無論是為了完成一項任務、展現一種技能，還是達到某種狀態，或是讓生活更美滿，模仿都是找出人們**如何**具體地去做某件事的過程。孩提時代，你就進行過許多下意識的模仿，模仿過某些人特有的習慣，甚至成了他們的信念的追隨者。成年以後，或許你曾努力模仿過別人的優點，因為那是你想要改善的地方。因此，你總是有意識或無意識地進行模仿，有時細緻入微，有時掌握整體。

我們通常可以從以下的領域中找到所需的資訊：

- 背景和環境。
- 行為。
- 技巧和能力。
- 信念和身分問題。

在 NLP 中，這些項目被統稱為邏輯層次（參見本章前文）。你可以在任何一個層次對他人進行模仿，你模仿得越全面，你的模仿就越貼近且越有效。例如，如果你想要有效地駕馭社交場面，可以近距離地觀察健談且在談話時讓人感覺很輕鬆的那些人。但是，如果你沒有像所模仿的人那樣，對於「如何打動別人？」「別人有什麼感受和反應？」這些問題感興趣，那麼你的模仿就缺少了一個重要的部分，而且那是你所模仿的人必備的，也就是他們的價值觀和信念。為了全面模仿他們，在互動中做到跟他們同樣卓越，你的模仿

就必須超越行為和技能，學習他們在與別人的互動中是如何為他人著想的。

　　大部分人通常都善於下意識地區分表象行為與內在態度的不同，而這種對內在與表象的區分，又將深刻地影響他們的反應。如果你想真正做到卓越，光是透過動作來模仿他人的行為是不夠的。你需要看穿表象，理解是什麼原因讓他們先去處理某一件事。

## ◤ 2. 模仿有什麼作用？

　　模仿將知識的轉移變為可能，這也正是學習的基礎。NLP 建議，如果我們知道某些人是如何把事情做好的，只要我們擁有足夠的細節資訊，那麼也可以學習做到同樣的事情。

## ◤ 3. 關於模仿的常見例子

- 模仿父母走路或說話時的神態。
- 透過觀察別人的表演，來學習一項技能。
- 參加大師講堂；在這樣的課堂裡，大師不但為你提供指導，還讓你洞悉他們是如何思考問題的。
- 模仿一位你欣賞的同事或朋友。
- 按照食譜來做菜，它會告訴你：「先做什麼，再做什麼……最後你就做出了一頓豐盛的大餐。」
- 加入你的家庭所信奉的宗教或信仰，並與之一起成長。

## ◤ 4. 運用模仿來思考

- 當你想要學習一項新技能，或是改善原有技能的時候。
- 當你遇到一位有一技之長的人，並且想要深入瞭解他是如何

做事情的時候。

- 當你想要趕上別人的時候。
- 當你想要重複自己做過的某件效果很好的事情（自我模仿）的時候。
- 當你想要對以前做起來成效不佳的事情進行改變的時候，可以模仿出錯的地方，以便知道下次該如何調整。

## ◢ 5. 如何應用模仿？

　　使用所有可以使用的感官，來觀察你的模仿對象。你希望模仿的可能是一項具體的技能、特殊狀況下的一種行為，或是一個人的總體風格。模仿的事情可能是很具體的，這在 NLP 中叫小型歸類，也可能是較普遍的事情和大型歸類（參見本章前文）。

　　思考一下，重要的步驟有哪些？能造成不同結果的差別有哪些？怎樣才能讓你獲得這樣的行為或生活方式？在前面的例子中，在社交場合中發揮較大作用的一個關鍵，就是要對你所遇到的人產生興趣。不管你有多麼著迷於對方，仍需要進行一些談話。如果你發現很難找到討論的話題，那麼可以讓你更有成效地進行社交活動的一個關鍵點，就是你要提前準備一些讓別人開口的問題。

　　透過思考下面這個問題，來對你所獲得的資訊進行評估：「什麼時候這種事情**沒有**發生？」反面的例子通常可以更清楚地說明那些關鍵的過程。對兩種相似的情況或結果進行比較，找出其中有哪些異同點，在 NLP 中，這叫做對比分析（參見本章前文）。如果你的一位同事經常讓你感覺到自己可以做出一定的貢獻，而另一位同事則往往讓你覺得自己很渺小、很無能，那麼找出他們之間的主要差別，可以讓你明白，若要改變這種情況，**你**應該做些什麼事情。你

還會明白該如何讓別人也感覺到**他們**可以做出自己的貢獻。

　　收集一些關於別人的行為及其內心活動的資訊。詢問他們是怎麼想的？在想些什麼？以及實際上做了什麼？這樣做有利於你去發現他們偏愛的表象系統和次感元（參見本章前後文）。找出他們做事的順序和使用的策略。他們首先想到或去做的是什麼事情？之後呢？再往後呢？例如，一個善於完成目標的人，可能在腦海中對希望完成的目標，以及完成後的演說，有著清晰的意識。他們會用言語進行自我鼓勵。犯了錯後，他們會原諒自己。有確切的證據顯示，對於那些一直受體重困擾的人，如果他們可以原諒自己的失誤，那麼最終會瘦身成功。相反的，因為吃零食或無法拒絕那些「調皮」的事情的誘惑，而對自己進行批評的人，最後會產生非常差的情緒，並且出於舒服或叛逆的原因而去吃更多的食物。

　　盡可能地在細節方面模仿那些成功人士，可以讓你更好地獲得成功的祕訣。

　　如果你是在模仿一位你認識的或是與你有關係的人，那麼就要建立並保持對他們的親和感。要採用一種好奇而非評判的態度。畢竟，你是在瞭解他們成功的方法。儘管有些事情讓你覺得驚訝或奇怪，但對他來說卻很有效，請自問一下其中的原因為何。

　　想要模仿一個人，並不一定要認識他。如果你沒有機會和他們進行個人接觸，那麼你可以依靠從其他管道獲取的資訊，例如書籍、文章、電視節目等等。雖然這為你的模仿增加了困難度，但絕非不可行。在你透過這些管道進行搜尋的時候，要睜大眼睛、豎起耳朵，才不會錯過那些細微但重要的細節。

　　程式的編者或文章的作者對於所收集的素材的關注程度，可能還沒有你的關注程度高，所以，對他們來說微不足道的事情，對你來說可能就是金子。同樣的，你在傾聽被模仿者述說自己所做的事

情或取得的成就時，要留意那些從他們的角度或認識來看並不重要的小事情。

## 成果導向：結構良好的前提

NLP 教練技術在幫你實現目標方面是很有效的。它告訴你，如何將你要做的行為清晰化和具體化，才能讓它滿足一系列的前提。NLP 中，這叫做「結構良好的前提」（well-formedness conditions），如果你堅持這些前提，就可以形塑或規畫自己的目標，簡言之，也就是形成自己的目標。

### ◤ 1. 什麼是「結構良好的前提」？

選用肯定的詞彙來表述自己的目標，因為大腦不能直接處理否定的資訊（你可以試試看能否**不要**想一隻藍色大象）。說出你**不想要**的事物，不一定就會讓你**想要**的事物清楚顯現，並且可能會鞏固你不想要的事物。比如，「我必須減重」這句話，不可避免地會讓說這句話的人再次關注他們不想要的事物——他們的體重。

當你啟動所有的感官對目標進行想像時，要盡可能將之細節化。當目標實現後，它看起來是什麼樣的？聽起來、摸上去，甚至是聞起來或品嚐的時候，會是什麼樣的？如此具體的做法會讓你的目標生動逼真，進而轉化為成果。直到你擁有生動的細節，才能獲得點子。給予它一定的活力、情節和顏色的話，你的大腦才會發現它是令人信服的。所以，要去發現那些能證明你已經完成目標的事物，而你的感官能為你提供那些證明。

檢查一下你的成果是否在自己的掌握之中，也就是你要啟動並維持它。如果你的成果需要別人的加入，就要注意你實現願望之後，

能帶給他們什麼好處。在 NLP 中，這叫做「吻合的成果」（dovetailing outcome）。如果別人也能從中得到一些東西（無論是有形的或無形的），比如，讓他們感覺良好的話，他們就會願意幫你。同時，你也需要意識到，有些成果不在你的控制之內，而在 NLP 看來，這些成果就不算是結構良好的。

清楚地瞭解背景，也就是你希望在何時、何地、和誰一起實現成果？同樣重要的是，你需要思考你不希望它在何時、何地、和誰一起實現。

要知道你目前的行為所帶來的實際附帶結果。在實現目標的過程中，你是否會失去或嚴重損害了你目前的行為所得到的任何東西？如果是這樣的話，這可能會為你實現目標增加困難，或是讓你無法實現目標。如果獲得晉升代表要經常出差而遠離自己的家庭的話，那麼你可能就會下意識地限制自己的抱負。所以，我們需要瞭解自己目前做事的方法，是否有一些優點可以陪伴我們實現成果。

對你的目標進行生態檢核。自問你所期望的成果，是否值得你付出這樣的成本（所有的成本，不只是金錢方面）和時間？它是否和你的自我感保持一致？一個結構良好的成果，不會與任何你覺得重要的事情產生衝突。相反的，它會提升你的自我感。

## ◤ 2.「結構良好的前提」有什麼作用？

它們能確保你對目標的框定方式，會為目標的實現提供最大的可能性。它們還可以幫你弄清楚，你是否真的想要完成一件事。我們的許多學員經常使用這個方法，最後決定採取不同的行動。其中一位說：「我想我已經把十八個月的辛勤努力，用在完成一件不適合我的事情上。」

## ◢ 3. 關於「結構良好的前提」的常見例子

我們以一位學員的目標:「我想環遊世界」為例子,來看一下這是否符合結構良好的前提。

- 目標得到了明確的表述。
- 對於感官來說,這個目標是不是夠具體?如果你明白這個目標包含了什麼的話,那麼答案就是肯定的。比如,或許你會想,「我會很享受這樣的旅行,會遇到很多有趣的人,會看到不同的古蹟和風景,還會吃到異國美食,並且獲得一次終生難忘的經歷。」接著,你需要更具體且生動地指出,你會搭乘什麼樣的交通工具(在歐洲境內搭火車、搭飛機跨越亞洲等),那些有趣的人會是什麼樣子,他們擁有什麼樣的文化,你會參觀哪個特定的古蹟或新奇的景點,以及究竟會吃什麼樣的異國美食。然後,如果你還能增加一些對不同氣候的感受及其色彩的話,就會把這個成果設計得非常生動。
- 做這樣的安排和決定,是否在你的控制範圍之內?是的,但是你可能需要別人的配合。
- 設想一下情境:你知道你的旅行行程包括哪些內容。你知道自己將在哪些國家停留,你和同伴一起出發,打算去看自己的堂弟,這將花費六個月的時間,旅行將在明年六月開始。
- 保持你目前狀態中的實際附帶結果:旅行不會讓你的收入減少,因為目前你剛辭掉工作,也還沒有找到新工作;如果你在旅行期間把房子租出去,那麼這也不會威脅到你的生計。
- 然後,對整件事進行生態檢核,考慮下列的因素:
  一成本:目前你沒有工作,而且有足夠的積蓄。

—時間：你有沒有做必要的計畫？這對你來說是不是個好時機，你能否有足夠的時間來完成整個行程。

—自我感：這些新奇的經歷、冒險和不確定因素，是否與你的自我感保持一致？

「我希望中樂透彩券」就是一個結構不佳的成果，因為這不屬於你可以控制的範圍。同樣的，如果你的視力很差，數學也學得不好的話，那麼「成為飛行員」也是一個結構不佳的成果。但是，如果你有非常好的市場管理理念，有資金，瞭解自己的領域，並且看到了商機，也對自己目前的行為有清楚認識的話，那麼「成為千萬富翁」就是一個結構良好的成果，而且可以實現。

## ◢ 4. 運用「結構良好的前提」來思考

- 每當你有了目標的時候，都進行檢查。
- 當你在做職業規畫或生活發生變化的時候。
- 當你以自己不喜歡的方式實現了目標時，可能表示有某個前提沒得到滿足。

## ◢ 5. 如何應用「結構良好的前提」？

當你有了一個點子或願望的時候，花時間來思考一下這些前提。確保你所期望的成果，是在滿足這些前提的情況下形成的，這樣你就知道自己還需要做些什麼，以及潛在的困難在哪裡。當所有的前提都得到滿足，並且你能把所需的步驟都付諸行動的話，那麼你就為實現自己的目標提供了最大的機會。

# 同步與引領

## ◢ 1. 什麼是同步和引領？

顧名思義，同步（pacing）就是跟隨別人的步伐：他快我快，他慢我慢。但在 NLP 中，它還有一個象徵意義——認可別人，並在各個方面都跟隨他。在行為方面，這就意味著你在站立或行走時模仿他們的姿勢；像他們一樣信心十足；運用和他們一樣的比喻和表象語言；重複他們的觀點。同步就意味著你向他們交出了引導權。

同步在建立親和感時非常重要。和某人同步，就是在明確告訴對方，你尊重他且認真對待他。這很容易讓他們感覺到你在聆聽他們的心聲或珍惜他們。

如果你在引領（leading）別人的話，就是在為別人指引方向。就像我們出去散步一樣，一個人引導另一個人走這條路而不是別條路。相較而言，引領是試圖去影響別人的過程。引領會有多種不同的表現方式，比如直接告訴別人去做什麼，也可以用更含蓄或簡潔的方式，比如在特定的場合下為別人提供一個有吸引力的好機會。透過模仿那些在影響他人方面表現卓越的人，NLP 指出，這些人建立親和感的第一步，就是與別人保持同步，然後才試圖引領他們。那些太早試圖引領他人的人，通常只會遭到別人的抵抗。

把它當成是在跳舞。順序是同步、同步、同步、引領。

## ◢ 2. 同步和引領有什麼作用？

它們為你與他人的成功互動奠定了必要的基礎。它們能幫你建立信任和合作關係，無論是在辦公室還是家裡，都能讓大家齊心協力，獲得更愉快、更有成效的體驗。

### ■ 3. 關於同步和引領的常見例子

- 你決定要找一份更好的工作。在你瞭解周圍的情況後，意識到自己應該考取一些資格證書。這讓你心生畏懼，所以你決定放慢腳步，循序漸進。這樣一來，你就建立了自信，並且朝著成功邁進。

- 當你的朋友心情很糟糕時，不要急著鼓勵他並要他振作起來，你要調整出與他相似的狀態，然後再慢慢跟他一起振作，建議你們在晚上一起出來走走，這樣你就可以引領他走出這種低迷的狀態。

### ■ 4. 運用同步和引領來思考

時時刻刻都要想到同步和引領，這一點非常重要，因為它們是一切有效溝通的基礎，特別是在下列的情況中：

- 當你想要建立親和感及獲得信任的時候。
- 當你需要別人的幫助的時候。
- 當別人感到恐懼、焦急或對你不友善的時候。
- 當你希望自己更具影響力的時候。

### ■ 5. 如何應用同步和引領？

仔細觀察別人的姿勢、表情、態度、呼吸頻率及語速。你可以跟其中一項甚至全部都保持同步。聆聽那些能反映他們偏愛的表象系統的語言，並且把某些語言融合到自己的話語當中。關注他們使用的後設程式，並且把它們融合到你當下的言語和行為當中。

與他們保持同步，仔細地體會他們的身體特徵和姿勢（但不

要盲目跟從，這樣會引起別人的注意，並誤認為你是在學他們的樣子）。繼續保持同步，就算你覺得保持同步的時間已經夠長了，還是要繼續下去，直到有跡象顯示對方感覺很輕鬆，並且親和感已經建立起來了。這個時候，你再考慮去引領別人。

## 採用不同的感知位置

### ◤ 1. 什麼是感知位置？

你對所有經驗的感知，都依賴於你以什麼樣的位置去理解它。有三種位置在處理經驗的問題上非常有用。在 NLP 中，我們稱之為第一位置、第二位置和第三位置。

- 在**第一位置**時，你就是你自身，用自己的雙眼去看世界，用自己的觀點去看事物。
- 在**第二位置**時，你站在別人的位置上，想像著身為他們應該是什麼樣子，透過他們的眼光來看世界。
- **第三位置**是指你身處在事件當中，以一個相關但未被察覺的觀察者身分，來取得「更聰明的自我」的觀點和評論。

### ◤ 2. 採用不同的感知位置，有什麼作用？

採用不同的感知位置，可以讓你跳出目前正在經歷之事的局限，用不同的視角來看事物，並且獲得不同的資訊。你也可以檢視一下自身的行為如何影響他人，他們對你有什麼樣的感覺。就像電腦三維圖解法一樣，它可以幫你翻轉圖片，從不同的角度去看它。不同的感知位置可以幫你發現那些在下意識中已經獲取的資訊，由於你

的第一位置的即時性，或是第一位置感受太強，使得你沒有意識到或是忽視了這些資訊。

## ◢ 3. 關於「採用不同的感知位置」的常見例子

- 留意你的感受和願望，用自己的雙眼去看世界（第一位置）。
- 在同樣的情況下，假設你是別人，你會怎麼辦（第二位置）。
- 當一個相關的觀察者，從局外人的視角來觀察自己和他人（第三位置）。

## ◢ 4. 運用不同的感知位置來思考

- 當你在工作中發生衝突，或在人際關係上有矛盾的時候。
- 當你在為度假或其他事情做準備的時候。
- 當你在評估某種局面的時候，比如同事或伴侶的行為。
- 當你被某件事困住或情緒過於激動的時候。
- 當你感覺被自己的義務或別人的需求和願望，壓得喘不過氣的時候，可以把這些事情與自己的需求和願望結合起來。

## ◢ 5. 如何應用不同的感知位置？

在提升親和感方面，它們是非常有用的。它們可以幫你在實際行動之前，檢視你的選擇和行為將會造成什麼樣的後果。同樣的，採取不同的感知位置，還可以幫你理解別人在協商或爭論時的出發點是什麼。它們還可以幫你把自身的感受和需求結合起來。

# 親和感

## ■ 1. 什麼是親和感？

親和感（Rapport）來自於用你的行為和語言告訴別人，你接受**從他們**那裡獲得的有效經驗。你是在他們的世界模型中與他們相遇。這樣的做法就為相互合作的溝通打下了基礎，而這就是親和感。處於親和狀態，並不表示你和他們的觀點一致。你可以不同意某人的觀點，但同時對他具有親和感。

## ■ 2. 親和感有什麼作用？

親和感是你與別人溝通的有效基礎。

## ■ 3. 關於親和感的常見例子

- 出於真誠關心的目的，去詢問別人的情況。
- 保持始終如一，以便獲取別人的信任。
- 透過客觀地評論他人目前的狀態，來對他人的狀態表示欣賞。
- 記住那些對別人來說重要的事情。
- 挑選與某項特殊的工作或特別的社交場合「搭配」的衣服。這是一種透過與別人的外在一致，來建立親和感的方法。
- 能夠參與有趣的事情。

## ■ 4. 運用親和感來思考

- 當你想透過一種真誠而非操縱別人的方式，來增加影響力的時候，無論是對於婚姻，還是在應徵工作時。
- 當你和別人的觀點不一致，又想跟他保持友好關係的時候。

- 當別人顯得很不自然或缺乏自信的時候。

- 當你鼓勵別人向你吐露祕密，或是向你「敞開」心扉，告訴你更多事情的時候。

### ◤ 5. 如何應用親和感？

當你想讓別人表現得很自然或讓別人感覺很舒服時，親和感就非常重要了。親和感可以在你和他人之間建立良好的關係，或者讓這種關係更融洽，還可以加深你們的相互欣賞和信任。在你要求朋友或同事進行或大或小的改變之前，親和感可以幫助你告訴他們，你和他們是站在一起的。

你可以透過同步和引領（參見本章前文）來建立並保持親和感。你可以在很多方面與別人保持同步，像是學習他們說話的方式、身體動作和姿態，在你開口發言之前，先「聽他們說完」。與別人保持同步，是向他們表示尊敬的有效方式。一旦他們知道自己已經贏得了你的認可，就會變得更積極。在他們看來，正是這一點為你贏得了對他們施加影響的權利。如果你沒有建立這種親和感的話，他們的思想為什麼要心甘情願服從你的引導呢？另一方面，保持同步也是讓你和別人產生連結的有效方法；只有當我們產生了連結之後，頻繁的互動才會發生。如果沒有同步，我們所做的只是在對別人講故事、下達命令或回復資訊，而不是在進行對話。當你建立了親和感之後，就可以從與別人保持同步，轉為引領別人了。

## 換框法

### ◤ 1. 什麼是換框法？

「我願意接受理由」、「你很容易受影響」、「他容易輕信別人」，

換框法（reframing）就是透過更換一次經歷或一個事件的框架，來改變其意義的方法。如上面的例子所示，通常換框法就是言語的改變。有時候，一個簡單的詞語就構成了一次換框。比如，在情勢變化時，你可能會想：「這究竟是一個『問題』？還是一次『機會』？」當某種情況的發生可以讓你更瞭解一件事情時，這其實也是換框法。

## 案例

我們的一位學員在十六歲時離開了學校，儘管他現在非常成功，但是始終覺得自己不如別人，因為他的同事都上過大學。另一方面，他的婚姻也很幸福。當我們問他是如何認識妻子的時候，他回答說，那是在他輟學一年後，當時他做著一份非常卑賤的工作，而妻子就是他當時的一個同事的朋友。說完之後，他沉默了。突然間，他又說：「謝天謝地！幸虧我沒去上大學，要是去上大學的話，我就永遠不可能認識她了。她才是我這一生碰到的最好的事情。」

## ◢ 2. 換框法有什麼作用？

換框法可以讓你用不同的視角來看問題；這是一種全新的解釋，而其結果就是你得到了不同的結論、不同的評價，有了不同的感受。無論是對於以往的經驗、簡單的話語，還是整個時代，你都可以進行換框法。比如，你可以把工業革命看成是一種「自然的」社會和社會關係的結束，也可以把它看成是一種將技術和卓越品質，從社會階層與地理位置中解放的新生活方式的開始。不能說哪種解釋是「正確」的，但是由於你看問題的視角不同，所以每經歷一次換框，你對同樣的事件及其所造成的結果，就會有不同的認識與感受。

## 3. 關於換框法的常見例子

- 認識到一個問題本身可能為你創造了一個新的機會。
- 「他考試沒通過。」vs「他這一次沒有考好。」
- 「他們離婚了。」vs「她不適合他。」

## 4. 運用換框法來思考

- 當你在面對一件讓自己或他人覺得不愉快、受到了威脅或非常困難的事情時，試著換個角度來看待它。比如，它能否帶給你一次學習新鮮事物的機會，或者在某些方面拓展你的技能？
- 當你需要換個角度看事情的時候，把它放在另一個場景中，再來審視它。
- 當某些事情看起來好到讓你覺得不真實的時候，如果你能換個角度來檢視它是否同樣令人樂觀，也是一個好辦法。

## 5. 如何應用換框法？

訓練自己用不同的思維方式，來對同樣的現象或事件進行探索。「得了感冒」是對工作進度的嚴重阻礙，還是一次休息的機會？或是完全不同的其他事情？

訓練自己去關注詞與詞之間的細微差別，以及它們框定事物的方法和造成的不同結果。比如：新鮮的、現代的、有創意的、獨創的、徹底革新的，對上古老的、傳統的、古板的、頑固守舊的；以及屢試不爽的和經過檢驗的。

去關注別人及媒體是如何框定事物的。對於同樣的事件，你有沒有其他的思考方式？如果你使用了不同的方法，會有怎樣不同的

結果？換框法能帶給你動力和自由，試試看吧！

# 表象系統

## ■ 1. 什麼是表象系統？

你透過五種感官來獲取外界的資訊，但是當你要在內在呈現這個世界時，需要的不僅僅是這五種感官。比如，聽覺是你的五種感官之一，但聽覺不只包括接收聲音這麼簡單。你還需要動用大量的神經來處理、儲存和分析聽到的聲音。其他的四種感官也是如此。

並且，你也可以在腦海中構思各種畫面，來對語言或聲音、物理場景、味道和氣味進行重播與想像。NLP 把這些複雜的內在處理形式，以及為了讓這些形式變得可能及讓人理解，所包含的所有資訊，統稱為表象系統，因為要創造經驗，就必須有一個完整的系統。有時，表象系統也被稱為「感元」（modality），因為每個系統都是一個單元或一種方式，由它們來對我們接收到的外界資訊進行內在的處理。

大部分人主要依賴的是五種表象系統中的一種或兩種，並且我們的語言會告訴我們或他人，我們在什麼時候使用哪種表象系統。一些常見的習慣用語會告訴我們，可能會有什麼樣的事情發生：

- 我無法接收他的波長（不知道他在想什麼）。（聽覺）
- 我無法從他的視角來看。（視覺）
- 我抓不住他說話的要點。（動覺）
- 我們的看法不一致。（視覺）
- 對我來說這完全不對，但對他來說是很好的。（動覺）
- 這聽起來讓我有點莫名其妙。（聽覺）

有些詞語在日常會話中已經失去了新鮮感，也就成了陳腔濫調。然而，如果你多加留意自己或他人自然流露出來的語言，還是可以找出一些關於你的內心活動的有價值資訊。

## ◤ 2. 表象系統有什麼作用？

它們為我們創造了屬於自己的世界。表象系統讓我們理解大腦中的畫面，體會到感情，理解我們聽到的語言，以及我們進行內心對話的方式，並且讓我們經歷並記住嚐到的味道和聞到的氣味。

## ◤ 3. 關於表象系統的常見例子

- 對於你的將來，要有**一張清晰的藍圖**。
- 對於一項新工作有了**感覺**。
- 要**聽**懂別人究竟在**說**什麼。
- 享受成功後那甜蜜的**氣息**。
- 經歷一件給**嘴巴留下不好的味道**（nasty taste，指留下壞印象）的事情。
- **感覺**比以前更健康了。
- 要**把握**（handle，管理）好你的生意。

## ◤ 4. 運用表象系統來思考

- 尋求建立親和感的時候，你可以使用和別人一樣的語言。
- 當你想要理解別人如何經歷某件事情的時候。
- 當你想要全面體驗一些事情，或用其他方式來體驗事情的時候。使用不同的感官來關注你的經歷，你就可以獲得不同的內在經驗。比如，你可以將注意力從關注某人或某物的外表，

轉移到關注他（它）的聲音。

## ◢ 5. 如何應用表象系統？

你可以透過下列的方法來瞭解哪些表象系統對你的影響最大，並且可以豐富你的經歷：

- 關注那些由你最不喜歡的感官傳遞給你的資訊。
- 在進行資訊內在處理的時候，有意識地培養你不太喜歡的感官。比如，當你在郊外散步時，很自然地會去注意所看到的事物。如果這時候你停下來，把眼睛閉上一會兒的話，就有機會去注意你能聽到什麼聲音、感覺到什麼，以及聞到什麼氣味了。

如果你對所有的感官系統都很熟悉，不但可以提高你的彈性，還能認識範圍更廣泛的人們，並且知道「這些人來自何處」。關注他們的語言及使用的隱喻，不但能讓你知道他們的思維方式為何，還有機會理解他們所經歷的世界。

每個人對於這個世界的體驗都是不同的，如果你想要建立並保持對他人的親和感，也想知道對他人來說什麼才重要的話，那麼非常重要的一點就是：你要在他們的世界地圖上與他們見面。如果你留意他們所使用的語言，並且開始使用來自相同感官系統的比喻和短句的話，就可以用一種自然而隨意的方式與他們保持一致。保持一致是建立親和感的有效方法，其隱含的資訊就是：「我站在你這邊，我願意用你的語言方式來說話。」

# 感官敏銳性

## ■ 1. 什麼是感官敏銳性？

感官敏銳性（sensory acuity）需要你更加注意透過感官獲取的資訊。你的注意力越集中、辨別能力越強、獲取的細節越具體，你對不同種類和等級之資訊的辨別能力就越強。

感官敏銳性是一個過程，其內涵是改進你對於外部世界及內在世界的反應能力。它可以讓你形成敏銳的辨別力，以及提升覺察力。如果你喜歡在郊外散步，那麼思考一下自己為什麼喜歡這麼做。是因為你可以看到田園綠樹和野生動物，或者是你喜歡這裡的四季變化？還是因為你喜歡穿行於新鮮的空氣中，並且可以配合節拍闊步前行的那種感覺？能讓你愉悅的因素有很多。

下次出遊時，請更仔細地留意那些你認為重要的事物。如果是你的所見讓你愉悅的話，那麼吸引你的是色彩、外觀，還是事物的變化？是對比度，還是色度？到了再下一次出遊時，留意你的另一種感官。你可能會聽到什麼？聞到什麼？嚐到什麼？

資訊會透過全部五種感官傳遞給我們，但是我們往往出於習慣而只注意到現有資訊的一部分。拓寬你的資訊範圍，有助於你豐富自己的經歷，並且真正瞭解正在發生的事情。這種強化的感官覺察力，是構成「女性直覺」的部分原因。無論是處理個人關係，還是在工作場合，許多男性都忽略了大量的提示資訊，而正是這些資訊能告訴我們，目前的事態如何，以及別人將會如何回應我們。增強你的感官敏銳性，可以讓你注意到目前正在發生的事情，或至少讓你留意到事物所留下的印象。

## ◢ 2. 感官敏銳性有什麼作用？

感官敏銳性可以為你提供重要的資訊，讓你在生活中擁有更多的樂趣，也能夠更快、更準確地學習，更瞭解他人，並且在與他們的交往中提升你的影響力。

## ◢ 3. 關於感官敏銳性的常見例子

- 學會解讀某位熟識之人的臉部表情。
- 欣賞那些完成目標所需的演練。
- 區分一般的葡萄酒和上等葡萄酒。
- 注意別人說話時的不同語氣，比如當別人說「我同意」時，他用的是正常的語調，還是平淡且懶散的語調。

## ◢ 4. 運用感官敏銳性來思考

- 當你想要找出造成不同結果的差別的時候。
- 當你想要獲取言語以外的更多資訊的時候。
- 當你想要享受更多事情的時候。
- 當你在模仿他人的時候。
- 當你想要更深入理解自己或他人的狀態的時候。

## ◢ 5. 如何應用感官敏銳性？

養成習慣去關注更多細節，以及自問哪類細節才是重要的，這些是造成不同結果的差別。如果你覺得某個人的穿著很講究，那麼就思考一下是他穿衣（或選擇衣服）的哪個具體細節，讓你產生這樣的想法。

事先做好和現做的義大利千層麵，兩者的差別在哪裡？你如何

確定在火車上交談的那兩個人是朋友，並且是在閒聊？你獲取的微觀訊息是什麼？

## 狀態

### ◢ 1. 什麼是狀態？

狀態（state）是指你以什麼樣的方式置身於某一個特定時刻，包括以下的內容：

- 你的大腦在想什麼，亦即你的神經語言活動。
- 你的身體活動及其速率，亦即你的身體體驗和能量等級。
- 你當下的動作和感覺，亦即你的總體活動。
- 你當下的感受，亦即你的情緒。
- 你當下思考的內容和進行思維的方式，亦即你的心智活動。

你總是處於某種狀態之下，儘管你可能意識不到這個事實。你的狀態會隨著外部或內在條件的變化而變化。狀態經常被貼上「愉快」、「悲傷」或「擔心」等標籤，就好像大家的經驗是相似的。但你需要記住的是，由於狀態包括多種因素，當你經歷任何一種狀態時，可能與他人在某些方面是不同的，儘管他人的表層感覺與你的是「一樣」的。

**連結**與**抽離**是兩種重要的狀態，它們在許多重大方面影響著我們的經歷。關於連結和抽離，我們已經在前文詳細討論過。

你或他人使用的語言，通常可以暗示你們處於連結或是抽離狀態。連結狀態展現於通常使用主觀性語言，比如，使用第一人稱「我」、動詞的主動語態、包含相應感覺在內的短句和詞語。抽離狀態展現於使用包含「它」、「他們」等關係代名詞，而不是第一人稱

「我」，還有使用被動語態結構、較長和較複雜的句子結構，以及較多的抽象詞語。

## ◢ 2. 狀態有什麼作用？

狀態會大幅影響我們的感覺和行為。狀態可以是「資源狀態」和「非資源狀態」，可能為你實現目標增加了困難，或是你完成目標所需要的。日常用語中的「進入狀態」或「在合適的狀態」就是其例子。對於一件事情，當你「連結」與「抽離」時，所獲得的經驗是截然不同的。

## ◢ 3. 關於狀態的常見例子

- 考駕照或面試前的緊張情緒。
- 一個重要期限來臨前的鎮靜或驚慌。
- 風和日麗時感到興高采烈。
- 在事後反思這段經歷。

上述的例子也顯示了，狀態如何與外部條件連接在一起，以及它們為我們提供了怎樣的「連結」。舉例來說，你在一次面試中期待著表現的機會，那麼你所經歷的狀態，就會不同於害怕面試的人的狀態。

## ◢ 4. 運用狀態來思考

- 當你或他人「處於某種狀態」時，這個狀態具體是什麼？比這個狀態更好的狀態又是什麼？記住，你可以用很多方法來改變所處的狀態，像是設定心錨、換框法、重複同樣的事情、

練習等，這裡只列舉其中幾種。

- 當你想為做某事而進入「合適的狀態」時，那麼這個「合適的狀態」包括哪些因素？你如何讓這些因素各居其位，又會如何引發這些因素呢？
- 當你想要提高效率時，就盡量提前醞釀自己的狀態。

## ◢ 5. 如何應用及改變狀態？

你要瞭解自己的狀態，並開始留意自己經常經歷的是哪種狀態。當你處於一種不愉悅的狀態，或是與當時情景不和諧的狀態時，可以改變身體動作，像是起立、伸展、加快或放慢前進的步伐。甚至對你所處的狀態做記錄，也能引發狀態的改變。自問是什麼因素引發了某個特定的狀態。（見本章前文的「心錨」單元）

當你注意到愉快或資源狀態時，自問引發它的原因是什麼？在「心錨」單元裡已經提過，只要條件適合，你就可以讓這個狀態再現或得到提升。

思考一下你認為重要的活動。對於這些活動，你的狀態通常都是合適的。如果你只是「有時」或「偶爾」狀態合適，那麼就找出可以帶你進入合適狀態的原因，在 NLP 裡，我們把這些原因稱為「心錨」。練習使用心錨，可以讓你輕鬆再現這樣的狀態，並且確定自己目前的狀態對於某個情況或手上的任務來說，是不是最佳的。


# 次感元

## ◢ 1. 什麼是次感元？

人體的五種感官在 NLP 裡被稱為感元（modality），原因是每種感官是一個單元，或是代表了一種資訊處理方式。為了方便使用，

每種感元都可以用該單字的第一個字母來表示，如下所示：

- 看事物涉及視覺（visual）處理，簡稱 V。
- 聽事物涉及聽覺（auditory）處理，簡稱 A。
- 感覺涉及動覺（kinesthetic）處理，簡稱 K。
- 聞事物涉及嗅覺（olfactory）處理，簡稱 O。
- 嚐東西涉及味覺（gustatory）處理，簡稱 G。

上述只是廣泛的分類。如果我們思考一下人們可以做到的不同視覺區別的話，對於任意一張圖片，我們都可以提出以下的問題：

- 這張圖片是彩色的，還是黑白的？
- 它是清晰的，還是模糊的？
- 它離我們有多遠？
- 它是運動的，還是靜止的？
- 它是平面的，還是三維的？等等。

NLP 把這些區別叫做次感元，因為任何一種次感元都是從一個特殊的角度，對發生在具體感元內的事物進行描述或純化。

## ◢ 2. 次感元有什麼作用？

一般情況下，你不會意識到當你在看某個外在事物時，它對你的影響來自於某些次感元。同樣的，當你的內心在分析這些圖片時，它們對你的影響取決於你自身關注圖片時的特殊視角。例如，色彩鮮豔的圖片通常有很強的影響力：它們可能更吸引你的注意或讓你更害怕。移動的圖片看起來更「鮮活」，它們可能讓你感覺美妙或嚇

人。特殊的次感元影響力更大，而這些次感元就是重要次感元。如果你瞭解哪些次感元對你來說更具影響力，就等於找到了處理自身經歷的一把重要的鑰匙。如果你想提升或改變自己的內在呈現，它將給你極大的幫助。

## 次感元清單

下面列出的是一些很有趣的次感元，它們各自的特性會影響你的經驗，包括好壞都有。

**◆ 視覺**

| | | |
|---|---|---|
| 亮度 | 對比度 | 平面／三維 |
| 尺寸 | 清晰度 | 連結／抽離 |
| 彩色／黑白 | 運動／靜止 | 框架／全景 |

**◆ 聽覺**

| | | |
|---|---|---|
| 音高 | 節奏 | 音量 |
| 音調 | 距離 | 清晰度 |
| 共振 | | |

**◆ 動覺**

| | | |
|---|---|---|
| 壓力 | 位置 | 質地 |
| 溫度 | 運動 | 持續時間 |
| 強度 | 形狀 | |

## ◢ 3. 關於次感元的常見例子

• 明年對我來說**太遙遠**，我看不**清楚**。目前，它是**模糊的**。

- 我喜歡他講話的**節奏**和**溫柔的音調**。
- 在我緊張的時候，會感覺到**胸口好像有個冰涼的結**。

## ◢ 4. 運用次感元來思考

- 當你想盡力戒除某種習慣時，使用了哪些表象系統？這些系統中的哪些次感元對你更有效？你要確保自己建立了一套最強大的表象系統。

- 當你目前的感官是不愉快或是有限的時候，試著改變你的次感元，藉此來找出哪些次感元可以提升你的感官能力。你是不是用逼真的彩色畫面，記住了某件可怕的事情？那麼你可以把它轉為黑白的畫面，並且讓它漸漸遠離你的內心。這樣做是不是會有效果？

## ◢ 5. 如何應用次感元？

利用列表來找出那些對你影響最大的次感元，並試著找出改變次感元後的結果。如果你做出了改變，比如將一張黑白圖片彩色化，這就增強了它的效果，你可以保留改變以後的圖片。但如果改變之後，無法對事物做出改善，那你可以把它恢復到原來的樣子，或者嘗試做出其他的改變。

留意別人帶給你的暗示，其中顯示了哪些次感元在影響他們。這將使你更能與對方保持一致，並且知道其所作所為的原因。

以上講述的是後文中會使用的 NLP 工具。實際上，還有其他工具和各種專門技巧，但上述工具在教練技術中是最有用的。接下來，我們要先研究人們的成敗觀念如何影響事物變得更好或更壞。

PART 3

# 認識成功與失敗

每當有人前來尋求教練指導時，我們除了要詢問他們追求的目標以外，還要探尋對他們來說什麼是成功，什麼是失敗。我們會弄清楚他們對於成功和失敗的信念。

這麼做是出於兩個理由。首先，除非你對成功有著清晰的自我定義，能用真實的、可以覺察到的，甚至是可以衡量的方式來表達，否則你的目標就不算明確，而且，你也不會知道該如何衡量怎樣才算達到了目標。其次，你的信念會對做事風格產生深遠的影響；如果你多加注意的話，你的成敗觀會在你毫無察覺的情況下，為你的進步增添重負，並且會提前決定你能否取得進步。

就像去找工作時，當面試結束後，你得知別人被錄用了。你對這件事的認識，可能會對接下來發生的事產生決定性的影響。

或許你會告訴自己「求職失敗了」，感覺很失望，還覺得自己很無能。或許你會認為應徵這麼高的職位是愚蠢的，下次應該找一個薪水雖低但比較輕鬆的工作。簡言之，將這次經歷定義為「失敗」，讓你感覺很糟。糟糕的心情會間接影響到你的自信心，還會迫使你降低自己的抱負。

另一種情況是，你可以提醒自己，你並不瞭解其他應徵者。可能其中剛好有一位同時具備了雇主看重的技術和個人特質。你告訴自己，這並不表示你本身有什麼缺陷，事實上，如果他們青睞別人，正好表示你不適合這項工作。此外，你根據記憶來回顧這次面試，無論是那些你回答的不夠清楚，還是資訊不夠充分的問題，都記下來。如此一來，下次你的回答就會更幹練、更明確、更具權威。透過留意發生過的事情，以及提醒自己「無論在何種情況下，總是有很多自己不瞭解的因素存在」，可以讓你擺脫不良的感覺，並在下一次獲得最好的機會。

這兩種方法都取決於你當時的信念。信念是理論，不是事實，

但它常常被我們當作事實來看待。正因為如此，我們才會努力去實現它，後面有關於這方面的內容。透過我們的例子可以看出，「認為自己沒有能力」往往會導致你在以後的面試中難以有所發揮，並且在多次求職中「失敗」。但是，如果你認為自己的失敗有其原因，而這不一定會給自己帶來不好的影響，同時你也採取行動來確保下一次準備得更充分，那麼你獲得成功的機會就會更大。

所以，本書的目的之一，就是幫你建立一個衡量進步的標準。身為 NLP 教練，我們的任務之一，就是幫你辨認那些你無意識地做出的假設，這樣你就會看清楚哪些假設是有用的，又有哪些是有限制的。若要實現自己的目標，從一開始就把這些情況做清楚的區分，是很重要的。

所以，成功和失敗就在於你如何看待它。

## 案例

身為跳水運動員的珍妮和莉莎是姊妹，她們同時參加了一項比賽。儘管兩人都取得了很高的分數，但是都沒有獲勝。珍妮一心想要贏得比賽，所以她的表現在她看來是個「失敗」。莉莎在賽前的某一跳上始終存在問題，一直非常努力想要解決這個問題。比賽那天，她很滿意自己的表現，因為她解決了這個基本問題，並因此取得了很大的進步。所以，對她來說，同樣的分數意味著「成功」，以及相信將來會有更大的成功。

成功還是失敗？這往往取決於你提問的對象。你怎麼去看待一對結婚多年的老夫妻？一些年輕親戚認為他們並不相配，覺得他們之所以能「湊合生活」這麼多年，是因為在他們生活的年代離婚率

很低。但他們本人對於發生的許多事情和兩人的關係卻很珍惜，他們視之為「成功」。

我們再來看詹姆斯，他在將近九十歲時被診斷為「心臟衰竭」，但他還是繼續活了十一個月，儘管他有週期性的虛弱，但在這段期間還是照常生活，包括在去世的前兩天還在開車。這是一種失敗嗎？

你的信念和語言會讓你終止去尋求新的選擇或看待事物的方法，這樣你就限制了自己，並堵住了你前進的道路。「失敗」這個詞本身，就會帶給你極差的情緒，像是悲傷、沮喪和失去自信，而我們接下來的所作所為也會受到這些情緒波及。

解決上述問題的方法之一，就是要拋開情緒因素，並且意識到：如果你實現了既定目標，或者還有別的收穫，那就代表你「成功」了。而相反的情況就表示你「失敗」了。事情可能符合你的希望、期待或理想，也可能不符合。你在描述發生過的事情時，保持這種更實際的方法，有助於你停留在一種思維框架，可以提出一些能促使自己進步的問題：事情怎麼會是這種結果？我需要做出什麼調整？我下次應該怎麼做？有哪些資源可以幫助我？

## 成功與失敗的三條指導原則

身為教練，我們找到三條原則，可以對你想要實現的目標產生巨大的影響。如果你在一開始時就知道這三條原則，那麼在實現目標的道路上就會非常輕鬆：

- 第一，失敗並非偶然。
- 第二，回饋是成功的基礎。
- 第三，成功是有結構可循的。

在這個部分的章節裡，我們會對這每條原則進行更深入的探討。遵守這三條原則，可以讓你改變舊有的思維習慣，並且提高成功率。一旦你掌握了這三條原則，就會發現自己擁有了一個寶貴的資訊來源，取得了進步所需的藥方。這三條原則讓我們有可能把以前認為是挫折的事情，轉化為成功，以便得到下一步行動所需要的回饋，並且找出那些在邁向成功的路上能確保我們正確前進的關鍵因素。

# 第 4 章
# 失敗並非偶然

　　失敗並非偶然發生，它也有結構和順序可循。你有沒有做生意破產的經歷？考駕照失敗的經歷？參與工程或實驗失敗的經歷？人際關係破裂的經歷呢？在 NLP 中，這些「失敗」被視為系統內部相互作用的結果。

　　讓我們先解釋一下。NLP 用系統的觀點來看待事物，也就是把某種處境下不同的要素，都視為系統的一部分，而這個系統可能發揮好的或是壞的作用。該系統涉及人物或事件，以及一系列的思想、感情、行為和相互作用。而被我們稱為「失敗」的事件之結局，就是系統內部相互作用的結果。一旦你知道該系統是如何運作的，是對你有利或不利的，之後你就可以得到一種籌畫事情的不同方法，避免「失敗」再次發生。

　　人類是模式和習慣性的動物。無論是在我們獲得成功的過程中，還是在不自覺地建設「失敗」的過程中，都是如此。在這一章，我們將探究這種模式所引發的成功和失敗是可以預料的，並非偶然發生。我們將告訴你，如何逆轉這種失敗模式。

　　身為教練，我們的經驗是：「成功」和「失敗」的標籤，有時候會控制了我們有效用的理解能力。因為它們會讓我們感覺好或壞，而不只是緊張而已。儘管看似矛盾，有時候正是我們的「好感覺」會阻止我們進一步調查成功的原因，也就失去了深入探尋這次的成績究竟是如何取得的機會。這樣做的結果，就是我們在未來重複相同成功的可能性變小了。

但是，如果做生意入不敷出會怎麼樣？或是某人參加了考試卻沒能拿到駕照，會怎麼樣？又或者一個農民種植的作物遭受天災，只取得預期產量的一部分，會怎麼樣？當然，這些是簡單明瞭的例子：「他的生意破產了」、「他考試失敗了」、「那農民種植作物也失敗了」。我們使用的字眼，在某種程度上表明了「失敗」是事實，這是外在的事情，不可能有其他的解釋。

但是，如果我們觀察得更仔細一點，事情可能會有很大的不同。以做生意破產為例：

## 案例

比爾經營一個小型郵購生意。他賣的是一些小東西，所以最初可以在他的臥室裡經營，並把貨物和包裝安排在車庫進行。但是，由於他銷售的產品正是時下流行的，所以他的生意非常興隆，訂單量成倍增加。比爾的妻子和她的妹妹也被拉來幫忙。這時候，由於場地不夠，貨物的周轉成了問題，比爾想冒險租用一個場地。剛好鄰居家有一間空房，所以「包裝部」就移到那裡。這時候，問題出現了：訂單被延誤且一片混亂，貨物丟失，而且比爾突然發現成本超出了預算。在他還沒有意識到這些問題時，顧客已經出現了不滿的情緒，並且把這種情況告訴其他顧客，比爾的收益也開始急劇下降。

這種情況是比爾個人的失敗，還是那些系統、結構和過程的失敗呢？這兩者之間有很大的區別。有關個人的失敗之想法，常常暗示了個人在某些方面存在不足；但是，有關系統、結構和過程的失敗之想法，涉及其他所有的邏輯層次，包括信念、能力、行為和環

境，而且是找尋原因和對策的地方。其實，比爾並沒有做錯什麼，但是他的確應該使用一些新的系統。這時，他決定向商業教練求助。比爾的教練幫助他從失敗的經歷中汲取教訓，並且在一個堅實的基礎上重整旗鼓。

那麼駕照考試的失敗又會怎樣呢？大多數人會認為，駕照考試的目的是為了檢視能力和行為，但是，如果考試失敗了，通常就會變成身分問題！如果你記得應該考慮的重要因素是結構，並且認真分析一下你是如何失敗的話，就站在了改變結果的更佳位置，同時還可以避免自己產生不好的情緒。

## 案例

一位考駕照失敗的年輕司機，在考試結束後仔細閱讀了成績單，他發現所有沒通過的地方，都和一個主要問題有關：主考官沒看到他在路上對來往的車輛表現出足夠的注意。他只是瞥了後照鏡幾眼，而沒有轉頭，因此對主考官而言，他並沒有清楚地表達他對其他車輛的注意；當他變換車道時，速度很慢，所以正在另一車道上行駛的車和他後面的車都必須放慢速度來等他。一旦他知道自己的行為如何造成這次的失敗，也就知道下一次應該做些什麼。

最後，那個遭受天災的農民又會怎樣呢？

## 案例

由於這個農民將絕大部分的投資放在單一作物上，所以該作物的產量成了他唯一的依靠，因此影響到他全部的投資。而他的

鄰居除了種小麥以外，還養了乳牛，可以用一邊的好收成來彌補另一邊的損失。由於這個農民在前幾年靠種植單一作物獲得了巨大的利潤，就把賭注全押在這上面。在比較自己和鄰居的經歷之後，他明白了更廣泛的投資才是明智的。

在指導這些人的過程中，NLP 教練會努力讓他們接受這樣的思想：他們得到的結果與其行為之間有著明確的關係，並且還要意識到自責對成功沒有絲毫幫助。真正有用的是弄清楚自己將事情搞砸的原因，並且做出改變；只知道情況糟糕，是不夠的。如果你的選擇有局限性或效果不好，教練可以幫你：

- 從你的經歷中找出有用的知識。
- 考慮其他可能有用的選擇。
- 弄清楚以後該如何改變。

這種結構主義的方法，能幫你克服失敗後無能為力的感覺，並且讓你幹勁十足地面對未來。

## 失敗的結構與個人有關

就像那個年輕的准司機後來明白的，失敗都有其結構。一些事情的發生會引發其他事情的發生。事情的發生是有先後次序的。他已經瞭解了一些 NLP 知識，在他看成績單時，就充滿了好奇心，而不再只是對自己失望。他已經能夠認清之前自己漫不經心地遵循而造成失敗的那個結構，並且可以採取相應的行動。於是，他馬上確定以後每次看後照鏡時，他的頭都要稍微移動一下，這樣可以被旁

邊的主考官看到；此外，他決定參加一些專門訓練變換車道的駕駛課程。他知道，以前他為了駕駛安全而控制車速，因此變換車道時的速度總是很慢；但現在，他該學習如何在不影響交通的情況下，更快地插入車流了。

生活中，我們都有過自己感覺失敗或是被外界認定為失敗的經歷。同樣的，在某些情況下發揮作用的模式，在其他情況下可能會失敗。比如，許多人發現他們在房價最高時買了房子，當房價回落時就覺得自己吃虧了。外部世界不斷在變化，而我們都會受其影響。如果我們把眼光放長遠，也可以將那些大事件放在結構層面上來理解。任何事情都不會無緣無故就「成功」或「失敗」的。

## ◢ 失敗和個人的行為模式有關

人類是習慣性的動物。我們學習技能，獲取知識和經驗，一旦我們有意識地掌握了它們，便將之儲存在無意識的層面，以後它們就會自動發生。因此，人類有了「習慣性的動物」的名聲。

這個過程有助於我們自由且有意識地認識新的經驗和做出新的決定。但同樣的，我們也形成了失誤和所謂的失敗模式。每個人都會有失敗的經歷，但如果我們重複同樣的模式而再次失敗，又會怎麼樣呢？以一個失敗的婚姻為例，兩人在年輕時結婚，後來彼此厭倦了。之後女方再婚，選擇了同類型的男子，沒多久，這次的婚姻又出現了問題。另一方面，男方在過了一段單身生活後，開始與不同類型的女子約會，並表示：「我不想再犯同樣的錯誤」。

和那個年輕的司機一樣，男方能夠意識到自己的失敗可能是由某種模式造成的。於是，他開始仔細地審視自己的行為，以便學會如何避免重蹈覆轍。

# 認識你自己的模式

透過前文，我們可以看出，NLP 對人們如何形成和利用模式，有著極大的興趣。那些從事不同行業但同樣傑出的 NLP 從業者，不管他們的指導理論是什麼，其研究都證實了卓越的實踐活動通常包括大量相同的思維和行為模式。無論你是請了教練，還是自己當自己的教練，都會發現進行模仿是很有價值的。無論你是模仿許多人共有的模式，還是個人形成的重複使用的模式。

同樣的，我們還發現一些常見的失敗模式，不妨看一下你的個人模式是否也在其中。一旦你注意到自己所犯的錯誤模式，就不會再受其所害，可以重新主宰自己的生活。

## 案例

珍先前覺得自己不會理財。幾年來，她一直努力控制自己的支出，而不停地擔心和自責的情況，耗費了她大量的精力。但她一直沒有改變做法。有一天，她忽然意識到自己從來沒有出現過嚴重的透支，開始思考自己是如何做到這一點的。後來，她認識到，雖然自己經常透支，但每次都不嚴重，她很善於處理這樣的情況。她想到，如果自己有能力做到這一點，那麼在理財方面一定可以處理得很好。

珍最初對自己的看法，現在看來有些愚蠢。而她的問題也有了新的定義：她想要繼續採用這種方法，讓自己有少許的超支，還是把自己的某些技巧用在控制不出現超支情況呢？

珍不再認為自己是個失敗者，而是開始對自己的行為以及如何取得不同的結果進行思索。珍不但取得了更好的結果，還重新認識自己，再也不認為自己不會理財了。

當我們注意到失敗是如何構成的，就找到了對付失敗的力量。請看看你是否熟悉下列的失敗模式。

# 常見的失敗模式

## ◤ 一成不變

一些常見的「失敗」，就是無法繼續去做我們需要或想要做的事情。也就是說，想要做到一成不變，也是需要技巧的。每個人都有自己喜歡的方法，下面列舉的是一些常見的方法。在你採用的方法前面打勾或補充其他方法，對你會有好處。

有時你想要改變，卻透過以下做法來阻止或避免改變：

- 對不瞭解的事物感到恐懼。
- 長期與只知道使用「問題框架」的人在一起。
- 把改變想得太難，於是讓自己沮喪。
- 為了改變而制定不切實際的時間框架。
- 不相信你所希望的事情會發生。
- 經常懷疑自己的能力，擔心改變會對他人造成影響，於是什麼都不去做。
- 你的回答經常是「不」。
- 憤世嫉俗。
- 持續給自己施加壓力。
- 放棄擁有夢想的權利。

現在回頭看一下你打勾的地方，它們是否構成了一種模式？或許它們或多或少和你的信念有關；或許你擔心的是，如果你成功了，

116

別人會怎麼看你；或許你擔心如果自己做的事情超出了目前的知識範圍，會有意外發生；或者你擔心會有一連串的事情發生。瞭解你自己的模式，是尋求改變的第一步。

## 反成功策略

同樣的，人們使用的一些潛在模式，如果時間久了，也會讓人滋生失敗情緒。我們稱之為「反成功策略」（anti-success strategy）。

### ◢ 1. 貶低自己的成績

你是否經常在自己做出成績後卻沒有意識到？比如，當別人稱讚你時，你是不是會否認自己的成績？說著：「哦，這沒什麼啊！」「哦，我是在降價期間買的。」「如果你長期堅持做同一件事，肯定也會進步的。」即便你只是在心裡這樣回答，並沒有大聲說出來，造成的影響是一樣的。你失去的不僅僅是別人的稱讚，還有這些稱讚能夠帶給你的更多東西。

### ◢ 2. 將目標的標杆往前移

當你獲得了獎金、晉升，或是其他任何等級上的成功後，你便立即把目標提前鎖定在下一個難關上。比如，當你在為當上組長而感覺良好時，也改變了目標標杆，認為如果能當上區域經理的話就更好了。雖然通過了三級考試已經很不錯，但是四級考試才是你的目標。如果你使用這樣的反成功策略，即便你爬到了某項事業的顛峰，還是會發現其他的新目標，而新目標會讓你已經實現的目標變得黯然失色。

有雄心或制定新目標並沒有錯，但如果你從來都不針對已經取

得的成績進行稱讚的話，這會讓你的內心深處覺得任何事情都不夠好。

## ◤ 3. 否認；不承認自己的願望

另一個更加隱蔽的自我約束因素，就是裝出不是很想要某種東西的樣子。事情真是這樣的話也不錯，這是一種免於遭受風險傷害和失望心情的自我保護方式。如果你從來都不去考慮自己想要什麼的話，也就永遠不會有機會去發現自己無法實現目標後的失望心情。如果你不承認自己缺少一個更親密、更讓你滿意的人際關係，也就沒必要應對目前的不愉快狀態。你只要多喝一杯酒或多看一會兒電視就好了。

## 化失敗為成功

對「失敗」本身進行質疑也是很有用的。當八十多歲的詹姆斯被告知患有「心臟衰竭」時，他並不知道這意味著什麼。如果他的心臟已經衰竭，他怎麼還會來回走動呢？

毫無疑問，你會從每次的「失敗」中學到一點東西。需要考慮的問題是，你學到的東西是不是有益的？失敗會影響我們對信念的培養，因為我們從失敗中得出的結論，將會指引我們未來的感受和行為的方向。如果失敗讓你自責，或覺得自己沒用的話，就會限制你的理想，讓你消沉，甚至還會破壞你的個人形象。這會讓你憤怒、痛苦、憤世嫉俗，通常還會讓你用扭曲或報復的心態去面對他人、當局，甚至整個社會。

失敗是一個經常被教育行業傳播的字眼。孩子的測驗或考試「失敗」了。他們希望進入自己或父母滿意的學校之目標「失敗」了。他

們在發揮潛力方面「失敗」了。

伊恩自己的經歷，展現了對這些「失敗」標籤的回應。

## 案例

伊恩在中學時是一個「失敗者」。他在十六歲畢業時，進入了當時的一所理工學院。學院與中學有很大的不同。這裡有各種不同背景的人，年齡從十六歲到三十歲不等，而且學習的科目範圍也很廣泛。這裡的氛圍也跟中學截然不同，學習要靠自覺，沒有人會強迫你學習；不用再穿校服，不戴學生帽，也不會受到課後留校的懲罰；沒有課程，只有講座。在沒有講座時，你可以按照自己覺得適合的方式自由支配時間。簡言之，學院希望學生對自己的學業負責，學生也能夠做到這一點。畢業時，伊恩成了學生中的「明星」，還被當作榜樣來證明這樣的學院能為教育制度的安全網做出貢獻。他是在這樣的情況下獲得成功並進入大學的。

那麼，是不是他所讀的中學讓他「失敗」呢？如果是的話，是否意味著他所讀的理工學院又讓他「成功」了呢？或者，是不是（對伊恩來說好像是）中學的那種瑣碎和專制的管理體制，沒有給他提供很好的學習環境，而理工學院卻恰好提供了他所需要的支援，允許他按照自己的方式來學習，所以才獲得學術上的成功了呢？

當伊恩回頭看那段時光時，並不認為那是「失敗」，相反的，他瞭解到哪些具體的事情對自己有幫助，又有哪些事情在妨礙自己，從此，他便可以發揮自己的優點了。

我們並不否認你會有一些失敗的經歷。當你沒能獲得提拔，沒有被批准抵押貸款，或覺得自己的婚姻就要破裂時，能感覺到失敗就在眼前，並且這還會影響到接下來發生的事情。但是，你不能讓事情就此結束，而是要跳出目前的狀態，並自問：「透過這件事，我能學到什麼？」如果遇到重大的事件，多花一些時間重複這樣的做法。從一個希望你一切如意的旁觀者角度來看這段經歷，並且思考你從這樣的狀態中能獲得什麼知識。

如果伊恩回頭看他的中學時光，很顯然那時的「失敗」成了他如今這麼多好事的跳板。多年來，他一直經營著一家大型的 NLP 培訓機構。事實上，這個機構在全世界範圍內處於領先水準。他獲得成功的最主要因素，就是他和同事所採用的工作方法。他們工作的基礎是相信人們天生都是卓越的學習者，只是需要重新運用自己的潛力而已。所以，他們把學習過程變得直接和輕鬆，具有實驗性和娛樂性。每天的課程結束後，學員回到家時都感覺受到鼓舞，雖然累，但很愉快。

伊恩發現這樣的工作方法特別能激發人們的興趣，而且仍然記得當他找到其中緣由的那一天的情形。那天，他正在和一組人進行問答式訓練。其中一位代表說，他們以前從來沒有這樣的學習環境，他們感覺自己非常有活力，好像每個腦細胞甚至整個身體都參與進來了。他們想知道是什麼原因讓伊恩這樣做的，伊恩還沒來得及仔細思考這個問題，便聽到自己脫口說出：「嗯，我就是我從未遇過的那位老師。」

透過失敗，你形成了怎樣的信念呢？是不是該去確定和更新那些為你設限或讓你不愉快的信念了？此時，可以採用的方法之一就是換框法，我們馬上就會看到。

# 換個框架看失敗

你可能還記得第三章談到的換框法這個 NLP 工具。大致來說，它就像是把一張圖片或照片從一個框架裡拿出來，放到另一個不同的框架裡，這樣你就可以清楚地看到框架所造成的不同。我們的思維就是經驗的框架，把失敗當成學習過程的想法本身就是一種換框。同樣的，由「我在學校是一個失敗者」轉變為「學校不知道怎麼教我這種類型的學生」也是一種換框。下面是發生在我們學員身上的換框例子。

## 案例

金是一位四十多歲的女人，當年她沒有拿到正式畢業證書，就選擇離開學校。後來，當孩子們都十幾歲時，她為孩子們輔導家庭作業，對歷史產生了極大的興趣。她不知道在這個年紀是否適合再去學習，但還是選擇去一間夜校上課。

她的第一篇論文寫得不著邊際，一塌糊塗。當她第一次看到老師的評語時，非常沮喪，覺得自己也許真的不夠聰明。然後，當她與老師交談時，老師告訴她，其實寫論文只是一項技能，而她之前沒有機會學習到。因此，她在動筆寫第二篇論文之前，買了一本關於論文寫作技巧方面的書。之後，她把寫好的論文拿給一位擅長歷史的朋友看。她把最初的「對於寫論文，我一點都不在行」的觀念，轉變成「我掌握了許多論文寫作方面的知識，我會繼續學習寫論文的」。

約翰和妻子首次購屋，但是搬進去不久後，就發現浴室的淋浴設備需要更換。由於生活並不富裕，他們請不起工人。但約翰

的手很巧，雖然以前從未做過管道維修工作，但是他覺得只要知道該從哪裡下手，這樣的工作不會太複雜，便決定購買一些維修管道的工具來親自動手。於是，約翰將思路從「我不會修理淋浴設備」轉變為「我只是不知道該怎麼修理」，接著就可以做下一步的打算：「我會弄清楚如何修理淋浴設備」。

瑞秋和特瑞莎從學生時代就是好友，結婚後又剛好住在同一個社區。她們兩人都喜歡烹飪。在多次為朋友的聚會和歡慶會幫忙後，她們決定合夥成立一家餐飲服務公司。她們滿懷熱情地印了名片，並且在當地報紙上刊登廣告。

特瑞莎善於交際，很喜歡與客人交流。瑞秋比較內向，就轉向幕後活動。但過了一陣子，她就意識到，由於特瑞莎整天從事前臺工作，下廚的次數越來越少了。瑞秋的家裡到處都是料理工具，家人倒是三餐無憂，因為她所有的精力都放在做菜上了。因此，她覺得枯燥和孤獨，感覺自己受到不公平的對待，也突然對烹飪失去了興趣。於是，她覺得自己需要和特瑞莎坐下來，重新思考怎樣更公平地分工。瑞秋把「合夥做生意是不行的」這個想法，轉變成「生意沒有像我期望的那樣去發展」，這樣她就可以下決心去「找到方法，讓它按照自己想的那樣去發展」。


　　找一些你對失敗的看法，並且去發掘如何對它們進行換框處理，以及這能為你帶來什麼益處。

　　下面是一些幫你開始行動的例子。

- 「我做得不夠好」可以換框為「我當時已經盡力了，如果是現在，我會做得更好」。
- 「我一點都不擅長拼寫」可以換框為「我從沒學過拼寫的方法，如果我想的話，就能夠做到」。
- 「我的工作面試失敗了」可以換框為「他們聘用了更有經驗或資格更老的人。我可以從他們的選擇中學到很多東西，這將提高我以後面試的能力」。
- 「我不會做」可以換框為「當時我的技能或知識有所欠缺，但我會去學習並改善的」。

　　NLP 向你展示了如何對失敗產生好奇心，並且確定失敗的類型。這可以幫你獲取理解力，並讓你重新掌握生活的藝術。在下一章，透過檢視回饋的意義，以及它在幫助你實現目標的過程中如何成為一個重要特徵，我們將更全面地探討這個問題。

# 第 5 章
# 回饋是成功的基礎

　　許多人認為回饋是負面的，它告訴你的是那些不起作用的因素。從這個意義上說，它就像是藥品，雖然討厭，但對治病來說卻是必需的。到目前為止，我們一直在研究如何把「失敗」當成是一個重要的資訊來源，以避免產生不良的心情，影響了你的更有成效的行為。使用對待錯誤和譴責的方法，來對待成功和稱讚等正面的回饋，也同樣重要。許多人都習慣淡化自己取得的成績，至少在公共場合是如此。儘管他們可能會私下享受成功帶來的喜悅，但通常不會問自己是**如何**獲得成功的。

　　你不只要弄清楚自己是如何把事情搞砸的，同樣重要的是，還要針對自己的成功，詢問「如何」、「何時」、「何地」及「什麼」等問題。把回饋想像成你蓋房子時所依靠的基礎。你需要所有的回饋，來告訴你應該避免什麼和加強什麼；應該怎麼做，而不只是不應該怎麼做。建築師不會在一開始就告訴工人：「不要蓋城堡或平房，不能用劣質材料。」他們會先認真選擇工人，然後明確說明他的要求是什麼，而不是說他們不要什麼。

　　蓋房子在一開始的階段是很緩慢的，而收集回饋並從中學習知識也是如此。但隨著進展，這兩項任務都會加速。其中的一小步（通常是需要重複做的），可以引發大變化。由一個小改變引起的其他選擇和可能性，會造成結果大不相同。

# 失敗就是回饋

在觀察成功人士如何看待失敗的基礎上，NLP 提供了一種看待失敗的重要換框法：失敗實際上就是回饋。一旦你對失敗產生了好奇心，就會從中學到知識。我們希望你對自己的失敗類型產生好奇，包括你做事的方式、內容、時間、地點，比如，你在一次考試中失敗了：

- 你究竟是怎麼做的？
- 你究竟做了哪些徒勞無功的事？
- 你是在什麼時間做的？時間在此很重要嗎？
- 你是在什麼地點做的？地點在此很重要嗎？

前文說過，有關「為什麼」的問題通常不太起作用。如果在失敗之後被問起原因，就會迫使我們去辯解（就算我們在自問這個問題時也不例外），會讓我們將注意力轉向解釋和證明，重新回到成功／失敗的框架。

當你對失敗有了好奇心之後，所得到的一個重要結果，就是會讓問題的本質發生變化。以這種方法去利用回饋，會讓你避免一般化（我總是遲到），或是涉及身分層次的論述（我不是卓越的管理者，或我考慮得不夠周到），而是改以更具體或威脅性不強的敘述。不要自責，也別不停地說：「我究竟是怎麼了？為什麼我就是做不好呢？我一定是出了什麼問題！」而是要自問：「我是怎麼做到經常性遲到的？」經常性遲到表示你在這方面具備了一定的技巧。

你可以採用有效的區分方法，來確定怎麼做才能讓事情變得不同。「究竟是哪些我做過（或沒做過）的事，讓我覺得自己不是卓越

的管理者？」「是不是我對於卓越管理者應有的所作所為認識得不夠呢？」「我怎樣才能知道自己考慮得夠周全了？什麼才是我必須做的？從別人那裡得到的回饋，能告訴我什麼？」如此等等。

我們使用的語言，能告訴我們很多東西。包括「我是」、「我從不」、「我經常」、「我只是」等詞語的身分性聲明，通常暗示著我們正在敘述的事情，是我們本身的一部分，它就像我們的基因一樣無法改變。那麼當你有了好奇心，並且能把問題看得更具體時，這些問題實際上是可以改變的。那些經常遲到的人，可能從來不會在兩件事之間留出足夠的時間。他們也可能會意識到自己容易陷入手上正在做的事而忘了注意時間。對於那些常見的說法，一旦我們學會了用好奇的耳朵去聽自己的聲音，往往就會告訴我們，正在發生的事情究竟是什麼？

探討那些一般化說法的另一種方法，就是找到例外。以遲到為例，你是真的**總是**遲到嗎？你是否**總是**毫無例外地把任務留到最後時刻？我們大部分的學員對此的回答都是否定的。如果你的答案也是否定的，就要對那些例外情況產生極大的興趣。比如，你什麼時候、在誰的公司裡、在什麼樣的心情和場合下，才不會遲到或較少遲到？你在完成什麼樣的任務時預留了一定的時間？任務是由誰指派給你的？是自己指派給自己的任務嗎？你投入多少來完成這項任務？又是什麼樣的投入？任何一個類似的問題，都能幫助你更加瞭解自己的行為。

提問和觀察這對孿生技藝，能幫助我們發現自己身上本來就有卻沒意識到的資訊。一個重要的 NLP 工具，就是檢查我們說話的方式，而不是理所當然地接受表面的含義。

第三章介紹的後設程式，可以幫助我們填補在思考和說話時由感受和信念引起的偶然性間隔。多數情況下，「總是」和「從不」這樣

的詞語，讓我們認為自己只有一種選擇，而忘記了我們也有過幾次不一樣的經歷。我們需要找回那些缺失的資訊，來避免把事情過於簡單化。

嘗試寫一些以下面的詞語開頭的敘述：

- 我經常做……。
- 我從不做……。
- 我總是……。
- 我從不……。

然後再對每句話提出質疑：真的是總是、從不嗎？找出例外的情況，注意它如何幫助你獲得更全面的觀點。

## 有用的回饋能助你前進

我們前面談到「收集回饋」，是因為你可以主動把回饋找出來，但這並非代表你要投入很多精力。如果你細心的話，就會發現回饋時時刻刻就在你身邊。對你的每個舉動的每次回應，都是你可以利用的潛在回饋。利用回饋時，你可以把它向前推進，使之發展為未來行動的指導。回饋就是這樣幫助你做到更多有成效的工作；我們要多次強調回饋的重要性，因為最佳的回饋是你**前進**的動力，也就是說它指導著我們未來的行為。

我們有必要把回饋和讀心術加以區分。回饋是硬性資訊，包括究竟發生過什麼事、說過什麼話。而讀心術指的是當你試圖猜測某人或某事可能具有的含義時的大腦活動。讀心術經常讓你脫離軌道，因為它沒有現實來對它進行檢驗。

回饋不必被寫下來或念出來，甚至不必被用來指導你。人類用畢生的精力去努力理解自己的經驗。我們在解讀話語，以及透過事情發生的先後順序來推斷關係方面，都是專家。比如，如果你忘了一個朋友的生日，接著他在聖誕節時也沒有寄賀卡給你，你會認為他的感情受到了傷害，或許你在想，他是不是覺得你們有一段時間沒見面，你把他從朋友名單裡刪除了，所以他也把你從朋友名單裡刪除。但也許他是真的忘記了呢？

雖然一件事情發生了，但它所代表的含義可能並不清楚，也就是說，你不知道會得到什麼回饋。重要的是，你要去瞭解自己還不知道的事情。這也是一種回饋，一種讓信號去提出問題的回饋。

## 回饋的類型

### ◢ 外部回饋

不久前，我們指導了一位年輕的女子。她被指派去調查其部門工作中經常出現的問題，並且提出相關的解決方案。她在提交方案後，一直沒有得到老闆的回復，讓她很驚訝。實際上，這位女子告訴我們，老闆忽視了她的報告。她開始想像老闆不喜歡她的報告。幾天過去了，老闆那邊還是沒有消息。這位女子的迷惑不解變成了焦慮不安和沮喪，覺得或許是自己的報告寫得太糟糕了，而她有可能因此被降職或解雇。這些想法只是她企圖解讀老闆的心思而做出的揣測，但它為該女子帶來的不悅心情卻是真實的。她需要用現實來檢驗自己的想法。

我們替她設計了一些有助於走出困境的問題。如下：

1. 我有真實的證據來證明他不喜歡我的報告嗎？

2. 如何將其找出來？

3. 他沒有回復，是不是有別的原因？

4. 接下來我該怎麼做？

　　有了這些問題後，第一步可以先確定老闆是不是真的不喜歡她的方案，或者老闆沒回復是因為別的原因。實際情況是，老闆臨時接到通知，要去總部參加一個重要的會議，因此無暇考慮她的報告。這位女性透過思考以上的問題，已經能部分掌控局面，並且還知道如果老闆真的不喜歡自己的報告，她該如何應答。實際上，她正在接收回饋，但不是關於方案的，而是關於如何掌握老闆的感受。

　　對於這種回饋，你還可以自問一些以現實為基礎的有用問題，如下：

- 我的第一感覺是什麼？
- 支撐我的第一感覺的證據是什麼？
- 有什麼我能獨自找出證據的方法嗎？
- 有沒有什麼原因讓我的第一感覺帶有色彩或偏見呢？
- 如果我從別人的角度看待這種狀況，結果會有什麼不同？
- 如果我是一個客觀的旁觀者，情況會怎麼樣？

## ◢ 內在回饋

　　一些最重要的回饋來自內在。當你被指派去做一件事，卻感覺不舒服，這就是你自身的一部分在做出回饋，同樣重要的是那些你可能沒留意到的身體給你的回饋。

保羅是一位中年男子，第一次見到他時，他用「蟎蟲和花粉過敏史」來描述自己。他的描述是對過去經歷的一種解釋。多年來，他一直認為花粉數量的增加、打掃公寓以及「壓力」，是造成他長期時常被噴嚏和眼淚「侵襲」而身體虛弱的原因。我們知道，有時候他看起來確實打了不少噴嚏。有一次，他和幾個朋友吃過晚餐後，在回家的路上開始不停地打噴嚏。第二天，他再次被侵襲得臥床不起。在仔細考慮過這次打噴嚏的原因之後，他把花粉數量（時節不對）、打掃公寓（最近沒有打掃）和工作壓力（他的工作和個人生活都很好）等原因都排除了。那可能是其他什麼原因呢？哦，今天是星期一，他想到了大部分的侵襲都是在星期一。但這不可能是因為回去上班的原因，因為他喜歡自己的工作，並且工作也很順利。

於是，保羅開始更認真的思考。是不是因為對週末發生的某件事情的反應？嗯，星期六晚上，他和幾個朋友一起吃了比薩，接著星期天晚上出去吃晚餐。會不會是食物過敏呢？但是這些食物都是他經常吃的，沒有什麼不良反應。還有什麼呢？哦，他每天晚上都喝三杯葡萄酒，可能是因為葡萄酒的關係，於是保羅決定戒酒一個月來做實驗。雖然他不想這麼做，但任何事情都比遭受這樣的「侵襲」更好。然後，讓他欣慰（同時也很失望）的是，他沒有再遭受侵襲，所以覺得戒酒是可行的。保羅找到了 NLP 所謂的「造成不同結果的差別」。他覺得自己以一種新的方式掌握了生活，而且最終證明這比僅僅讓他停止打噴嚏更加重要。

## 造成不同結果的差別

在收集資訊的過程中，注意細節是很重要的。當你對比兩種非常相似但結果卻不一樣的情形或過程時，找出它們之間所有的差別是很重要的，接著，再找出造成不同結果的差別中，最關鍵的那一個。通常，那些造成不同結果的差別是很細微的，而且很容易被人忽略，特別是日常生活的一部分。當你知道了造成不同結果的原因後，無論是在職業生涯還是個人生活上，都可以瞭解目前的事態，並且如果你選擇改變的話，也會知道如何去應對。

### ◢ 對比分析

我們在第三章詳細討論了對比分析，這就是找到造成不同結果之差別的方法。假設某家公司多年來透過在某個雜誌上做廣告，成功獲得許多生意。這時，生意突然沒那麼順利，需求下降了，也沒有利潤可言。那麼，造成這次不同結果的差別是什麼？另一個例子是，也許你有一些常見的朋友，也喜歡和他們在一起。你注意到，在這個團體裡，你對相互妥協有一個總體的觀念，但對其中一個朋友，你卻不願意伸手幫忙。造成這個結果的差別是什麼？

對比分析可以用作你回答這些問題的工具，透過對比一種情況和另一種情況（或這個朋友和其他朋友）的相似與差別，你會發現差別是很重要的。如果你找到了關鍵性的差別，它就會告訴你該從何處下手並採取行動。

## 如何建設性地利用回饋

有許多方法都可以讓你充分利用回饋：

- **留意各種形式的回饋**：你獲取的回饋越全面豐富，得到的指導就越多。把所有的回饋都放在好奇心這個框架下，自問如何利用回饋來避免不愉快的事情發生，以及讓成功的做法不斷發生。

- **如果你目前的做法不起作用，就換另一種做法**：該去創新了。在這種情況下，別的做法也許能起作用。要有彈性。

- **如果你目前的做法起了作用，弄清楚它是什麼，以便多加運用**：把自己的行為當作未來成功的處方。找出其中的步驟和先後次序，然後不斷重複。

- **留意細節**：光是說「我對自己有信心」是不夠的。你是怎樣做到有自信的？是不是透過提醒自己先前的成功經歷而建立的？要是這樣的話，你有沒有描繪過它？有沒有感覺到它？有沒有用詞彙或短句將它快速記下來？或者你的自信是透過想像你要如何行動來實現目標而建立的？或者是透過提醒自己，某人曾經說過的鼓勵話語而建立的？你的自信是怎樣做到的？

- **模仿自己和他人**：你對做某件事的過程瞭解得越詳細，對於再次做同樣的事所需的步驟和過程的瞭解就越多，或者說你在觀察別人時學到的東西就越多。你將該過程分解成越多小步驟，建構這個過程的機會就越大。

　　本書的這個部分探索了「失敗」這個由行為、假設和相互作用所形成的事情，如何間接影響個人和（或）人際關係（換言之，也是個人和人際關係系統）。接下來，我們要用同樣的方法探究成功。

# 第 6 章
# 成功有結構可循

## NLP 中的成功是指什麼？

在 NLP 中，成功有著更廣泛的意義。它不光是可以觀察到的外在成就，儘管這也包含在其中。NLP 感興趣的是過程而不是事件。記住，NLP 的基礎是對卓越的研究，而卓越就是有成效地、簡潔地、巧妙地發揮作用的事情。透過這些研究而確立下來的所有 NLP 工具，構成了有成效地思考、行動，以及與他人溝通的方法手冊。因此，在 NLP 中，成功超越了實現目標本身；它是指讓你有成效地、巧妙地、盡可能提前地實現目標。

在 NLP 教練技術中，我們關注的是：

1. 確定你的目標。
2. 嚴格地按照一套清晰的準則（也就是結構良好的前提，參見第三章）來檢視你的目標，以此來確保你的目標有最大的實現可能性。
3. 確定實現目標所需要的內在和外部資源。
4. 學會並運用有效的方法來對自己描述目標，這樣你的思維、感受及行為，才能與目標的實現保持一致。
5. 透過運用各個層次上的各種回饋，始終對實現目標之路上所取得的進步，保持清醒的認識。
6. 保有彈性，並做出必要的調整。

7. 每次取得階段性進步後，都要獎勵自己，這樣你為完成目標所進行的工作才會有樂趣，並且讓你有滿足感。

我們在本書的第三部分，一直強調模式的重要性，一旦你知道了自己的模式，將為你做事提供很大的可能性。在處事方法上有了這個親密資訊的幫助，可以讓你做自己生活的主宰。

運用以下的方法來進行模仿，可以讓你找到成功的結構：一、瞭解你和他人做事的方法；二、瞭解所有成功人士身上的共通性。

前文描述過的那些用來瞭解失敗的要點，都可以用來瞭解成功。你需要：

- 找出目前你正在做的有用的事情。
- 留意細節。
- 運用對比分析法找出造成不同結果的差別。
- 注意某些次序的重要性，因為它們確實發揮很大的作用。
- 注意外在的活動（可以觀察到的行為）和內在的活動（你的視覺、聽覺和動覺的內在表象，以及你的內心對話）。
- 將你的目標分解為容易完成的小步驟。

以上就是成功人士下意識經常去做的事情。我們還有另外三項有關建構成功的建議，而它們都來自於對自己的建構。

## ◤ 1. 確保成功本身就是一次獎勵

要對成功進行慶祝，別只把它當成走向某處的一小步。慶祝活動也許包括請客、特殊安排，以及與他人一起分享。但是，慶祝的實質是享受一件自己已經完成的事情，並從中得到樂趣。對很多人

來說，這樣做很不容易，也需要練習。

你現在正在閱讀這些文字。你是否還記得學會閱讀時的情形，感覺如何？當時你有沒有慶祝呢？又有多少次你取得成就後沒有慶祝，讓你的成就變得平淡無奇了呢？你學會其他技能的時候呢？你完成的其他工作呢？那些更細緻的事情，像是你的個人特質呢？有些人忘記自身這類資訊的能力非常驚人。我們在指導溫蒂時，她也是如此，因此她決定把能記起的每次稱讚都寫在便利貼紙條上，並且隨意地把它們貼在屋內各處。她持續這樣的做法一個月，讓她可以經常看到它們，而每次看到對她都是一個提醒。

## ◢ 2. 把具體的稱讚變成真實的成就

這意味著把稱讚變成你自身身分的一部分。溫蒂決定，當她接收到以「你做了什麼」或「你怎樣」為開頭的稱讚時，要抽出片刻時間在腦海中翻譯一下，並留意自己聽到這樣的稱讚後有什麼不同，或者自己去說，「**我**做了什麼」或「**我**怎樣」。而這讓她的自我感覺發生了巨大變化。

你可以盡量自言自語或在內心思考說，「我是○○類型的人」或「我屬於○○類型」。這樣的歸納是非常有幫助的，就如同否定歸納很有威力，肯定歸納也可以放大正面回饋的影響。使用「○○類型的人」這樣的說法時，我們就是在告訴自己某一特殊事件、行為或特質對我們來說總是如此，而這正是我們所做的事。

帶著「你是怎樣的人」的意識，想像自己置身於日常或特殊的複雜場合。別人對你進行了稱讚，而你接受這樣的稱讚，把它當作你內在的一部分，把它當成像你耳朵的形狀或眼睛的顏色那樣是自身的一部分。比如，在你出差時，可以提醒自己，昨天如何對付了一個挑剔的客戶，如何讓他在談話結束時變得態度平靜且願意有所

通融。你可以對自己說：「這是我做的，我就是那種能讓別人感覺自己很重要的人。」你可以在腦海中重播昨天談話的片段，留意一下客戶的音調是如何由急促、刺耳和唐突，變得理智、緩慢和友好。你可以把自己歸納為一個樂於助人或善於敘述的人，在每天開始時花一些時間把這種意識帶入你的身心，它就會告訴你接下來將發生的事情。你使用這種方法的次數越多，它就會變得越自然。

## ◢ 3. 自問「為什麼不行？」

是什麼讓一個商人成了千萬富翁？是什麼讓一個有好點子的年輕人成為發明家？是什麼讓一位老婦人成了知名作家？除了他們都有點幸運之外，另一個共同點就是勇於做夢，勇於思索要做些什麼才能實現夢想。當然，把夢想變成現實需要付出精力，投入時間；但是，成功的基礎是你要允許自己去思考「你的目標有可能實現」。

很多人在真正起步前就停下來了。當你有了一個好點子，或者想到了自己想做的事情或想變成什麼樣子的時候，避免自己停下來的方法，就是自問：「為什麼不行呢？」

有時候，這個問題會提醒你先去瞭解那些需要做的事情。如果有阻礙的話，你也需要想到對策。但有時候，這個問題會告訴你，除了你對自己抱負的擔心以外，並沒有其他真正的阻礙，而這才是你需要解決的事情。

身為教練，我們發現人們擁有完成目標所需的資源。經驗告訴我們，NLP 提供了一個最有效、最巧妙和對使用者友善的基礎，來幫助人們自助。你從教練那裡或這樣的書裡看到的每個 NLP 工具，都可拿來運用。因此，當教練不在身邊時，這本書就在你身後的書架上，這些工具可以為你所用，因而你可以真正把握成功。

為什麼不行呢？

PART 4

# 成功的五個面向

在這個部分，我們將告訴你如何利用 NLP 來檢視你身邊的素材，包括你自己和你的生活。我們將在五個面向對你進行指導，即你的潛力、風格、個人平衡、你的世界，當然還有你自己；在我們的經驗中，這是實現目標所需的最重要面向。在這裡，我們將解釋這五個面向的含義，以及為什麼在 NLP 的啟發下去思考它們，是很有幫助的。

　　促使很多人想要在生活中做出改變的原因，是他們目前做事的方法沒有成效。在 NLP 中，這叫做避開型動機，而我們在前文解釋過，這並沒有什麼錯，否定的回饋也是回饋，因此也可能是有用的。但是，否定回饋的限制，就在於它們通常會帶給我們不好或悲傷的心情，讓我們在學習過程中沒有很好的狀態。要是失去了自信，會限制你進行嘗試的意願，因為我們只想做得更安全。在一次失敗的經歷後，我們通常都不想再去冒險。NLP 中一個重要的假設是，如果你目前的做法不起作用，就要改變方法。這看起來好像是在要求你有勇氣或信心。當事情都不起作用時，你最需要去做的一件事情，反而最有可能被你排除掉。這個問題好像是個惡性循環。

　　現在我們已經知道，如果你學會把失敗看成一種回饋，就會把表面上的退步看成是你想要取得進步所需的有用且準確的資訊。如果你意識到每次的退步都有可能成為資訊來源的話，就不會對它產生不良的感受，或者長時間為此感到很糟糕。

　　所以，我們現在要做的是超越這一切，將你的注意力鎖定在目前已經擁有的資源上。這些資源會增強你的力量。從我們的經驗來看，人們擁有想要實現目標所需的全部資源，但通常不相信這是真的，也不知道這些資源是什麼以及如何使用它們。

## 你的潛力

我們希望你注意兩個成功的關鍵因素：一、對你的潛力有信心；二、願意去學習。所以，第一個成功因素就是你的潛力。你有哪些能力？你是怎麼知道的？你還想擁有哪些能力？

人們常常把潛力看成是固定不變的事物，就像基因決定了你能長多高一樣。身處不同領域的 NLP 執業者和教練發現，潛力不是定量的，隨著你的培養，它會慢慢增加。本書的主要任務之一，就是培養你的潛力，並幫你學習如何自己培養潛力。

## 你的風格

隨著你更加瞭解自身及做事風格，就能從中獲得巨大好處。NLP 已經找到了大量成功的做事方法，包括內在的和外在的兩種。沒有哪一個方法在所有情況下都能發揮作用，某個方法可能在某些事上比在其他事更有效，在某些人身上比在其他人身上更有效。一旦你知道了自己的獨特模式，就可以發揮你的長處，不再因自己的弱點而有壓力。你能夠更確定一些透過繼續學習就可獲得益處的領域。這就是我們選擇討論你的個人風格的原因。

## 你的個人平衡

另一個掌控生活的有價值的方法，就是自問你的生活包括哪方面的經驗。越來越多人在討論取得生活的「平衡」，但這是什麼意思呢？是不是說你均衡地分配了時間呢？也就是說，你把時間花在生活、愛情、工作和學習上，而不是沒完沒了地做同一件事呢？還是說你有著平衡的興趣？還是兩者都有呢？

身為 NLP 教練，我們知道在這種情況下有兩個過程是非常重要的。首先，不管你有沒有去思考它，你日常活動的重複模式都具有累積的後果。意識到這一點，並花時間來檢視這些模式，就是第一個過程。第二個過程就是自問以下的問題：這是我想要的方式嗎？這是我目前需要的嗎？這種模式和這樣的結果是我想要用來規畫未來時使用的嗎？所以，成功的第三個面向就是你的個人平衡。

## 你的世界

NLP 為我們提供了有用的技巧，讓我們更清楚地認識外部的事情，以及我們如何與這些事情相關。所以我們要探究的成功第四個面向，就是你的世界以及你如何與之進行互動。我們要說的是，這可能包括在更大的範圍內對其他四個面向進行探討。

NLP 讓我們關注的事實是：人們不是孤立地思考或發揮作用，而是更大的系統（合作夥伴、家庭、團體、文化）的一部分。同樣的，每個人也都包括相互作用的生理過程、情感過程和心理過程，我們的內在也是一個系統。NLP 為我們理解和學會如何讓內在系統與外部系統有成效地運作，提供了大量的方法。

## 你自己

第五個面向就是你自己。你與自己保持著什麼樣的關係？相關經驗告訴我們，一位好老師會為一個人的學習帶來非常大的變化，無論他是老師、經理、父母或朋友。所有這些好老師都與他的「學生」之間建立了有成效的幫助關係，他們把事情解釋得很透徹，把學習目標分解為易操作的小任務，鼓勵你並承認你的進步。

你和自己有沒有這樣的關係呢？許多人都沒有，或是在生活的具體方面缺少這樣的關係。有多少的威脅、自責、破壞、怪罪和極度輕視自己的成就等行為，在你的腦海中悄悄發生了？提摩西·高威稱之為「第一本我」，而佛洛依德稱之為「超自我」，這是他們兩人為這種「把評價和規則強加在自己身上」的能力所貼上的標籤。這種技巧有時候是非常有用的，但當它變成我們在與自己對話時的習慣性聲音，就會有極大的破壞性後果，嚴重影響我們的潛力所取得的成就。所以，你和自己保持什麼樣的關係，將極大地影響你的生活品質和所要實現的目標。NLP 教練技術可以確保你與自己的關係是非常有成效的。

綜合來看，你對於這五個面向及其內涵的理解，將幫助你確定想要改變什麼，以及你擁有哪些資源可以用來完成改變。隨著你和我們一起探討這些問題，很容易意識到一些 NLP 工具在滿足你的特殊需求方面是多麼有用。如果你覺得做筆記很有用，建議你找一個筆記本來記錄個人工作進程，並且大略記下你觀察到的事情。

# 第 7 章
# 你的潛力

潛力（potential）並不是定量的。potential 這個詞來自於拉丁文的 potentia，意為「力量和能力」，而它本身又起源於動詞「能」（to be able）。所以，潛力指的是每個人天生的學習和發展的能力。

誠然，我們的潛力在某些方面受到了限制。前文提過，身高就是由基因決定的一個例子。很明顯，人們身上天生的能力只適合做某一些事情。但 NLP 的關鍵發現之一就是，如果一件完成得很出色的事情可以被描述出來，那麼就可以把這件事情教給其他人。這並不是說我們都可以成為奧運選手、商業大亨或是國際象棋冠軍。但這的確告訴我們，**如果**我們願意，就可以大幅改善運動能力、商業敏銳度，或是玩象棋的能力。

有很多事情都可以幫你培養潛力：

1. 強烈地想要某件東西，以至於把它當成自己的目標。
2. 透過對那些容易理解和有價值的歸類進行分析，來獲取足夠的內在和外部的資訊，這樣就可以瞭解那些善於處理某些事的人是如何成功的。
3. 將你的目標分解為一系列的階段，這樣可以縮短目前的狀態和你期望的狀態之間的距離。
4. 透過外部的支持和教練技術，或是自我鼓勵和自我指導的方式，對你在實現目標之路上所取得的進步進行追蹤。
5. 找一些方法來讓整個過程中的每個階段本身都有趣並有價

值。人們在做那些自己真正擅長做的事情時，總是很輕鬆，並不需要特別努力。就像提摩西·高威在《工作的內在競爭》中提到的：「只有當我在做自己喜歡的事情時，才能做到最好，並且對他人的貢獻最大。」

1970 年代，提摩西·高威在進行運動指導的過程中，發現到在幫助（或妨礙）學員進行學習和取得成就方面，思想與感受是極其重要的。他發現，將評論（無論是來自他人還是學員的內心對白）減到最少，並且對潛力進行鼓勵，就可以改善學員的表現。的確，我們不知道自己的潛力有多大，但知道如果條件適合的話，可以有很好的發展。

在我們思考自己的目標時，有兩件事可能會來扯後腿。那就是你可能會在不切實際的幻想（夢想著自己中彩券，或第一次約會後便舉行完美的婚禮）和一味的沮喪（我永遠都不會……）之間搖擺。我們需要進行的一個重要步驟，就是進行實際的檢視。問自己：

- 若要做到這一點，需要什麼條件？
- 是什麼原因讓我覺得自己做不到這一點？

這樣的問題可以幫你打消不切實際的幻想，以及不必要且自我限制的警告。

## 案例

莎拉從大學畢業後，便在一家設計工作室工作，她夢想著成為知名設計師，並且擁有自己的工作室。這樣的想法經常在每天的工作中占據她的腦海，她覺得有些設計專案很無聊，對自己

來說是大材小用。上大學時，她做夢都沒想到自己會靠著為番茄醬罐設計商標來維持生活。她夢想的是擁有自己的工作室，為知名客戶做設計，讓那些帶著自己設計的商標的「有價值」產品遍布全球。但大部分的時候，她會被一些事情拉回到目前的「現實」情況。當她意識到日常工作和成就，與她夢想的迷人職業之間距離甚遠時，就會陷入絕望。無論她是充滿幻想還是感到絕望，什麼事都沒有改變。

最後，她意識到自己需要幫助，於是遇到了伊恩。當伊恩問她的「知名設計師」的夢想是不是切合實際時，她實際上並不清楚。她只是說，在上大學的時候，自己的表現很好，後來從眾多應徵者中脫穎而出，擁有了目前的工作。她也不清楚在公司裡能獲得什麼樣的晉升機會。她有過幾次沒有按時完成任務而被訓斥的經歷。

在莎拉接受指導的期間，很重要的一步就是她要求和工作室的經理進行一次談話，讓經理評價自己的表現。另一步就是她決定在空閒時間繼續做一些自主的工作，來探索自己真實的能力。與經理的談話，讓她明白了若要在公司獲得提拔，需要做什麼事，同時讓她更專心地工作，以便完成經理安排的任務。另外，透過接受指導，她意識到自己確實想要做一些有價值的專案。她開始發現自己想要專攻書籍封面的設計。一位朋友把她介紹給一位出版商，出版商看了她的作品集後，請她製作幾本書的封面設計樣稿。

對莎拉來說，找到自己真正想要做什麼，便邁出了重要的一步，這讓她變得更加切合實際了。她意識到選擇出版界的職業，需要付出精力，還會有風險。所以她決定，一方面從事自己目前的工作，因為她已經建立了自己的關係網；另一方面，

她開始著手自己在這個新領域的工作。現在,她已經確立了自己的目標。

莎拉曾經在幻想和絕望之間搖擺,而另一種限制自身發展的行為,就是把目標設定得過低。人們很容易把夢想限定在一些容易實現的小目標上,也就很容易限制自己的潛力。如果你制定的下一個目標,是買一輛更大、更有名氣的轎車,或是從助理晉升為副經理,可能會順利完成這樣的目標,但是你可能沒有意識到,其實你可以完成更大、更好,以及讓你更滿意的目標。這輛新車可能掩蓋了你的真實願望,那就是一輛更大的轎車,以及讓你滿意的生活方式。如果幸運的話,在你最初的激動消退之後,那股淡淡的失落感會讓你意識到自己應該冒險把目標設定得更高。但這時,你把目標設定得過低的習慣,同樣會限制你的潛力:接下來你需要的可能是一個溫室,或是用一週的時間來滑雪,以便讓你從冬季的憂鬱中振作起來。

由於我們具有於內在展現事物的強大方法,也就具備了把自己的活動與夢想結合起來,並且把夢想變成現實的能力。這也就意味著,如果我們的夢想受到限制,我們最終取得的成就也會受到限制。我們還會限制自己對於潛力的發揮。

有一些方法可以幫我們擺脫這種困境。你需要找出隱藏在目前的願望和目標背後的真正抱負。有時候,「想要一輛新車」所代表的可能是更多的願望,而且要把它找出來,通常並不難。

## 案例

由於女友給保羅施加了要「穩定下來」的壓力,保羅便來向溫蒂尋求指導。雖然保羅通過了電工考試,但是他經常換工作,

無法長期待在同一個地方。他說，自己一直在尋求新的挑戰，一旦他能夠勝任一項工作，就會離開。他喜歡變化所帶來的興奮心情。

目前保羅想去澳洲工作，在一個新大陸、在另一個半球，一定可以大有作為！雖然女友願意追隨他，但她擔心保羅在幾個月後會再次離開。她需要一個堅固的堡壘，一次為自己找到一份職業的機會，而最終便是結婚生子。

溫蒂問保羅，換工作能為他帶來什麼，他回答道：「這能給我帶來變化。」

「那麼變化又能帶給你什麼呢？」

「那意味著我有了新的挑戰，我的技能有了用武之地。」

「這樣做又能帶給你什麼？」

「這表示我有能力完成挑戰啊！」

「那麼『有能力完成挑戰』對你來說，又意味著什麼呢？」

「那就證明我父親是錯的，他說我遊手好閒，將一事無成。」

保羅對於自己說出這樣的話，感到很吃驚。隨著這個回答「脫口而出」，將他從只想去澳洲工作的想法中，轉移到對自己身分的思考這樣重大的問題。就像以前的很多計畫，這次的計畫是由於父親過低的評價而要證明自身價值的再次嘗試。

在持續的指導下，保羅已經能夠區分，重新建立自信需要做些什麼，以及自己在職業和人際關係方面真正需要的是什麼。另外，他也開始尋找一些方法來理解父親。

1　對你擁有的一個願望提出下列問題：「擁有這樣的願望，能給你帶來什麼？」每次問這個問題時，都要給自己一個答案，直到沒有其他答案為止。這時，你應該已經找到對你來說很重要的一些目的。

2　重新看一下你的願望：這是不是實現你的深層目的的唯一方法？還有別的方法可以讓它實現嗎？在瞭解你的深層目的之後，你仍希望事情這樣發展嗎？

　　透過這種方法來分析自己的願望，可以讓你找出自己真正想要什麼及其原因。你可能仍會選擇更大的房子、更好的車子和晉升，但如果它們能代表你現在得知的深層願望的話，可以將其融入到未來的計畫中。一個清楚的目的，才是一個更容易實現的目的。你可以參考第三章的「成果導向：結構良好的前提」單元，來確保你所期望的成果具有變成現實的最大可能性。

## 要求更多

　　這個單元的主題之一，就是要意識到：找出你的真實願望是非常重要的，而且不要去限制自己。檢視你有沒有限制自己的一個有效方法，就是要求更多。透過擴大抱負的範圍，你可以檢視出剛剛實現的夢想是不是你真正想要的，或是實際上你還有更多的要求。這樣你就可以多加瞭解是什麼因素在你不知情的情況下制約著你。

　　那「更多」意味著什麼呢？它可能表示數量上的更多。你是否希望自己每年多賺五萬元，或者你真的希望能賺到更多錢嗎？多賺五萬元可能已經「足夠」讓你過得更舒適，在每個月月底的時候花

費不會那麼拮据。但如果多賺二十五萬、五十萬、一百萬，可能讓你的興趣得到擴展，並且過著大不相同的生活。你的真實願望是什麼？如果你的確認為自己只想要一年多賺五萬元，那麼你的目標很快就釐清了；另一方面，如果你一直在下意識地確認你的真實願望，那麼去弄清楚它也是很重要的。

「更多」也可能表示品質上的更好。「我想多花點時間跟家人在一起」通常不是指多和家人一起看幾個小時的電視或做家事。如果你意識到這一點，就算你沒有更多的時間，也可以下定決心來重新分配和安排自己擁有的時間。我們認識的一對夫妻，他們想要「多花點時間在一起」。但後來發現，當他們有時間的時候，都會花一整晚來做家事。對他們來說，雇用一個清潔員來換回這幾個小時的寶貴時間，並把它轉變為一起度過的高品質時光，是很值得的。

「更多」也許意味著你沒必要做出「二選一」的選擇，我們已經找到「兩者兼得」的方法。這對夫妻在討論過需要花更多時間在一起之後，卻發現他們犧牲了共處的時間來打掃屋子，但透過前述的方法，他們不僅擁有乾淨的屋子，還能共度更多時光。

最後，還有一種方法可以用來檢視你是否在限制自己。當你覺得自己無法繼續做一件事，或無法完全發揮自己的潛力時，我們希望你記住 NLP 提供的兩個非常有用的問題：

1. 是什麼阻止了你（去實現自己的目標）？
2. 如果你這樣做（實現目標），會發生什麼事？

根據我們的經驗，人們都知道是什麼在扯自己的後腿，但也容易忽略其中的原因或對之視而不見。這兩個問題能為我們取得進步，提供強大的控制桿。

## ◤ 是什麼阻止了你？

有時候困難是很實際的，大家很容易認識到這一點。以兩個懷有不同理想的人為例：

- 我去不了羅馬。
  - ➡ 是什麼阻止了你？
  - ➡ 我沒錢。

- 我無法繼續進行我的發明了。
  - ➡ 是什麼阻止了你？
  - ➡ 我缺乏資金贊助。

在這兩個例子中，如果可以把困難做清楚的分析，會讓你取得進展。

我無法去羅馬，是因為還沒有賺到足夠的錢。如果你真的想去，就會想辦法賺到足夠的錢，並且會制定一個時間表。「還沒有」這個簡單詞彙的出現，為你打開了一條曾經封閉的林蔭大道，並且讓你開始去探索該如何前進。

我無法繼續我的發明，是因為還沒有取得資金贊助。若要獲得資金贊助，你必須採取什麼行動？你可能會去哪些地方？你可能會去詢問哪些人？你認不認識一些可能會為你提供消息的人？

透過跨越目前困難，進入一種它們已經得到解決的狀態，可以讓這些問題「豁然開朗」。假設你真的去了羅馬，會怎樣賺到足夠的錢？假設你真的繼續進行發明，會怎樣獲得需要的贊助？

用這樣的方法來思考，你會提出兩個更加大膽的問題。

- 有沒有一種不花錢就能去羅馬的方法？
- 有沒有一種不需要資金贊助就讓我的發明繼續下去的方法？

就算這些問題的答案都是否定的，也會讓你更深入地認識自己原本的設想（去羅馬需要花錢；繼續進行發明，需要贊助人）。也許有人會為你出錢，或者你能找到其他項目做交換？或許你可以和其他發明家聯合起來？或許你可以把自己的技術和別人進行分享或交流？

透過自問「是什麼阻止了我？」，還可以幫你發現另一種困難，有時候這種困難是下意識產生的，因為我們不想看到壞的結果。

- 我無法去羅馬。
    - ➡ 是什麼阻止了你？
    - ➡ 我擔心年邁的母親，她生病了，我擔心她會在我去羅馬的期間去世，那樣的話，我永遠都不會原諒自己。

或者也可能是：
- 我無法去羅馬。
    - ➡ 是什麼阻止了你？
    - ➡ 如果我把所有積蓄都花在這上面，就沒有錢應付緊急情況，這讓我很害怕。

## ◢ 如果你這樣做，會發生什麼事？

當你搞不清楚自己為什麼沒有去做一件「明顯」對你有利的事情時，自問這個問題是很有用的。可能你們夫妻的感情不太好，你的朋友一直在說：「為什麼你不離婚呢？」或者你知道自己應該減肥，

不但買了節食方面的書，還參加了瘦身俱樂部，但你就是遲遲不肯行動。實際上並沒有什麼事情在阻止你，這時你就要自問這個問題了。這其中肯定有一些原因存在，畢竟你一直沒有行動。所以，阻止你行動的可能性，就是你預料到目標實現以後會發生的一些事。

- 我覺得我應該離婚，但是我不會這麼做。
  ➡ 如果你真的離婚了，會發生什麼事？

原因可能在於：儘管你不太滿意你們的關係，但你害怕再次過單身生活，害怕單身生活會有一些預料不到的事，害怕找不到老伴而自己走完一生。如果你想做決定，就需要做一些預測，並找出處理這些可能發生的事情的方法。自問這樣的問題，可以幫你找出所需要的資訊，讓你在前進的道路上保護自己。

- 我想減肥，可是好像一直沒有行動。
  ➡ 如果你真的減肥了，會發生什麼事？

減肥會讓你更加美麗和健康，但也可能讓你在工作中受到一些男同事的傷害，或者會讓你的姊妹或朋友嫉妒你。也可能你生長一個在把食物當作主要獎賞的家庭，因此食物是你獎勵自己的方法。還有可能就是你難以抗拒商務宴會和飲料。

如果你失去了享受食物的這個「樂趣」，有沒有為自己準備其他的樂趣呢？自問這樣的問題，可以為你找到解決問題的其他方法，提供所需的資訊。

這些問題能為你提供許多方法來打破對自己潛力的限制；這些限制來自我們的設想、從過去的經驗中學到的知識、我們所預料和

害怕的結果、我們對於失敗的焦慮。NLP 為我們提供了發現那些深藏在其中的真實內容的方法，並培養我們的潛力來超越最大的夢想。

### 練習：實現你的目標

**1** 1. 選擇一個沒有進展或進展很小的目標，問自己：
> 是什麼阻止了我去實現這個目標？
> 如果我實現了這個目標，會發生什麼事？

**2** 列出可能妨礙你實現目標的現實因素和情感因素。

**3** 列出你實現目標後，可能會有的感受和期望的各種後果。

# 第8章
# 你的風格

在發現你的個人風格,並評價它的效果和限制的時候,你可以利用三個重要的 NLP 工具。那就是模仿、後設程式和感官敏銳性。

## 運用模仿

我們在第三章瞭解到,模仿在 NLP 的歷史起源和發揮作用兩方面,都是其核心。關於模仿,關鍵的問題就是:「我/你/他是如何做事的?」為了瞭解你自己的風格,你需要模仿自己,成為你自己做事風格的觀察者和描述者。你可以記錄自己獨特風格的概況,因為無論從內在還是外在來講,每個人處理事情的方法都是獨特的。

---

### 練習:你的獨特風格

針對自身的情況做記錄,下列幾項可以做為你開始行動的參考點子。

- 我非常善於……。
- 我發現做……很容易。
- 面對任務,我著手處理的方式是……。
- 我發現做……很難。
- 我喜歡……。
- 我討厭……。
- 我擔心……。
- 我不太善於……。
- 由於……我受到了獎勵。

---

隨著你做這樣的概況記錄，會遇到很多你認為是自己的長處和弱點的事情。但是，你要把這樣的判斷擱置在一旁，因為它們經常會成為你的阻礙。

透過參考第三章的內容，你可以發現或補充一些為了記錄自己的概況所需要的資訊。比如，

- 你喜歡的表象系統是什麼？
- 哪些次感元對你的影響最大？
- 你經常處於後設程式軸線的哪個部分？

成功人士都瞭解自己的風格，他們會發揚自己的長處，並避免在自己的弱點上施加壓力。真正的成功人士也會努力在其不擅長的領域費力前行，通常會把弱點換框為進行一項新學習的標誌。

我們猜測，對許多人來說，一些道德觀所留下的遺產之一，就是認為「利用長處而避開弱點，是錯誤的」。在你覺得有困難的事情上，不斷地努力、努力、再努力，不能把精力放在別的事情上，這才是你在道德上應盡的責任。但如此一來，可能會低估了你擅長做的或者你覺得容易做到的事情，就好像那些事情的價值並不大。針對卓越工作者的調查中，我們發現，卓越看起來往往是輕鬆達到的；對那些卓越的人才來說，他們輕鬆地做到卓越，儘管之前他們的確付出了努力。

認識你的長處，並且知道如何利用它，是很有益的。如果你能避開譴責框架的話，那麼認識到你不太擅長的事情，可以提供一些你需要資訊，讓你運用在加強並充實個人風格上。但是在道德上，你並非必須如此。

讓我們看一下下面的例子。

我們有一個當律師的朋友，他很謹慎，做事一絲不苟，有條不紊。他是一位好律師，很有魅力又謙虛。考古是他的主要興趣之一，而且這項工作本身就要求一個人要謹慎、一絲不苟、有條不紊。週末時，他喜歡把這樣的天賦用在工作場所之外，到當地的考古現場去工作。他的愛好有了用武之地，也讓他用另一種方式展現了自己的長處。為什麼不行呢？

相反的，一位四十多歲的中年婦女來向我們尋求指導，要我們幫她重新找到生活的方向。自從她開始工作的那一天起，她就在不同的環境中從事幫助別人的工作。最初，她做的是照護員，經過培訓之後，她成了一名社工。我們剛開始進行指導時，她正在管理寄宿在一家旅舍的一組工人。她對這些無家可歸的工人非常好，但是管理整個團隊給她帶來了很大的壓力。她很害怕即將到來的週末團隊建立（team-building）工作。

我們幫她對自己的風格進行了簡單的整理。她開始意識到，自己喜歡用一對一的工作方式，來鼓勵學員或同事取得進步。儘管她從沒想過要當一名管理者，但由於她辦事效率高，思維清晰，並且別人好像喜歡和她在一起，所以選她負責管理工作，是很自然的事情。

當伊恩請她談一下面臨挑戰的感受時，她說這讓她「打從心裡覺得自己沒用，就好像我母親以前說我很沒用一樣」。從她有記憶以來，她的母親從來沒有稱讚過她，反而經常批評她，還列舉了許多她不會做的事情。長大後，她知道母親很不幸福，並且精神也有問題，但是這對她自己並沒有幫助。在她的職業

生涯中，她從事過很多「第一線」的工作，現在的這份工作更是達到了巔峰。她說，她覺得應該克服自己的懦怯，並且要學會處理衝突和批評。

對這位學員來說，接受指導後的結果之一，就是她開始覺得把自己從第一線狀態撤離也是可以的，她沒有必要再繼續承受挑戰和批評所帶來的傷害，沒有必要再看輕自己。她已經深刻地認識到自己有哪些強項，於是決定要尋找另一份可以發揮自己的長處，而不是繼續給自己的弱點施加壓力的工作。

從這件事情當中，她學會的最重要一件事就是：關於你的風格和如何去利用它，並不是一個道德問題，你可以有自己的選擇。面對這種管理一組人的情況，她可以改變自己的感覺嗎？如果運用NLP 技巧的話，答案當然是肯定的。但是在這種情況下，如果她能不再繼續考驗自己，才是對她的更大解放。後來，她重新回到工作崗位，非常愉快地接受了另一份工作——私人顧問，她說她已經做好揮別過去的準備了。

## 使用後設程式

然而，我們會發現，很多時候正是我們的風格在妨礙自己做想做的事。每一種風格都有其限制，成功的另一個關鍵因素，就是要找出你的風格如何限制你，並且要知道，若要從這些限制中解放出來，你需要做些什麼事。

溫蒂的父親以前常說：「我們都在自己的長處上吃過虧。」用NLP 專業術語來說，他所指的其實是第三章介紹的後設程式。在某種情況下非常有用的方法或技巧，在別的情況下可能不適用。非常

善於處理細節問題的工程師，在處理宏觀觀點的時候，可能會比較困難。以後設程式的用語來說，就是他非常善於處理小的歸類。在某些情況下，這樣的做法會限制他。

許多助人者可能會習慣把別人放在第一位，並且忽視自己的需求。這樣做的結果，往往是自己負擔過重且身心疲憊，有時還會產生無盡的抱怨，並且用一種間接的方式來補償和獎勵自己，暴食就是其中一種。NLP把這種極端的情況稱為「由他人來排序」（sorting by other），這會讓他們做起事情來效率很高，但也會讓他們感到疲憊，從長遠來看，最後他們會慢慢喪失自己的各種技能。

如果你回頭看第三章提到的後設程式，就會發現每種後設程式都有其優點和缺點。自問一下，你喜歡使用的主要後設程式是什麼？這又讓你具備了什麼樣的長處和弱點？

一旦你知道了自己長處的限制後，就會去考慮哪些需要改變，而哪些又需要學習。為了克服這些限制，你需要更敏銳地關注目前的事態、思考回饋、經歷更多事情。後設程式的使用也許是一種習慣，但是它們並非完全不可改變。若要獲得更多的選擇和更多彈性的方法，你需要先對自己非常自然的工作方式具有清楚的認識。

如果你是那種「由他人來排序」的人，可以嘗試下列的方法：

● 問自己在特定的情況下，你是否會先考慮到自己的需求和權利，而不是先考慮別人的需求和權利。

● 思考一下，是不是有一些具體的促發因素，才讓你自我輕視，比如，別人對你提出請求或下達命令的方式、別人請你為他做某件事情時的語氣，或是你自我想像或假設你說了「不」的話，那麼事情就會大不相同。

● 回憶過去發生的一些事情，想像一下當初如果你多考慮自己

的需求的話，事情會有什麼不同。

- 在腦中重演過去的場景時，找出你可以在哪些地方做出更加自我照顧的選擇，並想像用不同的方式來做到這件事。
- 辨認出在不久的將來可能發生的一些情況，採用不同的方法來預演一下可能出現的「劇情」，這在很大程度上能增強你的自我關注意識。

## 運用感官敏銳性

NLP 目前關注的主題之一，就是認識到了留意你的內心和周圍究竟發生什麼事的重要性。NLP 稱之為「感官敏銳性」。它之所以重要，是因為只有當你獲得了準確詳細的資訊，並且根植於真實的經歷之中，才會找到全面的、有成效的做事方法。一旦你掌握了這類詳細的資訊，就可以輕鬆地按照你的需求去改變。

我們加強感官敏銳性，是為了應對內在和外部的變化。我們總是習慣於在下意識資訊處理的基礎上，對自己或他人進行快速而準確地判斷。別人頭部的一次擺動、臉部表情或臉上的微笑變化、走路的節奏、肩部的姿態、說話音調的變化等等，都是非常重要的資訊來源。

培養一種技能的方法之一，就是加強你的自覺意識，將注意力集中在目前已經獲得的資訊，並且有意識地尋求更多資訊。這對你的個人風格會有幫助。留意一下你目前如何處理內在和外部的事情，將為你提供重要的資訊，幫助你多做一些做起來效率很高的事，甚至還可以再提高效率。透過找出一些最容易做到的微小改變，它還可以幫助你做好那些不太擅長的事。

NLP 的重大發現之一，就是改變其實很容易。NLP 也不贊同「不

勞就無獲」的觀點。改變就是如此，就像你想要移動一塊大石頭，只要有了一根長度合適的槓桿，這個過程就會變得非常容易。只要你不再把你自己、你的潛力和你做事的方法，看成是一成不變的，並且把它們當成過程來看待，那麼改變對你來說就像是一個小調整。你對自己目前的風格瞭解得越詳細，就越容易對它進行微調。

# 第 9 章
# 你的個人平衡

## 生活輪盤

如果你對目前生活當中的各項活動進行權衡的話，就可以對你的生活做出評估，看它是不是你目前想要的生活，以及你的生活如何在歲月中累積。

在 NLP 教練技術中，我們通常會採用一種叫做「生活輪盤」的練習。它可以讓你對自己的生活進行審視，並且判斷生活的各個方面是否讓你滿意。你可以有多種分類方法，但我們發現下面的分類可以非常準確地解讀你目前的生活狀態。你可以透過它來認識自己。

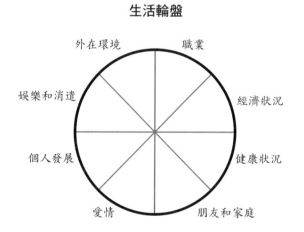

### 練習：自由旋轉

輪盤中間代表數字 0，而最外面代表數字 10，在每個代表生活的某一方面的區域，畫一條弧線，來表示目前你在該方面的滿意度。

**生活輪盤**

- 外在環境
- 職業
- 經濟狀況
- 健康狀況
- 朋友和家庭
- 愛情
- 個人發展
- 娛樂和消遣

在一個完美的世界中，平衡和完美可能出現，而輪盤上所有的項目都應該是 10。但在現實中卻不是這樣。記住，這不是要畫你希望擁有的，而是要用圖表來表示你目前生活的真實狀態。

以下是一位學員畫的生活輪盤：

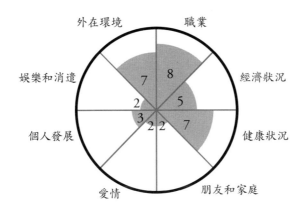

別人都覺得他非常成功，但他卻覺得自己的生活並不幸福。一旦畫了生活輪盤後，我們就不難發現其中的原因了。很快的，他就會看到自己需要做哪些事情了。他和教練才剛開始關注他的個人生活，他很快就感覺到有了很大的改善。跳出目前的平衡，就表示你發生了變化。比如，你生活中某個方面的滿意度從 2 增加到 4 的時候，肯定會提高你對生活的整體滿意度，還會讓你得到總體上的安適感。

## 調整生活的平衡

要做到這一點，其實非常簡單。只要你自問一些簡單的問題，並且讓自己在生活中找到答案就可以了。

1. 自問：「我想要什麼？」

2. 接下來，再次進行確認，自問：「這是我**真正**想要的嗎？」此時，人們會說出不同的答案，其差異有大有小。剛開始時，一個人可能回答說：「我想要升職。」然後當你問他真正想要什麼的時候，他會說：「實際上，我真正想要的是跳出目前的循環，換一份更有意思的工作。」升職並非實現這個目標的唯一途徑，因此你可以找到比想像中更多的方法。

3. 自問：「目前我對生活的哪些方面不夠關心？對自己的哪些方面還不夠重視？」如果你對這個問題的答案，影響到了你對「我想要什麼？」這個問題的答案，那就花點時間進行調整，或者修改你最初制定的目標。比如，你說需要更多的自由時間，但是長期以來你都有一個習慣，那就是你喜歡接受新專案的挑戰，因為它們能讓你心情激動，那我們就可以說，你對這種行為帶來的後果不夠重視。你一直在阻止自己去做想要做的事。這很有意思。怎麼會這樣呢？

4. 自問：「現在，比如今天或這一週，朝著我的目標所在方向，最容易邁出的一步是什麼？」首先要確定這一點，然後和自己商量說，我會按照這個去做。如果你會寫日記的話，就把它寫在日記裡。如果你在做事前有列清單的習慣，就把它列入清單。如果你在事前有安靜地想像的習慣，那就想像一下你會在什麼時候以什麼樣的方式完成這一步。如果你發現自己有一些反對自己這麼做的理由，那麼檢查一下你的反對行為是要達到什麼目的。若要把你的目標和實現目標可能會走的路線區分開來，你就需要這樣的資訊。如果你最初制定的路線出現問題，就要變通一下，找出另一條可以達到同樣目標的路線。

如果這是一個需要重複的步驟，那麼想像一下，以後你還會

多次做這樣的事，當有一天你發現這已經成為一種習慣，並且它的作用日益加強的時候，你會有何感受？一週以後你會有何感受？一個月以後呢？一年以後呢？五年以後，這個步驟是不是已經輕易地成為你做事方法的一部分了？想像一下，一週過後，一個月過後，半年過後，甚至是五年過後，當你在享受它為你帶來的變化時，會有什麼樣的感受。

5. 不斷地對自己的個人平衡進行評估，不管有沒有回饋去提示你這麼做。也許你會固定對此評估一次，也許是每個月、每半年，或是每年的某個特別的日子（你的生日？新年？）。定期對事情的發展進行評估，可以幫你養成定期自我檢視的好習慣。自我檢視的準備工作做得越充分，你可以獲得的資訊就越多。這會成為你養成的另一個習慣，而且重複它的次數越多，其作用就越大。

## 長期以來形成的模式

有一個很容易被大家忽視的事實就是：你的行為會在歲月中累積。這是一條非常有用的原則，需要你銘記在心。

### 案例

幾年前，有位老人過世了。生前，他一直在蘇格蘭高地地區工作。每天上下班，他都要步行數公里。年輕時，他對樹木產生了興趣，於是便一邊收集種子，一邊把它們播下去。就這樣，每天他在上班的路上，穿過光禿禿的山坡時，都會播下一顆種子。當他去世的時候，已經播下了一大片森林。

有個小男孩在學校的車棚後面，接受了朋友遞給他的一根菸，這是他生平第一次抽菸。儘管剛開始他不太喜歡這個味道，但是這讓他覺得自己很成熟。慢慢地，他習慣了抽菸，菸癮也從原來的只有和朋友在一起時才抽一根，到後來每天都要抽幾根。幾年來，他的菸癮不斷增加，從一天一包、一天兩包，有壓力時還會抽更多菸。到他五十多歲的時候，菸癮已經增強到每天三包，這時，他發現自己出現了一些可能是肺癌的症狀。怎麼會這樣呢？

　　每種模式都包含著重複的行為，也就是對某個特定或一系列行為重複了成千上萬次。對這個模式做出的任何改變，只要這個改變也被重複了，就有可能變成另一種模式。每天只重複一次的事情，幾年下來也會成為一種習慣。同樣的，好的習慣也可以透過每天做一次來養成。

## 評估你的模式

　　反復發生的事件所造成的結果，比任何單一事件的影響更大。同樣的，對於那些沒有發生的事，結果也是如此。有些人會把對自己的獎勵和快樂推遲到以後，像是等到他們有時間、收入增多、孩子長大，或者退休以後。他們可能沒有意識到，自己正在養成一種放棄獎勵自己和快樂的習慣。因此，當他們的生活跨越一個里程碑時，可能根本不會注意到，而是繼續埋頭前行。過了一段時間之後，他們可能就真的忘記什麼叫慶祝了。

　　若要讓你的生活保持平衡，你不但要對目前活動的平衡性進行評估，還要研究如果不改變的話，它將造成什麼樣的長期後果。

# 第 10 章
# 你的世界

你生活在一個由系統構成的世界中的一個系統。

——《系統思考》（*Systems Thinking*），約瑟夫・歐康納（Joseph O'Connor），伊恩・麥克德莫特（Ian McDermott）

NLP 技巧具有高成效的原因之一，就是它認識到事情不會單獨發生。每種思想都會對感受、別的思想、身體動作、外部世界的行為，甚至是他人造成影響。每個人都是由相互關聯的系統構成的；同時，每個人還是所在的外部世界（家庭、工作、朋友圈、文化群和次文化群等）的一部分，因此，我們要從這種系統的觀點，來研究你的世界的不同面向。

## 你和內在世界

### 案例

西蒙是一名學生，在打壁球時扭傷了腳踝。雖然情況不太嚴重，但是醫師告訴他要好好休息幾天，才能順利參加下週的西班牙旅行。這讓他很傷腦筋，但他還是按照醫師的吩咐，休息了一、兩天。到了週末，朋友邀請他去參加生日派會。他當然不會錯過……

西蒙陶醉於熱烈的氣氛中，加上酒精的麻醉，讓他完全沒注意到自己腳踝的傷。實際上，他還試著跳了舞。當然，聚會也持

續到大半夜。第二天，當他從宿醉中醒來時，發現自己的腳踝紅腫且疼痛難忍。這一次，光是休息對病情已經沒有幫助，於是他趕快去找醫師。而這一次要痊癒，需要幾個月的時間，他也不得不一瘸一拐地去西班牙度假了。

為什麼西蒙的腳傷會變得如此嚴重呢？人體的恢復主要在晚上，因為當我們在睡覺時，免疫系統會高速運轉。（這就是生病時需要休息的原因。）西蒙病情加重的原因，就在於他不但把整個身體的重量都壓在腳踝上，還一邊活動、一邊飲酒，就加重了身體的負擔；同時，他也忘記了自己現在的身體狀況還在恢復中。

## 案例

塔拉很喜歡跑步，並且參加了當地的一家俱樂部。她覺得自己是一名業餘愛好者，所以當她發現自己和其他一起訓練的、較專業的俱樂部成員的成績很接近時，非常吃驚。正因為如此，她被說服加入俱樂部的二隊成員，去參加當地的比賽。於是她加緊訓練，但是比賽那天，她發現自己渾身僵硬，像個木頭一樣，到最後衝刺的時候，她已經精疲力盡。

最初的「一點興趣」，到後來成了嚴肅的事情。身為代表俱樂部參加比賽的成員，她覺得自己應該好好發揮，否則就對不起其他成員，最後她變得很緊張且訓練過於投入。塔拉的態度改變了，意味著她對其他成員的看法也改變了，卻同時暗中傷害了自己。幸運的是，這支隊伍有位好教練。教練的工作是要讓她恢復信心。首先，教練讓她不再認為自己必須趕上別的隊員，並為她制定了適當的訓練計畫，幫她提高自己的能力。

由於西蒙和塔拉沒有意識到自己的行為是更大系統的一部分，便讓生活陷入了沒必要的困境中。在西蒙的例子裡，他覺得參加聚會只是一件小事，可是到第二天早上時，他才發現眼前的一切都變了。塔拉也是由於自己對新俱樂部的想法有所改變，才給自己施加了很大的壓力。當她改變了自己在這個新環境中的狀態時，她的成績也就有了大幅的改善。

## 你和外部世界

瞭解我們如何創造自己的世界，並且知道它是由哪些系統組成，能大幅增強我們的自信心。我們就會明白自己可以獲得比以前更大的影響力。

### 案例

在同一間辦公室上班的兩個同事成了朋友，他們把對方介紹給自己的伴侶，並且養成定期聚會的習慣。時光荏苒，他們都結婚並有了孩子，就互相照顧對方的孩子，並且一起外出遊玩。他們都把對方當成自己最好的朋友。

又過了幾年，他們的公司在幾百公里之外的地方有了新的辦公室。如果去新辦公室上班，就可以獲得晉升。經過深思熟慮之後，其中一位接受了這份工作。在他搬到新家時，兩家人商定要經常打電話，以及週末互相拜訪來保持聯繫。一開始的時候，他們也的確這麼做，但不知道為什麼，他們的聯繫越來越少了，最後只有過聖誕節和生日的時候才會寄卡片給對方。這份親密的友情怎麼了？

同樣的，其答案與系統有關。他們都沒有意識到，其友誼建立和保持的基礎是環境，而不是深度密切的關係。工作、夥伴、共同的社交應酬和家庭，其實都包含著共同的利益。當依靠工作和兩家相距不遠而建立起來的經常性聯繫走到盡頭時，他們都會轉向在空間上距離較近的人尋求友誼。這並不是說他們的友誼從一開始就是虛情假意，而是因為他們沒有明白其友誼建立的基礎是什麼。

一旦系統的一個部分發生變化，其他部分也會隨之變化。當他們明白了彼此關係疏遠的原因，是因為環境的變化，而不是感情的改變之後，其中一對夫妻決定重新保持聯繫，約定每兩年利用週末在倫敦聚會一次，他們可以暫時避開孩子，享受聚會的快樂。就這樣，他們的友誼翻開了新的篇章。

## 案例

與他們不同的是一個名叫卡里的年輕人，他在大學畢業後，進入一家大型保險公司工作了一年。卡里的直覺告訴他，即便自己身在千里之外，也知道如何與這個系統保持聯繫。卡里覺得，如果想要去旅行，去看外面的世界的話，那麼現在就是最好的時間。他有親戚住在澳洲，所以他先在親戚家住了半年，並且利用這段時間對這個國家進行瞭解。他決定要再用半年的時間到其他地方去旅行。可是，他覺得自己有必要為回去以後的工作做準備，而最好的辦法就是和以前工作的單位保持聯繫。當他在國外時，便透過電子郵件與原來的單位保持聯繫。另外，他在澳洲時，還在不同的保險公司兼職，以確保自己對工作不會生疏。就在他要回國的時候，先前的經理告訴他，公司現在有空缺，如果他申請的話，憑藉他在國外的經歷和紀錄，一定會被聘用的。

卡里知道，第一年的工作經歷讓他成了這個系統的一部分；他也知道，即便自己離開的時間並不長，但如果自己以後還想要回原來的單位上班的話，需要與這個系統保持聯繫。儘管他選擇了一種很隨意的方法保持聯繫，但是他知道自己獲取的工作相關新經歷，會成為自己再次被聘用的好籌碼。

---

### 練習：你如何創造了自己的世界

**1** 以你過去經歷的一件結果出乎意料或不盡滿意的事情為例子。

**2** 從涉及這件事情的其他系統的角度，來看當時的外部世界（家庭、朋友與同事）和內在世界（你的健康與內心狀態）有什麼事情發生。

**3** 這些不同的系統是如何相互作用和影響的？考慮到這些作用，如果將來你遇到相同的情況，會採取什麼不同的方法來處理這種情況？

## 學會關注

當你對內在世界和外部世界發生的事情認識得越清楚，做事的成效就會越高。許多人都非常重視來自內心的資訊，然而，它只是我們獲取資訊的重要且準確的管道之一。某件事在類似情況下的細微差別所帶給你的「感受」，或者你剛認識的一個人讓你感覺不舒服，或者你自己在答覆別人的請求或建議時的猶豫不決等等，要是你忽略了這些因素，就是你自己的責任了。

最好的定律就是要學會關注。如果你養成了關注的習慣，就會發現你產生某種感受的緣由會越來越明顯，越來越可以理解。剛開

始的時候，在你做出反應之前，需要花點時間把感受「翻譯」成大腦意識可以理解的語言。如果你可以用語言表達一個決定，那麼當你和別人談論它的時候，就會容易得多。

當我們習慣了與自己的反應「保持一致」時，才會意識到這是一個多麼豐富的資訊來源。在培養自己的技能時，你會發現去關注自己做事的特點，是非常有用的。以下有三個問題可以幫你展開這個過程：

1. 你是否經常「看到腦海中的畫面」、「感覺某個東西像什麼」或「它聽起來像什麼」？對於所有的事情，你是否都只偏愛某種表象系統，比如，你是否聽到自己被數落或譴責，而當你出色地完成一件事時，你有沒有看到自己呢？
   對於這些問題，沒有所謂正確的答案，但是，如果你想在被別人譴責之後恢復自信的話，那麼瞭解哪種做法最有效，將為你提供很大的幫助。也許你需要進行實驗，比如，去瞭解在這種情況下，是對你的大腦聽到的批評進行修正比較有效，還是去強化你的大腦看到的成功畫面更有效？也許你需要的是兩者的綜合體：一部美好的影片和錦上添花的配樂。

2. 對你來說，是哪些類型的過程和順序，為你帶來了好的或壞的心情？ NLP 的研究顯示，內在和外部之間的順序有著極大的影響。如果你犯了錯誤，就會馬上自責且心情變差（行為→內心對話→不愉快的感受），你可以透過兩種方法來改變它：一、透過內心對話來鼓勵自己；二、增加一幅自己改正錯誤的畫面。這兩種方法都會改變事情發生的次序，從而帶給你不同的感受。

3. 你對自己的內心對話有多少瞭解呢？通常，內心對話都有著

很大的影響。抓住那些來自內心的評價，並自問這樣的「聲音」來自什麼地方，是非常有幫助的：

- 你和這個聲音的關係如何？
- 有哪些人的聲音在你的內心對話中具有一定的作用？
- 這些評價是不是重播了剛才說過的話？
- 這樣的評價是不是你的幻想？也就是說，你幻想著如果那個人現在和你在一起的話，他會說這樣的話的？
- 有沒有一些事情是你想要改變的？

透過這種自我調查方式所得到的資訊，加上適當的 NLP 工具，將為你帶來大量可以利用的素材。這是你進行改變以及找出真實願望的個人基礎。

# 第11章
# 你自己

在實現目標的過程中，影響你成功的最重要變數，就是你自己。很多人都認為，若要在目標上有所突破，外部條件必須是合適的。但實際上，就算外部條件對你有利，也只有當你的腦海中有正確的框架時，你才能利用這些有利條件。

## 案例

哈里從學校畢業後就一直擔任公務員，但是他一直處在事業階梯的底層，而且沒有很大的進步。他並不是很喜歡這份工作，但這份工作提供的薪水能讓他養家，還可以用來支付各種費用。而他的妻子在外面做兼職工作。他的愛好是木工，喜歡做木櫃和椅子。

四十五歲那一年，哈里的上司告訴他，他們的部門要搬到城外的新辦公室。哈里可以選擇搬過去繼續工作，也可以選擇辭去工作，得到一筆錢。他該怎麼辦呢？於是他找妻子商量這件事。他們對於將來的事情很擔心，擔心哈里找不到別的全職工作，還擔心那點錢難以支撐多久。哈里之前從未推銷過自己，對於獨立經營一份他喜歡的家具維修工作，他一點信心也沒有。他在小心翼翼與創立一項新事業的願望之間傷透腦筋，決定尋求幫助，因此約見了一位教練。

在教練的幫助下，哈里終於認識到其實他身上擁有自己所需的許多特質。他不但手巧，而且在製作家具方面有很多經驗；人

們都信任他，與他的關係也很融洽；哈里還懂得做預算和管理帳務。於是，他決定找一些對創業有幫助的課程來學習。雖然現在他還是有點擔心，但是和以前相比更有自信了。他決定拿出自己所有的個人財產來冒險試一試，因為他知道家人是支持自己的。

儘管他的新事業進步得很慢，但的確是在進步。由於他的客戶都向自己的朋友推薦他，所以消息很快就傳開了。幾年後，他再也不懷疑自己當初做的決定是正確的，但是他的妻子提醒他，那個決定之所以是正確的，是因為他自己肯定這個決定。

## 投資自己

哈里的確是在自己身上做了投資。這可能是我們所能做的最重要一件事。許多人都學會了把別人和別人的需求放在第一位，把剩餘的注意力放在自己身上。

在我們身為教練和培訓師的經驗看來，這樣的做法需要顛倒過來。唯有當你好好對待自己，才會有足夠的資源去好好對待別人。如果油箱是空的，你就沒有辦法去旅行；如果油箱裡的油很少，恐怕在剛開始發動車時，油就用光了。

你可以用不同的方法在不同層面投資。思考一下你從以下幾個方面對自己的投資有多少：

- 花在自己身上的時間。
- 休息。
- 新的刺激。
- 禮物和款待。

- 樂趣。
- 業餘活動。
- 做你喜歡的事情。
- 和讓你感覺舒服的人在一起。
- 表揚自己。
- 欣賞自己的個性。
- 為了改善生活、提升技能和增加機會，而在自己身上花錢。
- 尊重你的需求。

請一位教練也是對自己的一種投資。但是，我們希望你能做自己的教練。對自己而言，你是個很好的教練嗎？

我們來概述一下一位好教練應該具有的特質：

- 協作努力。
- 清晰的目標。
- 不懈的努力，監督並確保你走向既定的目標。
- 定期會面（面對面，或者透過電話或網路）。
- 沒有好／壞或成功／失敗這樣的評價。
- 以好奇心和意識為特點的態度。

你對待自己的態度和方式，越符合這些教練技術標準，就能當個越稱職的教練。

# 建立對自己的親和感

　　大部分人都覺得不需要建立對自己的親和感，只需要建立對別人的親和感。有了親和感，你才會有更大的影響力，才能為別人提供更多他們更容易接受的建議。對別人來說是這樣，但對自己來說也是如此。所以，若要最有效地幫助自己，你需要把這種方法用在自己身上。

　　建立對自己的親和感，與建立對別人的親和感是一樣的。這需要你密切地關注並在內心深處真正地尊重自己。人們通常會有一些破壞對自己的尊重的做法。比如，本來只是對某個行為進行批評，人們卻很容易產生那種自己整體都不好的想法。

　　NLP 指出，當一個人想要建立對別人的親和感時，需要從「他人的處境是什麼」這個問題入手。這樣的做法可以自然而然地發生，也可以人為刻意地做。這表示要承認別人的位置和他們認為重要的事情，並且透過語言或語言之外的表達，來接受這些事情。這也表示要接受目前真實的自己，不要迫不及待地做出評判或提出改變的建議。

　　所有這些都可以用來建立對自己的親和感。要從你目前的處境

開始著手，對於自己的缺點要毫不掩飾。你沒必要假裝自己的每個方面都很好、很不錯或非常棒。過多不切實際的表揚和無休止的批評，或不停地提供意見，同樣都會破壞親和感。我們都知道自己並不完美，但是我們更需要提醒自己，我們一直都在追求完美。

NLP 清楚地表明，真正對我們有幫助的人，會以「我們會盡力而為」這個具尊重性的假設為基礎來行動。同樣的，這也是我們在做自己的教練時能發揮作用的地方。如果我們知道怎樣去改善，就可以做到最好。即便一切事情進展順利，與自己保持這種恭敬的、有目的的、支持的關係，也是很重要的。

## 尊重自己的每個部分

你是不是有時候會說「我一邊想要做這件事，而另一邊又想要做別的事」？這種情況非常常見，它可能表示你缺乏內在的親和感。在最極端的情況下，它會反映出你所擁有的不同價值觀、目標和利益之間的衝突。

最終，我們都要想辦法來達到自己內在的和諧。我們可以利用自己已經具備的能力，來進行內心對話，恭敬地詢問每個部分想要什麼，追蹤這些願望，直至找到它們最終的意圖，並且讓自身的每個部分都意識到，你很珍惜它們為你實現某些重要目標的努力。如果你真的這麼做了，將會驚訝地發現你得到了很多資訊，這些資訊有時候是文字，有時候是畫面，有時候則是感覺。

這些有著良好意圖的自身各部分之中，就有被提摩西·高威稱為「第二自我」的那個部分；高威以及 NLP 的開創者都意識到，「第二自我」在我們的內心對話中具有非常重要的作用。

那些內心的聲音會告訴我們，什麼事是應該做的，而什麼事又

是不該做的；這聲音會讓我們筋疲力盡，有時候還會恫嚇我們；它不斷地批評我們、提醒我們、貶低我們。但同時，它也在用自己的方式盡力為我們奉獻。

我們需要像對待自身的其他部分一樣，親和地對待這種說教的、評判的聲音，我們要詢問它想要實現的目標是什麼。通常，它是為了讓我們避免麻煩、尷尬、失敗或痛苦，但是我們不能就此停下來。有時候，我們需要帶著這聲音所關注的問題，繼續進行內心對話，而不是溫順的屈服；有時候，我們需要探尋不同的方法，來實現同樣的目標；有時候，我們需要將注意力重新轉移到事情的真實情況上，因為事情可能與這個部分所擔心或預見的情況大不相同。學會處理這種聲音，是將自己培養成自己的高效教練的重要一環。

下次，當你轉向內心對話，注意到你正在給自己負擔時，請留意這次對話在說些什麼，並且要回過頭來衡量一下。它是合理的、有用的和可信的嗎？這次對話的語氣，會給你帶來怎樣的影響？通常，像這樣的內心對話，只需要改變其語調和音量，就可以讓人從對話的內容中得到收穫，並且沒有不良的感覺。你可以透過任意調整次感元，來調節出你想聽到的那種聲音，直到你自己感覺非常平靜為止（參見第三章）。就像我們的一位學員說的：「我以前的一個死對頭，現在成了我的朋友。」

PART 5

# 成功的祕訣

NLP 將我們的注意力集中在那些有作用的因素上，並且關注這些因素如何發揮作用。在這個部分，我們將探究 NLP 如何在生活的重大方面提供幫助，這些方面包括自尊心、人際關係、腦力、健康、富裕和幸福、工作及保持精神煥發。

每一章都可以歸納為四個「如何做」。比如，模仿自尊心很強的人，告訴我們這些人一直在做四件事：強烈的自我感、喜歡自己、控制自己的狀態、有目的感。因此，在自尊心這一章，我們將探究這些事情在現實生活中意味著什麼，並告訴你一些方法，以便你透過對 NLP 的理解和使用一些具體的 NLP 工具，來進行自助。

對生活的其他重大方面的探究，我們也是採取同樣的方法。無論是想在生活的某一方面取得進步，還是想對整個人生進行瀏覽，你都會發現 NLP 有很多方法可以幫你做得更好，同時揭示你現有的成功祕訣，以便你可以有自信地再度使用這些方法。

# 第 12 章
# 自尊心

　　自尊心（self-esteem）非常重要，它不光是自信心那麼簡單。esteem
（尊重）這個詞本身，就告訴我們它為什麼這麼重要。在詞源學上，
這個詞來自拉丁文的 estimare，意思是「讓……有價值」。並且它與
estimate（評價）是同根詞。因此，從字面上來講，自尊心就是讓我
們本身有價值。

　　那麼自尊心包括哪些主要內容呢？自尊心很強的人，都有著強
烈的自我感；他們喜歡自己，能夠辨認並掌控自己的內心狀態，很
清楚自己的目的。這些因素都不是與生俱來的。透過使用「如何做」
這個詞語，我們要強調 NLP 的一個基本假設，那就是：別人能做到
的事，我們都可以學習。這就是這個部分的主要內容：說明自尊心
很強的人的行為，並將其分解為清楚的、可以掌握的小塊內容，這
樣你就可以開始學習他們的做法了。

　　總體來看，我們將要探討的四個「如何做」，會讓每個人的自尊
心獲得提升。

## 如何增強自我感？

　　一些求助於教練技術的人常說他們缺乏自信心。而如前所述，
自尊就是我們如何看待自身的價值，而自信則與行為有關。「自信」
意味著我們要相信自己，因此，它基本上暗示著一些挑戰或任務。
更具體來說，信心通常與我們的某種能力相關。我們自信有能力去

做一件事，在特定的環境下採取特定的行動，迎接某個挑戰。

　　從我們的經驗來看，沒有自尊心是很難獲得自信心的。

## 案例

　　喬是一名中學老師，她的能力很快就被部門主管發現。她很聰明，能力又強，工作也很努力。她和孩子們的關係很好，她的講解不但透澈又很風趣。總而言之，她是該部門的真正人才。一年後，在部門主管的建議下，她獲得了晉升。她被賦予一些特殊的職責，薪水也相應地增加了。

　　幾年後，鄰近一所學校的部門主管職位有空缺，喬的部門主管催促她去應徵。主管告訴她，雖然自己很不願失去她這樣的人才，但他覺得喬的職業生涯應該獲得提升，並且她也有能力做好這份工作。但喬對他的建議感到吃驚，她覺得自己不夠卓越，對應徵的事連想都不敢想。她總是能找到理由來反駁別人的稱讚，告訴自己，其實她配不上這樣的稱讚。她覺得換了別人，一樣可以做好，總有一天，有人會意識到自己並不是非常○○等等。因此，她沒有去應徵。

　　很多人和喬一樣，沒有很強烈的自尊心，不能對自己經常取得的好結果或對別人給予的稱讚進行歸納。從某種意義上來講，他們根本「聽不到」別人的稱讚。因此，喬對應徵更高的職位沒有信心；自尊心不強的人，生活經常不能達到自己的預期。他們可能長達好幾年甚至一輩子都在低估自己，覺得自己不稱職。

　　我們要探索的是自尊心強的人的思想和行為。這時，一個基本的 NLP 問題出現了：「他們是如何做到的？」

莉茲喜歡自己。她在學校時表現很好，那時有很多朋友，並且自己很輕易地就在一個忙碌的辦公室找到第一份滿意的工作。公司正在壯大，並且購置了更大的辦公場地，莉茲幫助她的經理進行搬家前的準備工作。這需要在很短的時間內做出一份詳細的安排，來移動設備和家具，並且盡可能地減少給客戶帶來的麻煩。莉茲並不覺得自己被安排這份工作有什麼特別之處，但老闆卻是故意選擇她，因為她做事的效率很高，並且在壓力之下能保持冷靜。

就在搬家的兩天前，莉茲的經理得了腸胃炎。由於莉茲參與了整個準備計畫，區域經理問莉茲能否由她來監督搬家。莉茲在深吸一口氣後答應了，畢竟她知道大部分的準備工作都已經完成，即便還有別的事情要做，她也可以打電話給在家休息的經理。

這不光是因為莉茲的脾氣比喬更平易近人。當事情來臨時，她感覺很自在，這就意味著她有**內在的**自信來承擔最後時刻的任務。

喬和莉茲都很有能力，但是喬的自我價值感不高，而莉茲卻相信自己。那麼你呢？

下面的問題可以供你思考：

- 我能否正視別人的稱讚，不再在語言上改變它，以及在腦海中對它進行阻擋和修正？
- 我是否擔心有一天會有人把我看穿？
- 我能否不假思索地就列出對自己滿意的五個面向？

- 當別人要求你做一件你從未做過的事時，你的反應（內在的和外在的）是什麼？
- 當你打算做一件困難或充滿考驗的事情時，你會對自己說些什麼？

你對這些問題的回答表明了什麼？你喜歡自己嗎？你覺得自己很不錯嗎？還是你對自己目前的狀態不滿意，或是對你自身和能力有意見？把這些問題的答案寫下來，對你很有幫助，如此一來，你在日後檢視所取得的變化時，就有了標準。

讓我們重新回到這些問題，去尋找一些 NLP 的方法來讓事情發生變化。

## 稱讚

接受稱讚的最簡單有效的方法，就是說聲「謝謝」。要記住別人給予你的稱讚，要用心去聽，或者大聲地把別人的稱讚說給自己聽，並且要說一句「謝謝」。你需要嘗試使用不同的音調，變換不同的臉部表情，來找到一種自己覺得舒服且感覺自然的方法。你可以在鏡子前面做這項練習，直到你感覺自然為止。下次有人稱讚你時，如果你的第一反應還是跟以前一樣，也不要灰心。首先要讓自己聽清楚別人的稱讚，然後是微笑，並且無論如何都要說聲「謝謝」。

## 發現自己

誠實地問自己：「我不希望別人知道的事情是什麼？」或許，你不希望別人把你本人和你的能力看得很低，就像你自己感覺的那樣。這種擔心常常是出於你的揣測，並非實際情況。現在你該做實際的檢視了。大部分感覺自己不稱職的人（比如工作能力或個人魅力）

都是在低估自己。你只要認真觀察一下那些在工作中看似對自己很滿意的人，就會發現其實滿足感和能力並沒關係！同樣的，你只要在任何一個公共場合觀察一對對夫妻，就會發現其實俊男美女就在情人的眼中。你可以利用另外兩個不錯的 NLP 問題，來幫你找出造成擔憂的其他原因。

- 是什麼阻止了你（對自己的好感）？
- 如果你有了（對自己的好感）會發生什麼事？

## 喜歡自己

拿出一張紙，列出所有你能想到的喜歡自己的地方，像是你指甲的形狀或眼角的皺紋、計算的速度很快、會盡力說出真相等等。持續收集你喜歡自己的地方，直到下週結束，不管它是多麼微不足道的小事。在你瞭解自己的這個面向的同時，運用邏輯層次的理論（參見第三章）來檢視它。想一想你的信念和價值觀、能力、行為和所處的環境。在這些層次尋找相關內容，要比從身分層次找容易得多。當然，你在各個層次的特點，一同組成了你的獨特身分。

## 嘗試新鮮事物

如果你想對付自己的焦慮和恐懼，就需要弄清楚你內心假設的最壞的事態發展情況。有時候，這種情況本身就誇張到足以表明你所擔心的事不可能發生。但是，如果這種最壞的情況有可能發生的話，你就要思考一下應對措施。想一想你認識的一個可以應付這種情況的人，看他是如何處理的？你不能將擔心埋藏起來，而是要面對它並找到對策。通常這兩種方法都可以緩解你的焦慮。如果這些方法不起作用，那就相信你的直覺，別去做這件事！

## 你能告訴自己什麼？

NLP 告訴我們，我們的內心對話對我們有很大的影響。如果你告誡自己不要出醜，或者提醒自己上次是怎麼出錯的，或者指出自己的無用之處，這種來自內心的微小聲音，對問題的解決很有幫助。

在同樣的情況下，如果你是在鼓勵別人，會對他們說些什麼？想出你將如何盡力幫助他們的辦法。如果把這些辦法寫下來對你有幫助的話，就寫下來。然後把這些內容說給自己聽，怎樣去說會有說服力，就怎樣去說。聽到這樣的聲音，你的感覺如何？

檢視並改變你的內心對話，對於提升你的自我感覺來說是個強力的方法。由於我們經常會有內心對話，如果你每次都讓內心對話有利於自己的話，就可以大幅改變你的自尊心和自信心。

## 如何判斷別人是否有自尊心？

自尊心是否能從外部觀察到呢？當然可以。判斷一個人有自尊心的明確標誌，就是他們**不需要去證明自己**。也就是說，他們通常不會做下面的事情：

- 自誇。
- 奚落別人。
- 炫耀。
- 把名人掛在嘴上，以抬高自己的身價。
- 在談話時搶風頭。
- 把他們取得的成績全都告訴你。

經常做這些事情的人，自尊心其實很薄弱。

幾年前，溫蒂在一個全國婦女組織的年會上演講。六百多人聚集一堂來聽一組人的演講。其中一位在全國很有名氣，她在上臺演講之前的交談中，顯得非常輕鬆，對大家說一些她最近經歷的一些趣聞軼事，沒有表現出在這麼多人面前演講的緊張。但是，溫蒂注意到這位名人從來不問別的演講者任何問題，對別人也沒有興趣。實際上，她一直持續著故意放鬆、輕浮逗趣的滔滔不絕的講話，把注意力全放在自己身上。她一直都是如此。溫蒂不禁懷疑，當名人不會這麼輕鬆吧。溫蒂的懷疑在演講結束後的談話中得到證實。當這位名人得知溫蒂是一名教練時，就請溫蒂為她推薦一名教練來指導她。

真正自尊心很強的人，無論有多出名，通常會有以下的表現：

- 他們有平靜的自信。
- 他們不會沽名釣譽，但是會接受別人的讚美，因為他們知道自己配得上這樣的讚美。
- 他們可能會很謙虛。
- 他們會認可並關注他人及其取得的成績。
- 他們可能不會被外界的認可所影響。

他們的肢體語言通常能傳達出關於他們的資訊：他們通常很放鬆、身體挺直、走路平靜且有節奏、果斷而非猶豫不決。他們還會運用眼神交流。

依我們的經驗來看，許多人好像很有能力、很有自信，其實對自己和自己的能力都很懷疑（說不定你也是其中之一）。這樣的人可

能會支持他人，卻不支持自己。他們很敏感且有同情心，但就是對自己的限制不敏感，也沒有同情心。無論他們是大呼小叫、占盡上風，還是默默無聞，都可能是遭遇了缺乏自尊心所帶來的打擊。

通常，模仿能帶給你實際的幫助。回想你認識的一些有著強烈自我感的人，他們是怎麼做的？他們可能會怎麼思考？他們覺得什麼重要，又相信什麼？是什麼原因讓你覺得他們對自己感到很滿意？充分利用你最擅長的感官去觀察，以及你的直覺。

想像你從外面看自己，你如何把自己從自我價值模範中學到的知識，融會到你個人的整體能力之中？

## ◢ 提升你的自尊心

有很多方法可以提升你的自尊心。我們將探討 NLP 提供的一些簡單卻非常有效的方法：

- 運用「假設」框架
- 加強發揮作用的因素
- 正面的評價
- 接受真實的自我
- 讓內在的矛盾部分相互合作

### 運用「假設」框架

回想一下那些有關自尊心強的人之表現的描述，就可以找到指導自己外在表現的方法：

- 站立或坐直。
- 步伐堅定、謹慎且有節奏。
- 和他人進行眼神交流。

身為培訓師和教練，我們經常會遇到新面孔，在不斷的練習之後，我們已經學會從這些細節去對一個人做出大量的判斷。但是，NLP 向大家揭露的一件奇特的事情就是：**如果你跟有自信的人做同樣的事情，並且像他那樣去做的話，實際上你也會感覺到自己更有自信了。**

NLP 稱之為「假設行為」。無論你是在家、在酒吧，還是在上班的路上，都可以練習。按照你想像的樣子進入酒吧，特別來享受服務。走進商店或銀行，一邊想像著他們很尊重你的工作和需求，一邊和接待你的服務人員談話。在你開口說話前，挺胸站立，放鬆肩膀並把肩膀向後拉，這樣你就可以矯正把身子縮成一團的防備姿勢。如果平常你會因緊張而語速很快的話，那就放慢說話速度；如果你平時比較內向和憂鬱的話，那就表達得更明確一點。

雖然你是刻意做出這些假設行為，但是它不會欺騙你。你會發現，隨著不斷改變，你確實感到更有自信了；隨著你越來越有自信，你的那些刻意做出的改變，就會顯得越來越自然。你所做的一切，都是要停止過去自我輕視的習慣，使之轉向。但是，能做到這一切的是你，而不是別人。

## 加強發揮作用的因素

人的感受和行為是相互影響的。行為揭露了感受，也會影響感受。通常人們會認為，要改變行為，先要有不一樣的感受；但是，在一開始時把它們反過來做，往往更容易一些。

自尊心不強的人會把注意力集中在失敗的事情上，他們關注的是批判的評價，而不是別人的稱讚；是那些還未完成的事情，而不是已經做完的事情。在完全相同的情況下，自尊心強的人會尋找起作用的因素，重複別人的稱讚，並以已經取得的成就來提醒自己。

這並不代表他們不切實際。他們同樣會意識到還有事情沒有完成，或者可以用不同的方法來完成。但他們會把這些「好」資訊當作刺激因素，來為自己提供能量和動力。

## 正面的評價

回想今天發生的事情，我們希望你做下列這些事：

- **花點時間來享受自己做得比較順利的事。**給自己一些時間來享受自己的成功，會讓你感覺更美好。還要注意你做這件事時的感受、思維和行為方式。這樣一來，你就可以從中學到知識，並且下次可以繼續運用它們。

- **在腦海中再次回憶整件事。**重複做一些能讓它在你腦海中加深印象的事情。

- **稱讚自己。**稱讚是滋養和獎勵「二合一」的產品。即便沒有人在場，沒有人知道你做了什麼，你也可以為自己提供滋養並獎勵自己。每次這麼做，都是對自尊心的加強。

- **鼓勵自己。**鼓勵是在為你去應對必須面對的挑戰和困難累積資源。思考一下你會怎麼鼓勵別人，然後把這些話拿來鼓勵自己。

- **當別人沒有按照你的意願或希望做事時，要安慰自己。**傷口在癒合之前無法承受壓力，而情感上的傷害也不例外。花點時間來安慰自己，是重新掌握對自己的領導權之前，與自己保持同步的一種方法。（想瞭解同步和引領之間的重要關係，可以參見第三章。）

- **回想一下你過去完成得比較順利的事，**比如一項工作計畫。這麼做不只是在逃避此時此地發生的不愉快事情，還能避免你做出負面歸納（「這件事我從來都做不好」、「我沒希

望……」）。對後設模式（參見第三章）的討論，指出了歸納會讓我們偏離現實的軌道。對自己做出負面的歸納，會讓你嚴重誤入歧途。

- **回想自己度過的一段愉快時光或擁有的好心情。** 這也是消除否定歸納的一種方法，而且能改變身心狀態，無論你在何時生動地想像一件事情，像是回想讓你感覺良好的事，都必然會改變你的狀態和神經生理。

　　如果上述的這些事情，你一件都沒做，那麼你會馬上責備自己嗎？把這些資訊當成回饋，答應自己，今天至少要嘗試其中一件事，並在這一週內嘗試其他事。

## 接受真實的自我

　　建立自尊心的基礎之一，就是接受自我，也就是要接受真實的你。這不是要你不顧一切地掩蓋你覺得有困難的事情，也不是要你假裝自己很完美。我們的意圖就包括在這句話中：接受**真實的**自己。

　　許多心理治療學校提供的大量證據顯示，一旦人們可以真心接受自我而不去抱怨，同時意識到自己的限制和弱點，且不去譴責的話，他們就會獲得成長和變化。心理治療師卡爾・羅傑斯（Carl Rogers）說過：「*我發現，當我不再企圖改變自己的時候，變化就發生了。*」我們相信這句話通常是對的，因為企圖改變自己，代表你花在這上面的努力，其實包括了去克服一些內在抵抗。當你停止努力後，這些抵抗也就停止了。這並不是說你不要去改變，而是你可以用其他方法來完成改變。

　　絕大多數時候，我們都以為意志力能讓我們完成改變，因此就會強迫自己去改變。然而，我們的經驗顯示，當全身心都支持你想

取得的變化時，意志力的作用才會更有效。不停地強迫自己，實際上是在試圖用自身的一部分征服另一個部分。

## 讓內在衝突的部分相互合作

在這種情況下，NLP 認為，我們的這**兩個部分**都扮演重要的角色，每個部分都在努力為你完成某件事。事實上，NLP 發現，假設「你的**所有**行為都具有正面的意圖」，是很有用的。如果我們可以停止試圖用自身的一部分來統治另一個部分，並且努力去發覺每個部分究竟想讓我們做什麼的話，就可以完成任何重大的事情。

同樣的，當我們的意志力與抵抗它的部分產生衝突時也是如此。當某人想要憑藉意志力取得某種結果的時候，實際上是在試圖把某一層次的願望強加於自身的另一個部分，但是，另一個部分也有它想要完成的目標。一般情況下，意志力是你的有意識心智想要或認為應該去做的，而反對意見則是來自你的其他部分。

## 案例

阿里克斯試過多種戒菸方法，但每次都是以失敗告終。透過運用 NLP 知識，他決定弄清楚抽菸帶給他哪些正面的附帶結果。他意識到，相對於其他事情，抽菸對他來說是一種獎勵、一種緩解精神壓力的方法。抽菸給他思考問題的時間，讓他覺得自己是成年人了。這可以讓他和別人在一起時手裡有事做，也讓他與同事建立志同道合的情誼，因為他們會聚集在辦公室外面一起抽菸。每次去戒菸時，這樣的需求就阻止了他。

在教練的幫助下，阿里克斯找到其他方法來滿足這些需求。他仍然喜歡抽菸的感覺，但是隨著抽菸量減少，他慢慢就把菸戒掉了。

甚至是那些看似負面的反應，也具有正面的意圖。

## 案例

以有懼高症的瑪麗為例。她和男友都對歷史感興趣，喜歡研究古代建築，但是她不敢攀爬高塔，也不敢穿過狹窄的橋梁和城垛。她知道自己是非常安全的，可是無論怎麼努力，她就是做不到。

但事情惡化了，因為她的男友不但不明白為什麼她會有這樣的問題，還對她說：「妳別傻了。」有一天，他們發生了激烈的爭吵，男友將瑪麗留在一道狹窄的樓梯中間，這讓她心驚膽寒。最後，她不得不請別人帶她下去，但她一直不敢睜開眼睛，因為她記得小時候有一次差點從梯子上摔下來。雖然當時她沒有摔下來，但每次她站在空中往下看的時候，各種情緒都會爆發，她的大腦會生動地描述她所處的環境將帶來危險，而她就是透過這種方式來保護自己。

當瑪麗知道自己的恐懼是由以往的經歷造成的之後，心裡覺得舒服了許多。後來，她決定讓心理治療師來幫她克服這種過時的反應。

NLP 心理治療師採用了一種快速有效的 NLP 技巧，叫「快速恐懼症治療法」（Fast Phobia Cure）。這種方法已經幫助許多人快速且永久戰勝了長期以來阻礙他們發展的恐懼感。瑪麗意識到，儘管最初的那種環境最容易讓她產生恐懼，但由於她歸納了自己的恐懼，所以就算是一點點相似的環境，都會引發她的恐懼心理。透過快速恐懼症治療法，她改變了這種反應。第二個週末，她和男友一起站在城垛上，讓她大為吃驚的是，她覺得自己一點都不「傻」了。

理解這些變化的一把重要鑰匙，就是要去接受你預料之外的行為和感受也會發揮作用，不要厭惡或是企圖戰勝它們。想一想你認識的和所愛的那些人。他們可能並不完美。實際上，如果你多想一下的話，他們還可能經常讓你不悅。但是，或許你不希望他們做出巨大的改變，因為他們讓你不悅的特點，可能只是事情的一面，而另一面就是他們的行為通常是對你有幫助和有用的，並且讓你敬佩。那麼，你能把自己的相互關聯的好壞特質、有用和無用的行為，發展成一種對自己整體的容忍或接受嗎？

有時候，自問下面這個問題，也是有幫助的：「如果是別人做了同樣的事情，我會不會覺得這只是代表了片面的他？」「即便我希望他們的這種行為能在某種程度上做出改變，我能不能在整體上接受他們？」如果你對這些問題的答案都是肯定的，卻譴責自己身上的這種特質或行為的話，就是在用一種不同於對待別人的、更加嚴格的標準來對待自己。

這樣的事情是很常見的。所以，你要問自己，當這種特質或行為存在於別人身上的時候，你如何發現這麼做是可以接受、理解和原諒的？打個比方，你會不會覺得這只是有點奇怪而已？或者你會不會提醒自己，他們做的其他事情都讓你很滿意呢？你是不是覺得這種事情不常發生，還不足以嚴重到讓你把它們看得比他們做過的好事更重要？如果你用同樣的方法來對待自己和自己的限制的話，會怎麼樣呢？試試看吧！

## 建立自尊心的方法

### 1. 開始把自己當一回事

如果你總是對自己沒有耐心，或者感覺自己不重要或沒有價值，會傳遞怎樣的訊息給自己？比如，想像一下被別人忽略或開除後的

感受，然後想像一下如果你是被**自己**忽略或開除的，心裡會是什麼滋味。

相較之下，向自己傳遞一些覺得你很重要的訊息，會讓你感覺自己更有用和有價值。你是怎麼做到的？明顯的證據是什麼？你是在關心自己，聆聽自己的心聲，關注自己的需求，還是做了別的什麼事情？

### 2. 每一天開始時，找時間來關注自己

問自己：

- 今天你的感覺怎麼樣？利用感官敏銳性（參見第三章）來檢視每一天的不同，並且留意你心理和生理的微小變化。
- 今天有什麼重要的事情？
- 今天我能為自己做點什麼？
- 今天我需要為自己做些什麼？
- 什麼能讓我知道今天取得了一些成就？回答這個問題，有助於確保你當天的目標符合結構良好的準則之一（參見第三章），因為它可以讓你確定哪些感官證據能證明你的成就。你會看到、聽到、感受到什麼，讓你證實自己已經取得了一些成就？一旦我們建構這樣的成就感官檔案，能確保自己在成就發生時能夠真正感受到它。這麼做能夠建立自尊心。

### 3. 確保隨著時間的推移，你仍會將這些事銘記在心，並且為此做一些事

如果你覺得很難用這些方法來要求自己的話，就要非常認真地去瞭解是什麼在阻礙你，並且要弄清楚為什麼你會逃避或推遲你想要做或答應去做的事。從中獲取的資訊是很有價值的，因為它會告

訴你，**為什麼**目前你無法建立自己的自尊心。

每當你完成一件事，不管是多麼小的一件事，都要給自己一點時間來享受這個成果。享受你眼前整潔的辦公桌，以及垃圾桶裡那一疊記錄你做過的事情的小標籤。在將衣服放入衣櫃之前，看一看那一堆被你熨燙平整的衣服，然後再繼續做別的雜事。你要強迫自己這麼做。

如果有事情出錯，利用你的內心對話，積極地用其他進展順利的事來提醒自己，今天又是新的一天，同時努力修正錯誤。提醒自己，你的行為不完全等同於你的身分。如果你犯了錯，不代表你**本身**有根本性的缺點。將你的行為和能力，與你的身分區分開來，意味著你可以從錯誤中學習並修正它，而且不需要顧慮你的身分問題。

### 4. 每天結束時，給自己留一點私人時間

利用這一點時間，你可以去遛狗、泡熱水澡，或者是在關燈之後思考一會兒。問問自己：

- 今天我做了什麼值得驕傲的事情？
- 是什麼讓我產生了這樣的想法？找出所有的細節，記住事情發生的時間，還有你的感受、所見所聞，以及語言和動作。在你的腦海中重播這樣的場景。
- 如果有人誇獎你，那就再回憶一下。重播整件事，再次傾聽別人的讚美之詞。甚至可以提醒自己說：「這就是我！」
- 提前考慮明天的事情。你明天想做什麼？像播放電影那樣在腦海中瀏覽一下，這只需要幾秒鐘的時間。

## 如果事情真的出錯了，怎麼辦？

自尊心強的人如何應對真正的困難？當我們和心愛的人吵得不

可開交，或在工作中遭遇敵意，有時會犯下嚴重的錯誤。NLP 透過模仿這些自尊心強的人，發現他們用不同的方法來應對這種局面，而且還可以保持自己的自尊。你可以採用這些有效的策略。

區分你的行為和你的身分。要知道，儘管你要對自己的行為負責，但是你的行為只是表明你在努力實現自己的某些目標。你的方式可能不是最好的，也許需要改變。即便如此，這也不能說明你就是這樣的人。這並不代表你的全部。

想一想你或別人的行為背後的正面意圖是什麼。NLP 指出，人們的行為都是有目的的，即便是那些糟糕的行為也有目的。比如，當我們知道自己需要按時完成一項工作，也希望能做到這件事，但卻失敗了，此時可能是你在用一種最原始的、孩子氣的方式，來告訴別人這是你的權利。就好像一個六歲的孩子在說「我不想」一樣，儘管這孩子之後可能會遭受責罵。

把你行為背後的正面意圖弄清楚，有助於你完成兩件事：

1. 它會提供一些資訊，讓你知道自己需要或想要做的事，或者對你來說很重要的事。
2. 一旦你清楚自己最想要的是什麼，就會找到更多具建設性的方法來完成它。

好奇著別人會透過一種奇怪的甚至讓人討厭的行為達到什麼目的，也是獲取這類資訊的方法。如果你可以提供一些達到同樣目的的方法給別人的話，通常會讓別人有所改變。明白以你目前的能力可以做些什麼事。重新組織，這樣你就知道自己有哪些選擇，然後再決定採取哪些步驟。自我調整，如果你需要休息時間，那麼在做計畫時也要把它列進來。這可能表示，你要抽出時間休息，而不是對合作夥伴大呼小叫，或者你也可以選擇在做出決定之前先睡一覺。

## 建立並長期保持自尊心的方法

### 1. 注意扭曲、刪除和歸納

當你在自省並為你的信念尋找「證據」時，先前討論的後設模式（參見第三章）詳細解釋了這三個過程如何扭曲你對自己和周圍世界的印象。

如果你能做到以下這些基本原則，就會獲得很大的幫助：

- 承認並接受你的全部。
- 注意你全部的經驗。不要忘記或忽略一些事情。小困難能給你一些進行改變的提示。好吃的小點心，能讓你在倒楣的一天得到享受。尊重自己；要像尊重一個對你來說非常重要、讓你特別珍惜的人，或是像尊重弱者一樣，尊重你自己和你的經驗。你就是一切，你需要來自於自己的尊重。
- NLP 認為，即便是最怪誕或是看似自我毀滅的行為，也都是有目的的；記得這個觀念，並檢查一下那些行為在努力為你做些什麼事。

### 2. 相信你的直覺

「直覺」是獲取那些經過下意識處理的資訊的一個重要來源，忽視了這些資訊，我們就要對自己負責。下意識心智通常比有意識心智運作得更快，而且我們的身體也會對此做出反應。也就是說，「頹喪感」常常是我們對所處的環境沒有把握或不滿意時的第一個信號。不要否定這個情況，要把它記錄下來。如果可以的話，在你做出反應或下決定之前，對它做進一步的調查。這種感覺往往可以為你提供一些關於你的真實感受和真正願望方面的資訊。

當然，你也可以選擇否定一次優柔寡斷的感覺，但如果這是出

於你「應該」這麼做，或是你不知道為什麼自己會有這樣的感覺，而自動否定它的話，那麼以後你一定會後悔。最初的「直覺」需要時間才能被轉換為你的有意識心智可以理解的內容，如果你有時間，就為此騰出所需的時間。

### 3. 弄清楚你真正想要什麼

如果有合適的理由，你可以改變目標，制定更容易的目標，甚至不制定目標。但是，首先你要瞭解自己的願望，而且更重要的是自問：「我想要什麼？」這個問題會鼓勵你去建立一種和自己商量的習慣，進而讓你建立自尊心。如果你從來都不問別人有什麼感受或願望，他們心裡會是什麼滋味？他們很容易覺得自己是多餘的，覺得自己不重要或沒用。

在對待自我的時候，你可以把自己想像得很重要，這是讓你覺得「自己真的很重要」的最快方法。這會讓你在與外部世界的其他人互動時，透過行為來告訴他們，你很重要。當人們的行為體現出他們很重要時，別人就會覺得他們很重要了。因此，透過一開始假想自己很重要，實際上你是在建立一種積極的心態，這種心態會像漣漪一樣擴散得越來越大。

### 4. 積極地過濾回饋

如果老闆在工作時對你說：「你有很多東西要學啊！」你在聽出這句話暗示的負面內容的同時，還要聽出它所暗示的正面內容。**在你成為**一個卓越的祕書或晉升到更高的職位之前，你「還有很多東西要學」，就算你非常確定「他的意思是我懂的東西太少了」，也不能僅僅停留在這樣的理解上。

NLP 強調的是，我們相信的事情，是基於對「現實」的理解而

在大腦中形成的一種建構，如果我們經歷的「現實」和所建構的內容剛好一致的話，就有利於創建一種有用而非限制性的現實。

但這不表示你必須不切實際。如果老闆覺得你還有許多事情需要學習，就別假想老闆認為你很不錯。並且，你要提醒自己，什麼事情都是可以學習的。或許你可以問他，你應該學習什麼才行。你也要清楚地知道，儘管他的語氣可能是否定的，但是，「你有很多東西要學」也是在假設你可以學會。所以你要努力，就算只是為了讓自己滿意，也要當一個勤奮的學習者。這樣的話，你就從這次的交談中獲得了真正有用的東西，同時還可以保持你的自尊心。

### 5. 強化第一位置

有些人習慣把別人的需求放在第一位。這種情況可能起源於童年時代，也可能與他們的工作性質有關。為了照顧好客戶或患者，這些照顧他人的人們總是在最小化自己的願望和情感。不分晝夜加班的醫師、為大老闆工作的祕書、為孩子操勞的母親，還有大公司裡的主要講師和經理，這些人經常讓自己帶著疲憊、憂鬱甚至是疾病而繼續向前，因為在他們的觀念中，自己的位置就包含了這些責任，並且他們也習慣把公司和客戶的需求放在第一位。他們幾乎從來沒有關心過自己的感受。

這樣的做法具有潛在的危險性，會讓你用一些間接的短暫方法（比如抽菸、暴食或喝酒），而不是以直接的長遠方法來對待自己，最後只得到反效果。這看起來好像是在給自己一個即時的獎勵，實際上卻是在慢慢侵蝕你的自尊心，當你發現自己無法擺脫它時，在大部分時間裡的感覺都會很差。

最終的結果是，一根稻草壓倒了駱駝。講師改行去當駕駛教練；老闆提前退休；護理師由於背部受傷，不得不花數個月時間來恢復；

醫師決定到一家工作時間固定且環境不錯的私人診所上班。在這種情況下，這些決定也許是有效的，卻不是出於自願，而是迫於無奈；這樣的決定對自我感沒有任何幫助。

以我們的經驗來看，把自己放在第一位，實際上代表你可以更好地照顧別人。如果我們一切順利且自我感覺很好，就能為別人付出更多。我們會慷慨付出而不會吝惜。把時間和經歷花在建立自尊心上，是你可以做出的最佳投資。

## 如何更喜歡自己？

我們為什麼會喜歡別人？想一想你喜歡的那些人，為什麼你會喜歡他們？你會發現自己的答案很簡單，「嗯，我就是喜歡」。但是，不管你是否能意識到，你喜歡他們總是有一些特別的原因的。也許你會想到他們身上有許多讓你喜歡的特質。喜歡一個人，需要對他非常瞭解，並且發現他們身上有讓我們欣賞和喜歡的特質。這也許就是我們喜歡那些可能永遠都見不到面的公眾人物的原因。你也許很尊重一個人，卻不一定會喜歡他。喜歡一個人，就是要去欣賞他。

同樣的，這也適用於我們自己。先前提過，我們沒必要去要求完美。自尊心仰賴於自我接受，接受完整的自我。有了自我接受，才會有喜歡的感覺。只有當你對自己的行為模式瞭解得更多，並且學會毫無保留地接受自己以後，才會越來越喜歡自己。

想一想那些受歡迎的公眾人物。通常，這些人吸引我們的一個重要原因，就是他們身上的缺點和弱點，而不是他們所取得的成就。這也是那些娛樂雜誌生存的基礎：刊登那些知名人士的業餘行為和他們的問題。而他們傳達的資訊就是：**實際上，這些人和我們並沒什麼兩樣**。對於阿佛烈大帝（King Alfred），人們記得的是他曾經把

蛋糕烤焦了，而不是他是一個為了提高英國的教育水準而付出許多努力的大學者。他也有心煩意亂的時候，就跟大家一樣。戴安娜王妃讓我們喜愛的是她的人道主義精神，讓我們同情的是她的婚姻和飲食問題。這兩位都告訴大家，他們是活生生的人。

如果被這種個人的、古怪的或是有時會出錯的行為所吸引的過程，能在不同的人身上產生作用的話（人際間），那麼它也會在我們內心產生作用（個人內在）。實際上，接受自己的限制和獨特的個性，也是一種解脫。只要它們沒有嚴重妨礙我們或影響我們的生活，我們還可以喜歡它們呢。

## ◤ 對你和你的行為方式建立簡介檔案

「接受自我」可以讓我們更親密地研究自己，對自己進行一次吸引人又非常容易做到的簡介。一開始，你可以利用後設程式，來找出你在分類資訊和對事情做出反應時的習慣性做法。我們對於表象系統和次感元（參見第三章）的討論，有助於你發現自己如何使用那些從感官獲取的資訊，來創建你的「現實」，以及它將會如何影響你的思維、感受和行為。自我簡介不但可以讓你更瞭解自己，還可以幫你理解自己如何有成效地做一些事，以及如何被習慣性的行為方式所限制。還有，如果有必要改變的話，它還可以為你的改變提供一些明確的方法。

### 案例

珍妮今年四十五歲，她在培訓行業有一份非常重要且成功的工作。同事都很喜歡她，也很尊重她。她也意識到自己的能力，對自己的評價也很好。但是，她卻不是特別喜歡自己，因為她一直覺得自己很普通。她知道外表沒那麼重要，但有時候又會

感覺到外表也很重要。儘管她知道男性都覺得她很迷人，但是每當照鏡子的時候，她總是**感覺**很失望。她總是在貶低自己。她珍惜自己；有時也會欣賞自己的能力；但是她**不喜歡**自己。對她而言，外表成了決定性的因素。

她從未把這件事情告訴任何人，直到有一天，她在跟好朋友吉爾聊天時，才不小心說了出來。吉爾大吃一驚，也不假思考地說：「那是因為妳從沒有見過自己的臉部表情，真的很美，這就是男性覺得妳迷人的地方。」這一句意料之外的評價，讓所有事情一下子都改變了；這為珍妮看待自己提供了另一種框架。不久後，她從朋友婚宴的錄影畫面上看到自己。她開始喜歡自己了。同時，她又感到悲傷，並且同情著這可憐的自己多年來一直沒能真正享受這件事情帶給自己的快樂。

### 練習：你朋友的哪些方面是你喜歡的？

回想兩、三個你喜歡的人。是什麼原因讓你喜歡他們的？你喜歡他們的哪些方面？他們身上有共同點嗎？你什麼時候會想起他們，你能不能在腦海中回憶他們，聽到他們的聲音，感覺到溫暖或舒適、激動或放鬆，記得他們的觸摸？請對下列的事情進行列表。

· 你喜歡他們身上的哪些特點？
· 你不喜歡但是可以接受的是哪些方面？
· 你贊同或崇拜他們身上的哪些特質或行為？

現在，結合邏輯層次（參見第三章）來區分這些資訊。你是不是按照某些層次而不是其他層次在過濾資訊呢？思考一下，你是不是要先崇拜或贊同一個人，才會喜歡他？

· 思考一下你和每個人之間的關係史。你從一開始就喜歡他們嗎？或是你的喜歡是逐漸累積起來的？你能否準確找出一件事，讓你意識到你喜歡他們，或者是哪些事情讓你逐漸喜歡上他們？

· 研究一下你收集到的所有資訊，特別是那些重要的或發揮決定性作用的因素或事件，或是那些促使你從認識轉變為喜歡上這個人的因素和事件。

· 自問你究竟是喜歡這個人的哪些方面？

· 假設你需要再做一次練習，就把自己當成這個對象。

## 更加喜歡自己所需的步驟

開始去欣賞自己。你欣賞自己的哪些方面？在每天的工作結束後，抽出幾分鐘時間，自問今天你最喜歡自己的什麼地方。要包括所有的事情，不管是多麼小或是多麼簡單的一件事。也許你在選擇穿什麼顏色的衣服時，進行了認真的思考；也許是你做過的一件事，像是你接電話或對待同事的方式；也可能是你強忍著沒有去做的事，或者是你想要去做的事。

---

**練習**

**1** 列舉一些以「我喜歡我自己，是因為○○」開頭的句子。

**2** 再列舉一些以「我喜歡自己的○○方面」開頭的句子。

結合邏輯層次來對這些資訊進行分類，這樣你就會發現你的自我喜歡或不喜歡，存在於哪個層次。這還能告訴你一些可以依靠的基礎，比如，「我守信用」和「我認真負責」，都強調了你的行為和價值觀之間的關聯。

自問你對自己的喜歡，在多大程度上是仰賴於你的行為或能力的？如果你能認識到在這些層次上需要改變，那就採取行動去做，看看這將如何影響你對自己的喜歡？

把「我喜歡我自己」這句話說出來，看看自己會有什麼反應。當你在說這句話的時候，你的身體如何向你表達滿足感？

如果你在說這句話的時候，感覺不舒服，就要自問「是什麼阻止了我？」「如果我說了這句話，會發生什麼事？」以便獲取更多的資訊。

最後，想一想那些你最喜歡的人和最喜歡你的人。如果他們喜歡你，你就大膽地相信你是值得他們喜歡的。同時，你要和他們一樣，大膽地喜歡你自己。

## 如何控制你的狀態？

### ◢ 處於某種狀態

由於你的伴侶胃痛，你不得不半夜起來陪他。第二天上班時下著雨，而因為你來晚了，只剩下最遠的那個停車位。你步履蹣跚地走進辦公室，感覺自己像個死人一樣。你被大雨淋得渾身濕透了。由於昨天你提前下班，今天必須完成剩下的工作。就在你快要完成時，老闆匆忙地走進來交給你另一份工作，並要求你必須盡快完成。你對祕書發脾氣，開始向她發怒。你還忘了打電話回家，不知道家裡的情況好不好。這樣你就處於某種狀態。

一般所說的「處於某種狀態」，是指令人緊張的、不愉快的經歷。但在 NLP 中，狀態可以是負面的，也可以是正面的。那麼，當我們談到「狀態」時，要討論什麼內容呢？

一種狀態是一系列心理和生理事件，以及行為的綜合體，它們持續的時間比較長，必定會被旁觀者或本人注意到。一種狀態會包括一些特別的思想、感受及生理特徵，比如呼吸頻率、肌肉鬆弛度、血壓、臉色和體溫變化等。

有些狀態是愉快、舒適和有趣的，有的則是奇妙的，甚至讓人極度興奮。而另外一些則會讓人有點或是非常不愉快。我們喜歡某些狀態，但是討厭或懼怕另一些狀態。控制好我們的狀態，會讓我們在家中或辦公室的效率更高，並且大幅提升我們的自尊心。

我們經常會處於那些我們熟悉的狀態之中：「聽古典音樂時，我會放鬆」、「媽媽經常讓我感到生氣」。有時，我們馬上就會意識到這些狀態，特別是當它們和一些具體的刺激因素連結在一起的時候。考試和測驗常常被看作是誘發緊張的因素；過生日時，人們期待的是一個好心情。對大多數人來說，聖誕節當然也會引發相關的狀態，但是這個狀態的區別很大。有些人懷著激動和興奮的心情期待聖誕節的到來，希望在這一天好好放鬆和放縱一下，另一些人則是跟自己預期的一樣，他們的聖誕節過得很緊張、害怕和沮喪，這兩類人會經歷完全不一樣的事情。

理解這些狀態如何產生作用的方法之一，就是把它放在家庭關係中來研究。通常孩子是反映父母狀態變化的敏銳測量儀。

## 案例

伊恩還記得他為一對夫妻提供指導的情形。當時，這對夫妻正在為自己的小兒子山姆發愁。山姆看起來很愛耍脾氣，只要遇到一點煩心事，就會搗亂、吸引父母的關注或是發牢騷。但是在其他時候，他還是很好、很有趣的。他很活潑、可愛，也很聽話。父母不明白這到底是怎麼回事。

伊恩請山姆的父母認真留意一下山姆好像要「發怒」時的情形，並且注意當時的具體情況，以便下次見面時對此進行討論。結果，這對夫妻發現了從來沒發現的模式。山姆大部分的「發怒」是在過渡期：從一件事情過渡到另一件事情、從一個

地方過渡到另一個地方的時候。比如,把山姆從幼稚園或朋友家接走的時候;在他該上床睡覺的時候;在父親或母親準備帶山姆出門的時候。

那麼,在這些時候究竟發生了什麼事情呢?山姆的父母和伊恩一起對可能發生的事情進行了列表。因為在這些時候,父母關注的焦點發生了變化,他們把注意力從山姆身上,轉移到接下來要做的事情上。他們總是像有人在催促似的,行為很急迫,會不經意地說「必須」、「應該」、「不得不」(你必須馬上穿好衣服⋯⋯)。山姆好像一遇到這種緊張的情況就會作亂。伊恩告訴他們,他們處於同一個系統中在起作用,從而形成了NLP所稱的「校準循環」模式。校準是精密的調節過程:孩子和父母都被自己觀察到的對方的行為所激怒了,所以在這種情況下,這個校準循環就變成了惡性循環。

在瞭解這個模式是事情的一個面向後,父母應該怎麼改變它呢?伊恩又請孩子的父母對他們在一起時愉快狀態的構成因素進行了列表,來尋找一些孩子可能會接受的訊息。這種愉快狀態大多出現在以下幾種情形:沒有時間壓力或時間壓力很小的時候;當他們可以對那些活動進行討論的時候;當這個小傢伙覺得自己有發言權,而父母也感覺不是很急迫的時候。山姆好像對父母的放鬆狀態很敏感,並且會從中獲得不一樣的訊息:他很重要,並且在即將要進行的活動中,他有更多的發言權。現在,父母得到了一些關於「避開」和「趨向」兩方面的資訊(參見第三章的後設程式單元)。所以父母決定,當他們需要把山姆從一個地方接走時,會盡量把這次過渡表達得簡潔又清楚;父母會告訴山姆,他們要在兩、三分鐘內離開,或是等山姆準備好之後再離開;他們會盡量把關注的焦點一直放在山姆

身上。但是，父母首先決定要消除自己的急迫感，盡量不在同一時間做幾件事情。如果他們改變了狀態，那麼山姆的行為應該也會隨之變化，而事實上，山姆確實發生了變化。

父母開始意識到，山姆的「發怒」其實就是一種試金石，它準確地告訴他們，這時候是他們在經歷混亂的狀態。現在，他們知道該如何改變它了。

如果我們研究山姆及其父母的話，會發現許多環環相扣的特徵，對造成這種經歷具有非常重要的作用：

- **感受和狀態**：比如惱火、急迫感、怨恨、生氣，還有與之相反的放鬆、愉悅、全神貫注。
- **步調**：比如悠閒或匆忙，「必須」、「應該」等思想（有些出現於你的內心對話，有些則是口頭的表述）。
- **身體經驗和身體語言**：比如緊張、行走速度、語調、緊張、對當下關注的程度、心煩意亂、不協調、繁忙。

小孩對狀態很敏感。溫蒂還清楚地記得：有一次，她不到兩歲的女兒正在看電視。當時電視裡正在播放一部肥皂劇，劇中的兩個人物在爭吵，當然這些全是用語言來表達的。她女兒在看了幾分鐘之後，居然問溫蒂：「媽咪，為什麼這兩個人要彼此傷害呢？」雖然她聽不懂劇中人的對話，但已經能夠從兩個人的肢體語言和說話的語氣，判斷出發生了什麼事情。

我們可以總結如下：

- 一種狀態包括了許多相互關聯的特徵。
- 每一個特徵都有其重要性。
- 任何一個特徵發生了變化，都會影響到整個狀態。
- 「狀態」和「狀態變化」是有次序的（行為—思想—感受，會有不同的次序和排列方式）。

有許多方法可以用來改變我們的不愉快或無效狀態，並且創造或加強良好的狀態。

到目前為止，我們大多在討論消極或「壞」的狀態。當然，人們還有很多「良好」狀態。我們的目標是讓你擁有更多良好狀態。有效控制狀態的祕訣，不僅在於如何避免壞狀態，或是將壞狀態的影響最小化，還要找出你有哪些良好的狀態、這些狀態是如何形成的、如何才能擁有更多這樣的良好狀態。

動機在這裡也是很重要的。如果你是由避免壞狀態這個願望所驅動的話，那麼你的動機就是**避開型**後設程式。如果你是由想創造良好狀態這個願望所驅動的話，就是在使用**趨向型**後設程式（參見第三章）。儘管很多人關注壞狀態，使用**避開型**動機來尋求改變，但身為教練，我們發現去發掘並培養你的良好狀態，也是非常有效的。

## 採用第三位置的好處

認識一種狀態，取決於你對細節的關注程度，但不是迷失於細節中。就像山姆的父母去關注自己的行為一樣，對狀態的認識和控制，可以幫助我們觀察並理解自己的行為，這跟人類學家去研究不熟悉的社會類型是不一樣的。當我們改變自己的感知位置，從而選擇第三位置時，就跳出了慣常的感受、經驗、信念、假設，並且會關注它們是什麼。如果這個人（也就是你）有這樣的行為，是一件

奇怪的事嗎？我會好奇這樣的行為對於他／她來說意味著什麼嗎？我注意到每當 X 事情發生的時候，他／她都會那麼做，為什麼？

　　採用第三位置，不僅可以為我們提供更多的資訊，還會立刻改變我們與事態的關係。當我們正在經歷某種不愉快或失常的狀態時，採用第三位置，可以為我們和這種狀態之間拉開一段距離。當我們在經歷愉快狀態的時候，也要去關注細節，而且令人驚訝的是，採用第三位置不但沒有拉開我們與它的距離，實際上還會增加我們的樂趣，或是讓我們陶醉在這種狀態之中。當我們真正明白是什麼為我們帶來快樂、讓我們工作得更有成效以後，它們的作用似乎就會放大。我們就可以享受更多樂趣，成就更多事情。就像我們在品嚐每一口美味佳餚時，若是知道它究竟是什麼品種或植物以後，就會更有興致地享用它。

　　當人們狀態不好時，往往會盡量分散自己的注意力，但有時這樣做會加重這種不愉快的狀態。比如，山姆和父母的爭吵，通常都起源於小事情，比如，「我們現在得離開了」。接下來山姆會做出反應，而父母會回應山姆的反應，而山姆又會對父母的回應做出反應……如此等等。如果他們瞭解這些狀態，並且學會如何去認識這些狀態的話，那麼通常在事情開始惡化時，他們就能找到問題的所在。學會觀察，可以讓他們避免這種家庭爭吵的惡化，還可以把他們從一開始的錯誤狀態中挽救出來。

## ◢ 描繪你的狀態

　　顯然，你不會願意把生命耗費在經歷一些對你有限制的，或是讓你不愉快的狀態上，可是有些人願意。你在這上面花費了多少時間？或許你會選擇一些有意義且愉快的狀態。那麼你在這上面又花費了多少時間？有時，事情可能讓你高興，卻又在限制你，特別是

當你一味地重複那些以前就做過的事情。這是對那些生活在舒適區內的人的最貼切描述。有時候，某種狀態雖然讓你不愉快，卻對你很有幫助，比如在你感覺到有危險的時候。關鍵的問題是，你把大部分的時間花費在什麼地方？

- 要對這些狀態保持強烈的好奇心，同時要對你能從自己身上獲得什麼資訊充滿好奇。去收集資訊，如果寫筆記對你有幫助的話就去做。
- 檢查一下你的個人狀態史。有時自問下面的問題是有用的：
  —這種狀態是不是能讓我回憶起一些事情？
  —我感覺自己處於這種狀態中有多久了？（有時你會感覺自己比真實年齡年輕許多，而這可能讓你想起第一次有這種特殊狀態時的事情。）
  —當我處在這種狀態時，**真正**想要的是什麼？
- 別人對你的這些常見狀態有何反應？
- 你周圍的人的哪些狀態是你喜歡的，還有哪些會帶給你麻煩？你對此的反應是不是有一定的模式？如果是的話，它能不能告訴你一些關於你自己的有用資訊。
- 自問有哪些狀態是你想要加強的，還有哪些狀態是你想要改變的。

## ▆ 改變狀態

NLP 是關於如何做事的藝術，更具體地說，是關於如何輕鬆做事的藝術。在對那些擅長做某些事的人進行模仿時，NLP 通常會對那些可以輕鬆做事的人更感興趣。最近，在各行各業，越來越多的人強調把「成就」和「不必付出」連結起來，而不是把「成就」和「付

出」連結起來。如果有一種簡單的做事方法，為什麼不去使用它呢？加強動機，減少付出。

　　狀態的改變也是如此。儘管一種狀態是一件很複雜的事情，但這並不表示要改變它是很困難的。實際上，從我們身為 NLP 教練的經驗來看，我們的理解剛好相反：對於一個複雜的綜合體，如果你改變了其中的某些部分，那麼它的整體就會發生變化。就像是一份食譜，如果你增加或減少了一種配料，那麼結果就會改變，有時變化是細微的，有時變化是巨大的。看似微不起眼的配料，可能帶來巨大的變化——試著放一些大蒜進去！

　　以下是改變狀態所必需的步驟，儘管它們出現的次序可能千變萬化。你需要：

　　1. 認識這種狀態。

　　2. 改變這種狀態。

　　3. 自問「我想要什麼？」

## 認識這種狀態

　　要時刻關注自己，以便當你自身發生某種變化時，你會知道這是進行改變的機會。要收集資訊，以便瞭解是什麼因素促發了這種狀態的產生，它出現於什麼時候？什麼因素可以讓它發生變化？你和這種狀態的關係如何？你喜歡它？擔心它？想擺脫它？還是害怕失去它？

## 改變這種狀態

　　有時，認識這種狀態並對它充滿好奇心，是打破現有狀態的一種方法，但要快速打破這種狀態，我們可能要做更多事情。在表演途中摔倒的自由滑冰運動員，如果想在接下來的表演中進行補救，

就需要打破由於摔倒帶給他的惱火或絕望狀態。同樣的，一個出價失敗的推銷員也是如此。

下面是六種可以改變狀態的方法。

1. **改變你對身體技能的運用**：對於一種狀態，你可以輕鬆改變的因素，就是其中的身體特徵。如果你原本坐著，那就站起來走動一下。如果你原本在行走，那就停下來坐一會兒。如果你感覺焦躁不安的話，就去跑步，然後再慢慢平靜下來。如果感覺緊張的話，那就伸展一下身體，等等。諸如此類的微小改變，會產生巨大的影響。臨床顯示，規律的身體訓練對克服憂鬱症有非常顯著的效果，比大多數的藥物治療更有效。自問一下，哪些身體活動可以帶你進入「資源充足狀態」，然後就那麼做。

2. **採用第三位置**：從一個相關的觀察者角度來看自己，得到不同的觀點。

3. **透過改變時間**：如果你正在經歷不愉快的事情，就改變你和當下的時間關係。你可以透過以下幾種方式讓自己脫離此時此地的情形：回憶過去的一些愉快的事情；想像將來會發生的一些好事；或者提醒自己，下一週、明年，甚至是再過一小時，這樣的狀態就會結束。或許你會把整件事都拋在腦後。事情總會有這樣或那樣的解決辦法，因此「這件事也會過去的」。你肯定會從這件事中學到一些東西。

4. **將你的狀態置於一定的背景下**：從更大的相關背景來看待你的經歷。比如，你剛跟別人大吵一架，那麼就回想一下，在吵架前對方身上有哪些讓你喜歡的特質？想像一下在不久的將來，你們就會回到以前那種和諧的關係中，因為那些特質對你來說很重要。如果你覺得它們在過去很重要，但是在你

們吵架後，它們就沒那麼重要的話，那麼你應該感謝自己，因為你瞭解了這件事；此外，你要留意它是如何改變你目前的感受的。

5. **學會建立「資源充足狀態」**：有時，在我們考慮該如何處理問題之前，需要先從內心找一些力量源泉，或讓內心平靜下來。該如何為自己創造這樣的狀態呢？或許你可以去做其他事情，讓自己得到片刻的休息；或許你可以透過回憶自己之前處理得很好的類似經歷來鼓勵自己；你還可以擬定一份讓事情變得容易操作的計畫；或許你有一些特別的心錨，可以讓你感覺很好且很有力量。儘管這些方法不一定會讓你擺脫這個問題，卻可以為你解決這個問題提供更多的資源。

6. **使用正面的心錨**：是什麼讓你感覺很好、很有力量，並且讓你準備好去應對生活中的挑戰？這就是你的正面心錨。見到一位特別的人物，可以讓你做到這一點；聽到一些激動人心的音樂或做一些身體活動，同樣也很有效果。留意那些讓你感覺舒服的事情並收集資訊，這樣當你在選擇時，就可以把它們當成是觸發因素。

## 自問「我想要什麼？」

通常，自問真正想要什麼，就是從懶散、被動、依賴和無助，轉向充滿活力的開始。如果你正處於憎恨狀態（憎恨那個你所關心卻惹怒你的人，或那個讓你無用武之地的人），那麼當你知道自己想要的究竟是什麼以後，它就會為你的前進開闢一條道路。此時，你可以運用「結構良好的前提」（參見第三章），來檢視你的目標是不是具有良好的結構。

如果你的目標是要改變一種狀態，那該怎麼辦呢？比如，你剛

剛失去了工作，這會不會是讓你感覺不錯的「結構良好的結果」呢？從一方面來說，答案是否定的，因為你會產生悲傷的情緒，也可能是生氣、迷茫、釋放，以及許多不確定感。但從另一方面來說，答案又是肯定的，因為你可能會在熟悉的人的幫助下，好好地處理這些情緒，並且開始展現你的長處和各種技能；你可以自己決定該如何有意義且建設性地利用這段空閒時間。你可以做一些事情來確保以後你在不同層次都可以生存下來，並且開始自問，將來你想要的究竟是什麼。所有這些都可以促使你的狀態轉往更好的方向。

　　NLP 帶給我們的訊息就是：我們可以改變自己的狀態，但是不要消除或忽視它，儘管我們可以這麼做。NLP 告訴我們的是行動而非沉迷，是選擇而非無能為力，是我們對自己和生活的掌握及影響。

## 有關改變狀態的建議

1. **密切關注你的狀態**：對它們進行更多的瞭解。真正對細節充滿好奇：你為何會出現這種狀態？

2. **密切關注你的身體及其表現**：注意你的狀態中與身體相關的部分，還要注意這當中的模式。密切注意那些反覆出現的身體症狀，比如頸部、肩部和腹部的肌肉緊繃，頭痛、偏頭痛、過敏。當你發現自己身體不適（比如對小麥過敏、長時間使用電腦後）時，要再自問一下，這些意外情況什麼時候不會發生？這些意外情況與什麼心情或哪些特別場景和人物有關？比如，有一個學員每當老闆不在時就會生病，另一個則是一到週末就會偏頭痛。你要從過去的經歷中尋找資訊。

3. **密切關注別人的狀態**：觀察別人，詢問一些關於其狀態的問題。模仿那些有用的事情，並且把它們加入你的狀態中。建構更多的選項。

**4. 開始要求更多、更好、更長遠：**如果別人能從我們的處境中，找到讓他激動的事情，表示這件事是值得讓他激動的。然而，有些人處於極度快樂的狀態時，就跟他們極度悲傷時一樣，不知道該怎麼辦。當他們有這種感覺時，也許會去淡化它（這其實沒那麼好，真的，大家都有可能做到……），或者會透過提醒自己還有一些其他乏味的事情要做，來改變這種狀態。

他們會這麼做的原因之一，可能是出於自我保護；因為好事都不會太長久，最好在沒有重重跌入現實之前就提醒自己。在沒有別人或其他事情來讓他們改變之前，他們就自己改變了這種美妙的狀態。有時候，他們是因為害怕別人知道自己的狀態很好，不想透漏這個祕密，以免別人妒忌並找麻煩。不管出於什麼原因，我們的經驗是，抽出時間來體會、享受，並學會如何再次進入這些讓我們的生活更滋潤的美好狀態，並不會以任何方式貶低他人。所以，要去尋找如何擁有更多美好狀態的方法，然後去擁有更多。這些用來控制你的情緒的技巧，可以讓你擁有更多你喜歡的感覺，並且對你討厭的感覺進行修正。如此一來，你總是會有美好狀態可以享受。

## 如何發現你的目的感？

有自尊心的人都有目的感。目的感和我們的自我感之間的關係最為密切。對某些人來說，目的感和超越其身分的精神認識有關；對另一些人來說，目的感就是他們自身的中心；對其他人來說，目的感是他們的價值觀和信念的本質。換句話說，目的感就包括了那些最高等級的邏輯層次：精神、身分、信念和價值觀。當然，一旦我

們發現了目的感，它會在這些層次上為我們提供資訊和滋養。

另一種表述目的感的方法，就是把它稱為「意義感」；意義感可以為我們的大動作或小行為提供資訊和方向，可以讓這些行為承前啟後，並且在未來也與我們的本質保持一致。

## 案例

傑夫在大學畢業後當上教師。他喜歡孩子，第一份工作就是在倫敦的某一區當教師。他的課能抓住孩子們的想像力，並且很有意義，他也讓學生一起分享對課程的喜愛。

幾年後，他發現自己很失望，不是對孩子或家長失望，也不是對他所生活的社區失望，而是對「整個系統」失望了。他覺得這個系統忽視了他，並且把他置於不利的境地。工作的壓力讓他消沉，他開始對那些之前投入很大精力的學生發火。在這種困難的情況下，他開始慢慢失去當初選擇教師這一行的目的感。過了一段身體欠佳的日子之後，他決定放棄教學。

與他不同的是一位五十多歲就喪偶的婦女，她之前的主要工作就是支持丈夫的事業。

## 案例

芙瑞達的孩子早已各自成家，喪偶後，她覺得所有親人都離開她了。儘管她繼續成功地經營生意，但覺得自己只是在敷衍了事。之前，她的目的感寄託在為丈夫付出的基礎上，與丈夫一起完成他設計的東西，丈夫的目的也就成了她的目的。

正當她處於失去親人的痛苦和煎熬之中，一個朋友教她縫拼布

的手藝，朋友覺得這可以讓她打發空閒時間，並且讓她把注意力轉到設計和顏色上。讓大家驚訝的是，她的拼布作品「成功」了。芙瑞達喜歡動手，她發現自己在融合顏色和拼布織物方面很有天賦。她對傳統的拼布被很感興趣，並在稍加變化後，做成桌布和墊子。

女兒把她的作品放到倫敦的大型商場後，銷售到世界各地，人們開始委託她製作獨家拼布被和壁毯。到了八十多歲高齡時，她設計的拼布被成了國內各大雜誌的主角和利伯提（Liberty）百貨公司的展品。

孤獨的生活讓她的創造力得到了空前的爆發。她有了新的目的感，而此目的感為她的生活賦予了全新的意義。她發現自己身上的諸多能力，而這些是丈夫在世時她沒有意識到的，這樣的能力成了她的身分和自尊心的獨立來源。

教練大學（Coach University）的創始人湯瑪斯・雷納德（Thomas J. Leonard）說過：「願景（vision）就像是燈塔，只有當你看到它時，它才會比較清晰；而目標（goal）是你看不到願景時所設定的。」願景和目標關係密切。你可以透過以下的方法，來探討願景和目標的區別：

- 目標（goal）是有可能實現的，而目的（purpose）則是不受限制的。它為我們提供燃料，以便我們到達可能的目的地。
- 如果目標並非「結構良好」的，就可能會誤導我們，但我們卻很少會被目的感誤導。
- 目標可能會讓我們失望；而目的感則會不斷地獎勵我們。

- 對於目標，我們可能會感到衝突，因為自身的不同部分可能想要不同的東西，或者是我們的短期目標可能會影響到長期目標。而目的可以把自身的不同部分團結起來，並且為短期目標和長遠目標提供資訊。
- 目標總是涉及未來，而目的是對自我的表述。它從以往的經歷中產生，並且與我們的現在和未來相關。

## ◪ 認識你的目的

以下是一些檢驗目的的有效試金石。

目的超越了你的基本需求。在 1960 年代，美國心理學家亞伯拉罕・馬斯洛（Abraham Maslow）對「生存需求」和「自我實現需求」進行了區分。生存需求包括維持生命所必需的食物、庇護所和溫暖。而自我實現需求是那些賦予生活意義的事物，比如愛情、興趣、挑戰、創造和目的。亞伯拉罕・馬斯洛指出，如果我們的生存需求得不到滿足，我們就不會去關心自我實現需求，更談不上對其滿意。

對目的感的需求也是自我實現需求的一種，如果你還在生存層次上辛苦打拚的話，就沒有多餘的精力再考慮其他事情。生存需求也能支持你的目的，如果你正在讀這本書的話，表示不管過去發生什麼事，你現在正努力關注你的自我實現。

目的感高於你在生活中實現的基本需求或令人羨慕的成績。這些成績通常是具體細微的，而目的通常是更抽象且範圍更廣泛。一輛新車是一個目標，而能夠隨心所欲地到達更遠的地方去旅行，才是一種目的。上推（向上歸類，參見第三章）能讓你更清晰地認識到這一點，因為旅行可能意味著你可以拓展視野並讓你更有創造力。

目的感能讓你和自身的各個層次都保持和諧。先前說過，目標可能和自身的一部分一致，但與其他部分會有衝突。目標可能會引

發我們自身不同部分的衝突，而目的則不會。

目的可能會改變或進化其表達方式，卻不會消失。前面提到的那個失望的年輕教師，在經過再次培訓之後，成了一名藝術治療師（art therapist），並且成立了自己的診所。他還每週自願到臨終安養院兩天，幫助罹患晚期疾病的孩子。他仍願意與別人一起分享對專業的熱愛，仍願意在傳授別人技能方面，扮演自己的角色。他的目的沒有改變，但他找到了一份新職業，可以讓他更自由地表達自己的目的。

## ◢ 找到生活的目的

目的感通常是由信念或價值觀所驅動。因此，它往往涉及一個人身分的一個或多個面向。它也可能超越身分層次，與更高的層次融合，伊恩就把這個層次稱為「超越身分」。這種最高的層次，包括了類似宗教或精神的相關性，或是把個人生活與我們在宇宙、大自然或時間中的更廣泛意義的認識，連結在一起。人生的目的感，通常就包括在這種最高層次當中。

有些人在年輕時就知道自己人生的目的是什麼，而大部分人是隨著成長才發現自己的目的。若要清楚地認識隱藏的人生目的，方法之一就是對你到目前為止的生活模式進行反思。你所關注的是什麼樣的問題？讓你激動不已的是什麼事情？你努力養成或堅持的價值觀是什麼？哪些事情對你來說非常重要？NLP 已經告訴我們，思維和行為都具有模式，就算你沒有意識到自己的人生目的，它還是一直在為我們提供資訊和指導。

或許用我們自身的經歷來說明，對你會有幫助。先前，我們提到伊恩在中學時代過得非常不愉快，與此不同的是，當他進入理工學院後，可以自主學習了，便為他形塑了成為有能力且能鼓舞別人

的教師的職涯。這些經歷在他心中發展成了對學習過程以及學習如何影響一個人的積極關注。這又帶他進入了 NLP 世界，並且讓他形成了自己獨特的鼓勵學習的方法。

雖然最初他進行的是面對面的教學，但是目的是一樣的，那就是讓大家對自己究竟是誰，以及自己想要什麼，進行更全面的認識。這種學習方法可以透過不同的方法和媒介（錄音帶、書籍及網際網路）來進行。所以它仍在繼續進行。

溫蒂是幸運的，她在中學時代有著大不相同的經歷。她上的是一所崇尚革新的中學，這裡的學生從小就被鼓勵要對自己的學習負責任，還包括讓學生參與學校的日常管理及做出決定。學校尊重每個學生，尊重每個人的特點，以及每個人貢獻社群所採取的不同方式，而不僅僅強調他們在學業上的成就。這裡的學生在畢業後從事許多不同的行業，有法律、教學、創作藝術和表演藝術、環保和政治。這種把自己看成是社群一部分的經歷，讓溫蒂擁有了與伊恩類似的人生目的：去分享資訊、鼓勵學習、增強力量。我們兩人都做過心理諮詢師、培訓師、顧問和教練。每份工作都讓我們對人生目的的不同面向進行了探索。

我們很幸運地找到了人生的目的。同時，我們還可以利用已掌握的 NLP 知識和工具，來把目的感轉化為行動。但是，如果你還沒有找到你的目的感，該怎麼辦呢？

我們的經驗表明，人們有時找不到目的感，是因為他們還沒有學會評價自己，或是對自己的認識還不敏感。許多人會把「自私」誤認為是「自我感」，把「自我關注」誤認為是「只在乎自己」。如果你也是這樣的人，那麼要找到目的感，最重要的第一步就是對造成這種誤解的個人信念和個人史進行處理。這並不是說要你把過去的歷史一筆勾銷，或是把你從中學到的東西全都拋棄。NLP 的主要

貢獻之一就是告訴人們，我們是學習型動物；許多我們認為是「天生的」事情，其實是在某些特定情況下學會的，因此可以在其他情況下得到修正或改變。我們可以像 NLP 前輩羅伯特‧迪爾茨那樣，把我們的過去尊稱為「個人歷史博物館」，但是不能被它羈絆不前。

如果你覺得自己受到了這樣的限制，那麼本書提到的技巧，將會教你許多解決的方法，讓你更加瞭解自己，並且透過邏輯層次，來讓你的內在世界和外部世界保持一致。生活會不斷地帶來新的探索和實踐人生目的的機會，而我們的經驗是，只要你去看，就會看到這些經驗的核心。最後，你會發現用以下的問題來問自己，是很有效的：

1. 什麼事情可以讓我充滿熱情？究竟是什麼事情在讓我前進或啟動？

2. 是什麼事情讓我如此投入？

3. 它能為你帶來什麼？不管你的答案有多奇怪或者出乎意料，都要把它記錄下來。然後再問自己：「**這樣的答案**能為我帶來什麼？」每次當你有了答案，都按照這樣的方式繼續提問，直到你覺得已經沒有答案為止。用 NLP 術語來說，你就是在做上推，當你在對每個答案背後的目的進行提問時，所關注的層次就會逐步上升且變得越來越重要。當你到了再也給不出答案的階段時，就會發現熱情背後的目的。

4. 你在孩提時代最喜歡的是什麼？它現在對你來說還重要嗎？要使用這種逐步推進的提問，直到你查出它所包含的目的。這個目的現在還有效嗎？目前你是怎麼發展它的？這個目的是不是發生了變化？也許你已經把它忘記了？

5. 拿出時間讓自己專心、同情且鼓勵地對這些答案進行思索。

思考一下，如果你是最好的教練，下一步你該怎麼做？

## ◢ 創造自尊心

提升自尊心實際上已經很奇妙了，但更奇妙的是自尊心還是可以創造的。每一天，我們都有很多機會來加強自我感、更加喜歡自己、認識並控制我們的狀態，以及發現並認識我們的目的感。

先前我們關注了四個重要的「如何」：如何增強自尊心、如何更喜歡自己、如何控制你的狀態、如何發現你的目的感。當在你關注自身的問題及其答案時，這四個主題是非常有用的，但是，當你留意到我們沒有討論過的事情時，要相信自己的直覺。

建立自尊心是一個持續的過程，這並不是因為我們永遠無法到達終點，而是因為這個過程中總是有很多機會來促使我們更成熟、發展得更全面、更成功和幸福。對來自於你的感官和經驗的資訊進行檢視，並且相信它們是讓這樣的旅途有價值和有樂趣的最佳方法之一。

### 後續步驟

1. 當新的一天開始時，給自己五分鐘時間來計畫一下，自己要如何利用這一天來增強自尊心。在腦海中預演一下今天要做的事情。有哪些信念、態度、生理狀態、服飾和行為，不但能幫你保持與自身一致，還可以加強你的自尊心？有沒有可以預見的困難？你將如何應對這些困難，來避免自己的自尊心受到傷害？有哪些內心對話對你有幫助？你希望哪些導師（那些你知道能夠給予支持的人，那些你不認識但仰慕的人，那些你希望對他們的技巧和行為進行模仿的人）在腦海中陪伴你度過這一天？

2. 在每天結束的時候，問自己：

- 今天我最滿意自己的是什麼地方？

- 今天我有什麼樣的狀態？有哪些是資源狀態並且可以提升我的自我感？它們是怎麼發生的？如果改天我還想有這樣的狀態，有哪些觸發因素是我可以利用的？

- 對我來說，哪些狀態是非資源狀態？它們的觸發因素是什麼？我該如何避免再次陷入這種狀態？

3. 列出你最容易犯的錯誤。選擇一個在意外情況下發生，卻對自己的自尊心造成不利影響的錯誤或限制，詢問一下你最好的朋友會怎麼看待這個錯誤？假設我們的行為都是為自我目的而服務的，那麼目前或你第一次這麼想或這麼做的時候，這個錯誤試圖為你實現的目的是什麼？就算你現在想改變自己的模式，也要為這個錯誤的良好意圖鼓掌。你該如何一邊更喜歡自己，一邊又照顧到這些良好的意圖呢？

4. 在每天或每週結束後，選出你的自尊心得到最大滿足的五個時刻。在腦海中對它們進行重播。你該如何把它們帶到明天或下週？

# 第 13 章
# 建構良好的關係

「關係」對我們如何感知自我和生活有著巨大的影響。模仿那些成功應對家庭和工作關係的人，以及那些自認為這很難辦到的人，你就能夠將實際發生的事情呈現出來。追隨那些富有成效的楷模，你就能徹底改變自己與他人相處的方式，組建一支更好的團隊，自我感覺更好，私人關係更加平等、更令人滿意，與兒女相處得更和諧。若是楷模對你來說並不十分有效，找出事情在哪裡出了差錯，以及在哪裡調整（有時是極小的調整），也會大有成效。

在這一章，我們將探討四種「如何」建構良好關係的主要方法：

1. 如何建構超越「我」與「你」（或「我」與「團隊」）的「我們意識」。
2. 如何以不同的觀點看待事物，也就是轉換感知位置的能力。
3. 如何投資未來。
4. 如何知道在何時停止投資並抽身離開。

我們將借助 NLP，闡明一些常見的困境和錯誤相關的問題，並提供一些切實可行且有益的指導，來改善你的家庭和工作關係。

私人關係和工作關係有很多共同之處，這兩者都涉及了與他人的有效溝通，以及學會將你的願望和風格與他人的相吻合。NLP 所揭示的關於建構和保持有效關係的內容，正好適用這兩個方面。

我們認識的一個十多歲的孩子，曾對著她父親生氣地喊道：「你

才不會這樣對待你的祕書呢！」

這就提出了一個很有意思的問題：為什麼我們工作時總是比在家時更克制拘謹？人們與最關心的人在一起時，會感到很自在，想到什麼就說什麼，會撇開傳統禮節，行事也較少顧慮，這難道不奇怪嗎？NLP 能夠幫得上忙。在第十六章，我們會著重討論環境，在這一章，我們將在不考慮環境的情況下探討卓越的關係，並指出在不犧牲任何對你重要之事物的情況下，如何創造並保持你與伴侶、兒女、上司、祕書之間的雙贏關係。

首先，要強調兩個要點：

1. 身分對關係極其重要。
2. 建構良好的關係取決於真誠待己。

## 身分的基本角色

只有當你的自我感夠強時，才有能力進行分享、協商和妥協，而為了形成完整的友誼、富有成效的工作關係和親密關係，就必須持續進行這類的談話。這就像金錢，如果你有足夠的金錢，就可以借出或給予他人，而且不會欠債。

倘若你對「自己是怎樣的人」有充分的理解、相當尊重自我、不掩飾缺陷，就能進行許多不同的對話，讓你在與他人建立關係時，不必擔心會將自己完全暴露出來或是冒著情感破裂的風險。因此，前一章關於自尊的討論是十分寶貴的。

的確，良好的關係也基於雙方的各自發展。如果他人處於需求或缺乏的模式中，就很難與他們建立令人滿意的關係。當然，關係在這樣的情況下也很可能會存在，像是一方依賴，另一方支撐；一

方專橫跋扈，另一方逆來順受。無論是在職場上還是在家庭內部，這樣的關係可能會暫時發揮作用。但是從長遠來看，則會陷入僵局。當你開始建立新的關係，或考慮是否從現有的關係中退出時，有一些重要的暗示會提示你。我們會在本章後文討論。

# 忠於自己

> 這是最重要的事：要忠於自己，
>
> 而且，就如同黑夜緊隨白晝，緊隨其後的是，
>
> 你也不能對別人虛假。

《哈姆雷特》（*Hamlet*）中，波隆尼爾（Polonius）在其子萊阿提斯（Laertes）進行長途旅行之前，這麼建議他。而這也是對人生旅途的極佳建議。「忠於自己」的含義很多，包括了要在某種程度上瞭解、接受、尊重及喜歡自己；要清楚你想要什麼，而且願意去得到它；要留意你從當下的身體反應，以及有意識的思考和信念中所獲取的資訊；要完善意識，使其更敏銳、更自覺。它也包含了要與更多的「是什麼」（What is）銜接起來，並在根據情況行事之前，評估他人或你內心告知你的那些應該如此、一定如此或本應如此之事。

它代表著要準備好去認同：那些容易的、令人愉快的、使人感興趣的、有意思的事情，對每個相關的人來說，比需要盡職的、費力的、繁重的事情好得多。它代表著要認識到，「樂趣」並不是認真的反面，而是走向奧祕的捷徑，並且是真正重要之事的更佳試金石。

身為 NLP 教練，我們得出以下的經驗：

1. **良好的關係建構在明確的身分感之上**：對自我的覺察越強，與任何層次的人交往的基礎就越好。這不代表你變得更自私，只是更自知、更會自我尊重。

2. **有效的關係對界限有著清晰的意識**：在自我與他人之間、角色與責任之間、一致與差異之間，都有界限。而我們在言語和行為上都要尊重界限。要清楚你想要什麼、願意做什麼，什麼是你的責任，以及什麼不是你的責任，並且將這些項目清晰、有效、直接地傳達給他人，就會使關係運作得更好。美國詩人羅伯特‧佛洛斯特（Robert Frost）以詩句「好籬笆結交好鄰居」（Good fences make good neighbor.）對此做了很好的解釋。

3. **在任何關係中的一項重要技能，就是轉換感知位置的能力**：自由迅速地轉換感知位置是極其重要的，稍後將在本章完整討論。

4. **許多關係模式都能夠有效運作**：重要的是過程，而非具體內容。只要每個人都清楚其中的規則和各自的責任，並且彼此間的溝通沒有障礙，就可以在有著明確的地位和管理階級制度的團隊中有效地工作。只要分清角色，相互尊重且溝通很好，就可以在幾乎沒有階級制度、以工作為宗旨的團隊中出色地工作。只要夫妻雙方的意見達成一致，就可以擁有非凡的關係，共同分擔角色和責任；或者根據傳統的性別角色或個人技能和喜好來劃分。

   只要夫妻雙方都滿意，就可以共同分享興趣和時間，也可以有不同的興趣、各自的時間。只要夫妻雙方需求一致，也可以經常或從不發生關係。

   NLP 提醒我們，「有效運作」才是重要的。因此，我們會在

這一章關心使關係生效的過程，而不是具體的環境。透過模仿那些能夠使關係生效的人們，NLP 提供了很多「如何去做」的建議，我們可以利用這些建議來保持並培養關係。

5. **你越能留意回饋且不評判，它就越能指導你的回應**：這代表你能夠更有效地將你的成果與他人的相吻合。你也會發現，這樣就更容易建立和諧關係，或是更清楚在何時減少你的損失才是最恰當的。倘若你的伴侶、孩子或同事沒有獲取你所傳達的資訊，那麼就把它當作能夠用來改善事態的回饋。不要去責怪；這不是你或他們的錯。思考他們對自己的所作所為究竟瞭解多少，思考自己到底要如何做才能改善溝通，才是該前進的道路。好奇心會使人發現做事的新方法，而責怪則只會阻礙前進的道路。

6. **臆測經常會阻礙關係的進展**：清楚地表達出你的所要、所感、所想，避免主觀臆測、推斷、未經檢驗的理論假設或幻想，才能使事情進展得更順利、更和諧。

## 如何增強「我們」意識？

「我們」並不僅僅具有其字面的語法含義，它應該被增強。說出「我們很樂意去」這句話很容易，但是它的意義並不僅僅如此。你可能已經用這句話來接受別人的邀請，並以為你的伴侶也會參加。但或許並非如此。你也可能猜對了你的伴侶樂意參加派對，不過你們卻是分別與不同的人度過了這個晚上。你參加了派對，你的伴侶也參加了，但「我們」並沒有去。

這種情況也適用於工作上。兩家大公司即將合併，需要組建一個團隊來協商相關的程序。每一方的總裁都說：「我們會參與的。」然

而，是以哪種類型的「我們」出席的呢？我們培訓的一位商人在合併協商中，描述了他這一方的任命人員：每一位都因為不同的政治原因，由不同的分部派遣過來，有些要負責特殊的「議程」，有些是被派來表達異議。儘管用了「團隊」這個詞，但實際上已經沒有了「我們」的意味。

## ◤ 什麼是「我們」？

「我們」以其自身的權利存在，其內涵要大於聚攏在一起的各個部分內涵的總和。有一些確切的方法會使得各個部分之間產生化學變化，就像烘烤後會使得各種食材組成蛋糕一樣。在這裡有一種歸屬感，它能夠描述，並且涉及身為其中一部分的你的本質。

有一些組織在籌畫「團隊建立活動」時會認識到這一點。被委任為團隊的一部分，並不代表要把自己當作整體的一部分來行事。這裡還會有一些別的事情出現。

團隊或婚姻都具有某些特性。我們將會用邏輯層次（參見第三章）來探討這些特性。那麼，增強「我們」意識與什麼有關？

### 身分層次

這是指「我們」是誰。「我們」能夠理解「我們」自身的意義。其成員能夠且會去談論它或它像什麼。它可以是一支「處理難題的團隊」、一樁「傳統婚姻」，或者一種「開放的關係」。你是否注意到有些情侶會比別的情侶更恩愛？「they are an item.」（直譯為「他們是一個品項」，通常譯為「他們在談戀愛」）指的就是這個。他們不只是一起外出或同居的兩個人，在他們之間還有更多。

請思考這些問題：這是一種什麼類型的「我們」？我們所擁有的「我們」是什麼類型？我會如何描述這種關係？在身分層次，有很

多方法能夠培養和增強「我們」意識，包括團體標識和名稱、團旗、使用「我們」或「公司」等字眼。透過將「我們」意識與其特點連結起來，能夠進一步擴展為：「就團隊而言⋯⋯」、「你知道我們家就像⋯⋯」、「像我們這樣的開拓型公司⋯⋯」等等。每一次涉及「我們」及其特點，都是在強化它。因此，在最重要的關係中，也許你要從思考這個問題做起：「我們」需要的是什麼？

## 信念和價值觀層次

這是指「我們」意識在信念和價值觀層次上的「為什麼」。「我們」意識代表著一些事物，像是明確的「家庭價值觀」或是較粗略的「相互忠誠」或「愛」。一個團體可能是為了客戶服務或開拓性研究而組成。價值觀也可以在別的層次上體現，比如行為層次或環境層次。當意見相左或有矛盾衝突時，也常常會牽扯到價值觀或信念問題。另一方面，相同的價值觀有助於建構「團隊精神」，並能使得「從屬於這個特殊的『我們』」具有意義和內涵。

這裡有一些很好的問題：「我們」代表著什麼？在壓力之下，它設法要保留或抵禦的是什麼？它認為哪些類型的其他群體很難相處？為什麼？詢問這些問題，有助於你將不明確甚或隱藏的價值觀呈現出來。

## 能力層次

這是指如何從技能上增強「我們」意識。這可以指傳統的賺錢養家的角色模式，也可以指經過培訓或互為補充的工作技能。一個團體可能會擅長某些事務，而其他事務則不在它的技能範圍之內。工作團體很可能知道其技能是什麼，而家庭成員或伴侶就不太可能清楚地瞭解自己的特殊才能，或根本就沒有想過這些。然而，有些家

庭很擅長給予成員信心，而另一些家庭則會不知不覺損傷了其成員的自信心；有些人在休閒放鬆時相處得很好，卻無法一起完成世俗事務；有些人在短期內發揮得很好，有些人則善於長遠打算，等等。在思考家庭及夥伴關係時，自問：「『我們』能把什麼做好？還能把什麼做得更好？」是大有裨益的。

## 行為層次

這是指「我們」的行為是什麼。那是任何來自火星的訪客或處於第三位置（參見第三章）的人，在觀察一段時間後，都能夠描述「我們」意識的典型行為。「我們」可能是一支熱衷於會議的團隊，只有在聽取所有的意見後才會向前推進工作。「我們」可能是一對互不相讓的情侶，雙方的關係只能靠荷爾蒙來刺激。或者，它是一個爭吵不休的家庭。

你很容易想像出公司、情侶或家庭的這種情況。不過，某種行動或行為卻會對其集體運作狀況的好壞，有著至關重要的影響。例如，伊恩和妻子寶莉特（Paulette）總會外出遊玩幾天（包括他們的結婚紀念日），並且總是會去兩人從來沒有去過的地方。他們的行為有助於增強他們在共同的特別時光中的「我們」意識。

這裡有一些很好的問題：「我們」是如何處理事情的？「我們」都做些什麼？其中所涉及的程序、知識和技能是什麼？「我們」這個集體的行為是關於內心和外部的程序，而這就涉及了能力。不管在哪裡，只要勤於發問「如何做到？」，你就能夠學會、改進並掌握這種能力。

## 環境層次

這是指在何時何地增強「我們」意識。家庭、團隊、組織，都

有各自典型的環境，並且會傳達出有關他們的資訊。「我們」所創造的物質環境和身邊的事物，能夠體現出一些關於「我們」這個組織、團體或關係的重要特色。在「何時」增強「我們」意識，也同樣重要，包括「我們」實際接觸的頻繁程度、這種程度是否充足、這種時間安排是否對「我們」的成員合適。這些「何時」、「何地」可以大幅增強或減損「我們」意識。

溫蒂曾經去拜訪一所大學校，或該說是努力去拜訪它，因為她找不到進去的路！一些醫院也同樣會隱藏起來，它們有一些擴建的部分、小木屋、走廊和臨時指示牌，改變著前進的方向，讓你走到最後就迷路了。那麼，思考一下，那些造訪你家或辦公室的客人，獲得了什麼樣的資訊？他們是被包含在「我們」之內，還是被排斥在外？他們是否被當成「我們」的一部分？目前的狀態是否適宜？

不管什麼情況，都要問這些問題：我們對「何時」、「何地」的安排表現得如何？這就是你想要的嗎？

## 案例

辦公室不僅會給外來的客人，也會給自己的員工留下十分不同的印象。一位已經轉換職位的科學家評論說，她先前工作過的實驗室，給每人一百二十公分寬的桌面空間和一個個人記事板。人們有地方放置植物和小擺設。而在新的實驗室裡，她只有六十公分寬的桌面空間。無論怎樣，這個空間都無法與她同事的區域分隔開來，因此很容易就被侵犯。她沒有私人的空間，沒有地方掛圖表和辦公檔案，更不要說照片和明信片了。先前的工作給予員工自由的空間，而先前的實驗室也有一套日常模式，在工作中有小憩時間，員工一起喝杯茶，分享輪流帶來的甜點。而在新的實驗室裡，人們一週內只能在週五的例行

茶話會上見一次面。不論這兩個機構的價值觀是什麼，它們對辦公環境的地點與時間的不同安排，的確向雇員傳遞了不同的訊息。

有一位在離家不遠的地方工作多年的緩刑監督官獲得晉升，被調到離家較遠的一個團隊裡工作。他的孩子還小。他很清楚，新工作的通勤時間增加，將意味著他跟孩子在一起的時間會減少。於是，他和妻子商定，既然他會經常晚歸，那就把早餐時間當作一天中全家從容共享的重要時間。他們想要確保仍能有時間來表達和感知他們的家庭價值觀，包話忠誠、分享經驗和相互關愛，即使這意味著要早點起床。

上述的例子表明，儘管方式不同，但邏輯層次（參見第三章）對降低或增強「我們」意識都具有重要意義。

## 檢視「我們」意識

- 運用邏輯層次來描述你的關係、家庭、團體或組織中的「我們」意識的特點。
- 事情是否如你所想要的那樣？如果不是，需要改變什麼？
- 在那些需要改變以增加「我們」意識的事情中，哪些在你的掌控之中？
- 找出一件你很容易就能改變的事情，盡快做出改變，並監看結果。

「我們」意識所涵蓋的含義範圍很廣，從合乎邏輯、觀點明確，到站不住腳，不足憑信。這裡提供一些檢視真偽的提問，你可用它來檢視你所處的關係。

- 你們的立場是否一致？

- 有機的整體是否比它所有部分的總和更好？

- 「我們」是否共患難並且同享成功？

- 你是否欣賞「我們」中的其他人？

- 從屬於「我們」是否大幅增加了對你有益的自我認知、自信心、快樂和技能？

- 從屬於「我們」是否在任何方面限制了你？

- 你是否信賴與你有關的他人？

- 你在行動之前是否與人商量？

- 你在行動之前，是否考慮到你的行為對他人或「我們」造成的影響？

如果你對上述許多項目都持肯定的回答，就表示你的人際關係在很多重要的方面都為你效力。看看那些你打叉的項目，並且思考一下如果做出肯定回答的話會怎麼樣。如此一來，你就是在創建一個關於什麼有效用、什麼能更好地發揮作用的檔案。對於「改善狀況需要做些什麼」進行具體的瞭解，你就是在用負面回饋來創建成功的處方。尤其要注意在身分層次上的任何保留意見；一發現限制，就可能代表著需要做些重要的工作來改善狀況，或者在極端的情形下，你需要考慮這種關係是否值得繼續維持下去。

## ◢ 增強「我們」意識的方法

以身為 NLP 教練的經驗來看，那些善於建構人際關係的人，有很多重要的共同之處。我們把這些重要的共同之處轉變為關於「如何做」的一份清單。

## 1. 清楚你自己的身分、需求和願望

倘若首先沒有穩固的第一位置（參見第三章），就不能增強「我們」意識。這就是為什麼年少時的關係通常都會不了了之。年輕人正處於發現自我的階段，這可能代表他們會把自己的希望放在伴侶身上，隨後卻發現伴侶並不像他們所認為或想要的那樣。或者，他們會發現在建構「我們」時不可避免的協商，所帶來的壓力太大、損害太多，或者很難做這種協商。承認錯誤或無知，需要強烈的自我感；以自信肯定，而非剛愎自用、操縱他人的方式，來維護重要的事情，還有尋求一個人真正想要的事物，也需要強烈的自我感。

這種強烈的自我感可以被培養出來，就算它受到了童年經歷的影響，也不會因此而停滯。它可以透過運用第二位置和第三位置來培養；在建構人際關係時，同樣需要第二位置和第三位置的觀點。我們將在本章後文討論這一點。家庭或工作中的良好關係，能滿足其成員絕大部分的重要需求，並且也有監控和協調其運作方式的方法。請採用一些方法來探討你與伴侶、孩子、同事所擁有的「我們」意識，這將會是你所做的回報最多的投資之一。

## 2. 行動時，假設「我們」已經獨立存在

增強「我們」意識的方法之一，就是假設「我們」已經獨立存在並發揮作用。就像很多「假設」行為一樣，這有助於創造你想要的情況。我們來看一些例子：

### 案例

朱利安和莉茲的婚姻出了問題，兩人都向自己的朋友抱怨對方：「他從來不……」、「她老是……」。兩人都把自己擺在第一位，卻指責對方這麼做。雖然他們已經共同生活了一段時間，

但所作所為卻像是自由仲介在選擇業餘愛好和聯誼會一樣，總是在自己安排好活動之後，才告知對方自己在做什麼。他們將之視為「開放」和「彈性」的一部分，但實際上這卻常常引發衝突，讓他們相互抱怨對方沒有跟自己商量。

朱利安向他的教練反映了這個情況。他們想出的對策是，每當朱利安收到邀請時，在回復之前應該先問問「我們」的意見。朱利安將這個建議告訴莉茲。莉茲說，她也想試著這麼做。這個談話本身就使他們產生了新的合作意識。

到了培訓結束時，他們已經更進一步。兩人商定，其中一人生氣、苦惱或感到委屈時，就把問題當作是「我們」的問題提出來，而不是個人的問題。如果朱利安晚回家，破壞了晚餐的興致，他們就會提醒自己，這不是他的問題（不為他人著想、不守時），也不是莉茲的問題（過於敏感、控制別人）。問題及解決辦法屬於共同的「我們」，即他們之間的關係。他們發覺，以這種方式對待問題，而不是糾纏誰對誰錯，有助於更快解決問題，而且這種共同探討問題和尋找解決辦法的經歷，也確實增強了他們的關係。

## 3.在「我們」的規則上達成一致

建構關係需要時間。我們得學會不只以考慮自己的方式來思考和行事。人們經常表現得好像在一起就足夠了，而不是刻意去迎合他們個人的行為、願望和技能。討論未來的目標，以及各成員的作用和責任如何與之相關，有助於使關係變得有如工作團隊那樣密切。透過做出假設來弄清楚這些事，能使你從始料未及的危險和挫折中逃脫出來。令人驚訝的是，很多擁有長期關係的人，竟沒有考慮到

兒女、事業或生活方式的喜好等重大事情。「我知道我想要孩子，可是現在他說他不想要。」這種發言令人感到悲傷，卻不少見。

當然，這不代表在最初就要詳細探討每個細枝末節；然而，清楚你想要的，以及準備協商，並向你的伴侶詢問這些問題，能夠避免惱怒、衝突甚至傷心。

## 4. 尋求使各方都滿意的事物

只要可能，就要使得每個成員都覺得，成為「我們」的一分子是愉快、富有成效且令人滿意的事情，也就是每個人都贏。這並不等同於賄賂他人來隨你所欲，因為收受賄賂的人難免會被他人操控。只要你能夠選擇，就要選擇讓你的夥伴和你都感到滿意。如果你能站在別人的立場去思考什麼對他們有效用，就更容易辦到這一點。因此，最終的結論是，處於第三位置（參見第三章）思考的技能，就是成功增強「我們」意識的關鍵。

## 5. 給予「我們」之中的每個「自我」合理的空間

作為「我們」的一部分，並不意味著什麼事情都得一起去做，或者要分享每一種想法或感覺。豐富「我們」，是建構在獨立與分享、個人與集體之間的創造性對話之上。因此，每個「自我」都要擁有自己的時間與空間。個人的活動和興趣，以及對不同的個人技能和時間的認可，都能夠滋養個體成員，以便他們能給予「我們」更多的東西。這包含了鼓勵夥伴的獨立興趣，而不是堅持共同做事；鼓勵工作團隊成員去做一些對他們來說特別的事情，比如發展某個責任領域、新技能，或是尋求做事的新方法，而不是堅持要求他們按照你的或他們慣常的方式行事。

## 6. 尋求方法，以使個人差異豐富「我們」

我們的作用各不相同。差異可以是誤解和衝突的源泉，但也可以豐富家庭和工作上的關係，並為「我們」建立更廣闊的資源基礎。要養成習慣去留意差異，並思考這種特殊的差異如何豐富「我們」。如果你喜歡著眼大處，可能會不時惱怒地發現同事在細枝末節上吹毛求疵。然而，組織、團隊和家庭需要這兩種不同的技能。你如何才能確保好好地利用這兩種技能呢？

## 7. 辨別並多做一些能夠增強「我們」意識的事情

養成這樣的習慣：當你能夠熱切感受到「我們」意識時，要留意正在發生什麼事情。這是在團隊面臨挑戰時，還是在員工按照慣常安排平靜工作時？這是在一起放鬆時，還是共同致力於一個專案時？是什麼使得這些狀況有助於增強「我們」意識？

### 案例

一名年輕的女性向一位教練求助，因為她覺得有壓力，並且患有週期性的一發作就持續兩天的偏頭痛。她是自由工作者，不受雇於特定公司，有長期的伴侶關係。她發覺，即使她的工作收入能夠讓她支付開銷，但工作卻不像她所想要的那樣滿意，而她的伴侶關係也是如此。實際上，幾年前她曾經想與伴侶決裂。教練問她什麼時候不會有偏頭痛，她立刻答道：「是在我們賣掉倫敦的房子，搬到這裡的時候。我們有足夠的收入來維持六個月的生活，那半年裡，我們忙著建造新家。這是十分辛苦的體力活動，但我們都很喜歡。那段時間我的偏頭痛只發作過一次。」直到教練問她，她才意識到偏頭痛與此有關，也就是當他們身體力行地共同致力於對兩人來說意義重大的事情

上，才會處於最佳的狀態。

## 8. 檢查你的未來計畫

養成檢查未來計畫的習慣，並確保它能表達或增強「我們」意識。立即開始評估這些想法或決定，因為它們在未來會對「我們」造成影響。派遣團隊中的一些成員在外工作，可能在很多方面都很便利，但是這會給整個團隊的動力帶來什麼影響？一些成員不會經常見到面，或者從沒見過其他成員。那麼成員在喝咖啡或在走廊上相遇時，相互提供富有成效的新資訊，或自由地交換觀點的情況，就不會發生了，因為他們得特地打電話或傳電子郵件。當然，這並不一定是糟糕的事。但是，如果能全面考慮相關的情況，在制定計畫時注意到不利因素，整個團隊就不會遭受損失。

類似的情況也存在於個人的婚姻關係中。許多夫妻不能預料到孩子長大後，或者夫妻其中一位或兩位都退休後會發生的事情，並採取相應的措施。然而，個人和「我們」都會受到這些變化的影響。制定計畫去預防或是應對你所能想到的，與「我們」有關的最糟糕的情況，通常能避免這些情況發生。

## 9. 處理負面情緒

當你被激怒或感到煩惱時，請獨自處理這些情緒。吸一口氣。停頓一下。去認識並尊重你的惱怒。你是為了什麼而惱怒的？如果引起惱怒的原因是一次性的，如果表現出惱怒並不能增強「我們」意識，就請保持頭腦清醒，再決定要把事態擴大還是息事寧人。請獨自處理你的情緒。如果其原因以一種模式重複出現的話，就請觀察一下這種模式。找一個合適的時機（但應該不是在氣頭上的時

候），讓你的夥伴也對此多加注意。

## 10. 處理真正的惱怒

不要讓這種惱怒惡化。如果將這種模式或衝突放著，而不去評論或矯正，就會對個人或「我們」十分不利。可以的話，就應該有所表示。請清楚表明你反對什麼，以及為什麼會認為這種情況是有害的。

## 11. 開出成功的處方

當你因為某事而不悅時，請確保說出你想要的，好讓別人知道該如何成功處理它。人們無法處理籠統或模糊的評論，需要準確地知道你反對的是什麼，以及需要做些什麼來改善狀況。NLP 證實，如果我們想要人們做出改變，就應該以一種針對性的，而不是偏離主題的方式來表達想法。

你可能不喜歡這個或那個，然而你真正想要別人做的又是什麼呢？給別人開出成功的處方，是增強家庭或工作上「我們」意識的好方法。使之具體化，有助於你在正確的邏輯層次，而不易於在身分層次上給出評論。具體化對你自身也很有幫助，因為詢問自己想要什麼，能夠好好檢視及發展你的第一位置強度，因此也對關係有許多作用。

### 案例

我們的一位學員瑪麗安娜在完成一天漫長的工作之後，便趕快回家為丈夫和十多歲的孩子煮晚餐。像往常一樣，丈夫和孩子先到家，正在舒服地看電視。瑪麗安娜開始煮飯時，感到十分孤獨且沮喪。

透過培訓，她懂得要告訴別人，她真正想要什麼，而不是單純地責怪別人，才是有用的作法。她意識到自己並不是想要家人幫她做家事，陪伴才是她想要的。因此，她說：「我很想要有人過來這裡陪著我。」這樣她就能享受與女兒談論當天發生的事情的樂趣。

## 12. 使壓力最小化

關係中的衝突和弱點是可以減少的。如果你或夥伴總是不守時或是對細節過分挑剔，你會感到不快甚或煩惱。你可以把這個問題當作會影響「我們」意識的問題而提出來。你也可以問問自己，是否能採用一些方法，來減少夥伴的這種特點對你的感受的影響？是否有辦法繞過可能引發的任何問題？

不要做舒芙蕾這種必須在特定時間內食用的甜點，或者你在做舒芙蕾時，要設法讓你的伴侶在家裡等著吃。倘若事事都出錯，那麼認為「真理站在自己這邊」，還有什麼意義？如果一位團隊成員工作起來比較緩慢、仔細、追求細節，就設法利用他的這些才能，讓他來從事檢查工作和善後事務，而讓其他更有衝勁的團隊成員以自己的方式來完成事務。大部分團體都需要各類技能，請確保你能夠在適當的位置施展你的技能。

## 13. 慷慨地給予表揚和獎賞

人們總是很容易去批評他人，並且認為好的表現或行為是理所當然的。請將經常、立刻、具體地給予稱讚，當作你的一個目標。獎賞會使各方都感到滿意，還能儲備信賴和好感，當問題或危機出現時，將會對「我們」很有幫助。

所有這些行事方法，都有助於你和夥伴在彼此的關係中形成一個良性循環。它培養了一種更安全、適應性更強的「我們」意識，在充實組成整體的各個獨立部分的同時，也豐富了自身。

# 如何以不同觀點看待事物？

「他不理解我！」「她確實瞭解我正在經歷的事情。」諸如此類的評論告訴我們，在我們的私人關係中，雙方能夠料想到事情對我們而言是什麼樣子，是非常重要的。然而，真正的技能則是在你與對方互動時也能夠這樣做。NLP 會告訴你如何做到這些。

## ◢ 有關轉換感知位置的價值

看待事物的角度能夠左右你的看法。這是 NLP 工具中，**轉換感知位置**（參見第三章）的基礎。使用這種方法，我們能夠在腦中貼近或站在別人的立場，甚至可以暫時抽離、處於事外，或從各個不同的角度來看待同一個情況。這是一次出色的實際檢視；當我們轉換位置時，通常更容易弄清楚事情對別人來說是什麼樣子，並且能找出與他們互動的更好方法。這在私人和工作關係上皆可適用。

我們也可以把這部分稱為「如何以別人的方式看待事物」、「聆聽事情對他人來說是怎樣的」或「如何站在別人的立場思考」。當你想增強任何關係時，以對方的方式來看待、聆聽、感受事物，確實有用。不管是有意還是無意學會的，在家庭或工作上處於良好關係的人們，通常都善於運用這些技能。NLP 告訴我們，走進別人的世界，通常具有一個能夠被學習且完善的結構。這裡有三種需要探討的關鍵位置。

## 第一位置

這是指「我」——個人體驗——所處的位置。處於最佳狀態時，它是思想、感受和身體體驗所處的位置。它是即刻的，也很可能是完全感官的。它是你的感覺最為活躍的位置。不管這些經歷是否令人愉快，它都是真實的。至少，你正在感知事物。處於第一位置，你會瞭解自己喜歡什麼，知道你想要什麼並且著手去獲取。處於第一位置，你會感覺良好，照顧自己的需求，設計自己的未來，並且感到身心完整合一。

然而，第一位置也有另一面。它可能會成為自私的溫床，而不是自我培養的基地；它會使人考慮不周而不顧及他人；它會使人固步自封，圍著舊有的軌道轉圈，看不到它的到來，也走不出去；它還會使你四處碰壁。諸如此類的比喻告訴我們，體驗的影響是多麼直接和強大。

處於第一位置，你會與別人斷絕聯繫，會與「事實」隔離。誠然，你可以活在自己的現實中，但如果你停滯在第一位置，就沒有辦法檢視現實的真實性。你會幻想或認為別人的感受跟你一樣。你還會做出假想，卻意識不到這種假想行為。

## 第二位置

處於這個位置，就要想像事情對對方來說是什麼狀況。有很多方法都可以做到這一點：

- 設想別人的生理狀態，並且去測試這種生理狀態是否適合你。是否覺得這很奇怪？在武術中，這是徒弟想要模仿師父的一種基本技能。如果模仿別人站立、就坐、呼吸或走路，即使只有一會兒，你也會十分驚訝自己學到了那麼多關於別人的狀況。

- 設想別人的生理狀態後，把自己當成對方並開始講話，每句話都用「我」來做主詞。同樣地，你也會十分驚訝話語是如何滔滔不絕地湧出，並且你也能夠以別人的觀點來描述事情。站在別人的立場談論自己，也會給予你更多關於事情狀態的資訊。

這兩種方法都是你能夠獨自完成的。當你更加熟練時，它們就能夠在你的腦中進行，並且別人從外面是看不出來的。當你真正掌握了這些技能，就能在現實中與人交往時運用。

你不一定要熟悉對方，才能處在對方的位置思考。如果在超市看到有人表情迷茫困惑，從他們的行為和神色，你就可以知道發生在他們身上的一些事情，並且能夠運用自己關於這種情緒的經驗來想像別人的感受。一般來說，越熟練掌握這種技能，就能越快速容易地做到這些。最終，即使對於剛剛遇到的人，你也能理解他們的感受。如果你想模仿傑出的人物，卻不能與之有直接的私人接觸，那麼這項技能將會非常有用。

處於第二位置的能力，是讓你深懷同理心和關心、言行得體及友好的基礎，也是預料與照顧別人的需求、使自己設身處地為他人著想的基礎。這還是你能夠明白何時需要為你做過的，或應該做而沒做的事情說「抱歉」的基礎；以及進行良好的團隊管理，做出明智抉擇的基礎：

## 案例

科林運用這項第二位置的技能，使他的事業蓬勃發展。他擁有自己的建築公司，辦公的氛圍友好又嚴肅。他要求的標準很高，也很期望員工能夠遵循。如果員工有需要，他也會讓他們

休假。

他的眼光敏銳，能夠區分出不盡職責和真正有困難的人的差別。他會說：「我想請你到我的辦公室談談……」。「談談」可能會變成一次嚴厲的訓斥、一次求助或者一次晉升。他看起來好像有解讀人心的天賦。人們經常會問：「他是怎麼做到的？」實際上，科林是在傾聽及觀察他的員工，並且考慮他們的感受。是他的這種行事方式，使他如此有影響力。他常常說：「是他們在做事。一旦我知道他們的狀況，就會知道事業的發展狀況。這就是我為什麼設身處地為他們著想的原因。」

處於第二位置最糟糕的一面，就是認為他人的需求是首要的，這會讓他人接管你、支配你，並且使你疲憊不堪。當你同理他人時，反而會迷失自己。從另一方面來看，科林並不只是設身處地為他人著想，還有著強烈的自我感。這種自我感，加上觀察能力以及對目標的清晰認知，幫助他在給予他人鼓勵和著眼於工作之間，保持有效的平衡。

當你想要對某人運用第二位置時，可以利用你對他們的觀察，回想別人如何行事、支持什麼、如何處理事務、有什麼樣的觀點。我們已經培訓許多學員運用這個方法。處在上司的位置進行片刻的思考，是應對上級的重要手段。若能處在你所愛之人的位置思考，也是很有價值的。

有機會的話，請試著這樣做：用幾分鐘時間學習他們的走路姿勢四處轉轉，體會他們的態度，以他們的步伐前進。處在一個不同於自己的世界，會帶給你一種全新的體驗。如果你是一個從容、沉思的人，就會發現當你大步奔向公車站，或是一步跨兩個臺階衝上

樓梯時，整個世界是多麼不同。以那樣的節奏生活，事情看起來有什麼不同？它很可能不只是物體運動速度的變化。生活節奏比平常快了那麼多，你是否感到壓力重重？抑或精力充沛？像那樣四處奔波，以別人的眼光看待世界，你覺得情況變得怎麼樣？這能否解釋其他人為何會對你或別人做出某種回應的原因？

　　NLP 中一個重要的假設前提，與採取第二位置特別相關，而且它是建構良好關係的有益手段：簡言之，溝通的意義決定於對方的回應。拆開來看，任何溝通的真正意義，在於與你溝通的個人、團隊、國家透過這個過程所能理解的資訊，而不是你認為的傳達出去的資訊。至關重要的部分，是接收者實際上所理解的部分，而不是溝通者想要表達的內容。處於第二位置，能使你檢查出對方透過你的話語和行為所能理解的部分。設想自己處於接收者的位置，能提供一個改善言行舉止的機會。有一件需要記住的重要事情就是：在溝通中，接收者所理解的部分是經過過濾的。如果別人獲取了與你表達的內容不符的訊息，這不是他們的錯誤，也不是你的。一旦你弄清他們獲取了什麼訊息，就可以處於第二位置設想他們目前的想法和感覺。那是你調整下次溝通所需要的依據！

## 第三位置

　　這是指參與其中的**觀察者**的位置，你能夠從處於第一位置所感受到的強烈情感中抽離，從外界去**觀察**處於同一事件的自身和對方。這並不等同於那種解離狀態；解離是一種強度的疏遠、自我保護狀態，一種大腦用來逃避創傷和疼痛的本能機制。

　　處於第三位置，在情感上有所不同；你會有富於情感的反應，卻與處於第一位置時的情感截然不同。比如，處於第一位置時，你可能會感到害怕，但當處在第三位置時，就可能會同情自己或者生

自己的氣。

從最好的方面來看，在這個位置上，你能夠「不易受到批評、責備」、「不會遭遇驚險」，也可以「從另一個角度」看待事物。能夠做得恰到好處，確實很寶貴。它能使你與所做或要做的，或發生在你身上的事情，產生不同的關聯，它也是監看你如何行事的方法。

處於第三位置，你能夠接觸到「更加明智的自我」，因此能培養你與自身的關係。處於第一位置的自我會奮力拚搏、受到傷害、感到疑惑。因此，處在第三位置的你，就能夠對自我進行鼓勵或者提供建議。一旦處於第三位置，你就會發現，不好的事情不會顯得那麼糟糕，因為你看待事情的方式已經不同，理解事情的方式也不一樣；你也會發現，美好的事情看起來更加美好，因為你能理解事情為何變得美好。處在第三位置時，事情不會直接迎面逼來，同時也能讓你自我鼓勵及自我支持。

---

### 練習

試著想出一些你感到苦惱的例子。

・現在使自己自然地處在一種位置，用片刻時間來感受這種苦惱。這是第一位置。
・然後從那個位置上走出來。真正擺脫它，你就不會帶著它了。
・走開一段距離，大概兩公尺或更遠處，進入一個嶄新的物理空間。處在那個位置，你能夠在想像中看一看那個苦惱的你。這就是我們所說的第三位置。
・現在你處在第三位置，請看一看處在第一位置的那個你。你對「那個你」會做出何種反應？你認為「那個你」有何需求？請注意處在此位置的你有何不同反應？（如果沒有不同之處，你就沒有真正將第一位置擺脫掉。）通常這也是能夠在現實生活中做些不同之事的開始。

身處第三位置，也能讓你理解他人所處的立場，並且理解這如何與你所處的立場相關。身處第三位置，你也能夠把不同的觀點或資訊拼在一起，獲得對事物更加全面的理解，就像拼七巧板那樣。

　　若要在關係中獲得成功，我們需要有能力採取這三種位置；每一種位置都會使我們獲益很多。

　　我們來看一個分別從三個不同位置看待同樣情況的例子。設想你在家或工作中很努力地完成事情，並且對全力以赴所得到的結果感到滿意。你很想讓伴侶或上司注意到並欣賞你的成就。然而，當他或她到來的時候，只是告訴你，他們在做什麼、這一天多麼糟糕，等等。

　　當你**處於第一位置**，會感到心煩意亂，覺得被忽視甚至被傷害。他們的行為與你想像的正好相反。你對他們興趣缺缺感到憤恨。

　　當你設法**處在第二位置**時，發現你開始感到匆忙、心不在焉。你的呼吸加快，感到焦慮。多麼糟糕的一天。至少，你能夠開始與一個富有同情心的聽眾（他們眼中的你）交談，來放鬆自己。

　　當你開始**進入第三位置**，你會意識到雙方在此情況下並沒有在溝通。處在第一位置的那個你想要得到稱讚，因為你一直努力工作，想要立刻得到稱讚。另一方面，你的伴侶／老闆並沒有忽視你的成績，只是壓力太大，以至於沒有注意到別人。處在第三位置時，你可以告訴第一位置的自我，不要只顧自己，並且需要多些耐心。畢竟，你這一天頗有收穫，而且你的伴侶／老闆通常都很欣賞你，你可以留一些時間給他們處理困難和挫折，好讓事情過去。如果你能先一步與他們保持一致，他們就更能接納你。

## ◼ 感知位置與不同的後設程式

採取上述的不同感知位置後，就能夠將後設程式（參見第三章）加進來討論了。舉個例子，一旦你意識到老闆往往以一種程序性的方式處理事務，而你天生有創造力且重視選擇自由的話，那麼你就獲得了一些重要的資訊。當然，你的不同方法會引起磨擦，因此，請試著以他的方式行事，花幾分鐘時間將你的注意力轉移到他所關心的事情。這種感覺如何？你的創造性在他看來是抄捷徑。對你來說是具有彈性，對他來說則是草率、不負責任地對待已規定的程序。

### 案例

傑克和羅絲正在搬家，需要清空閣樓，但是每次傑克提起要清理閣樓，羅絲都設法轉移話題。一想到這裡，她就會不知所措。她認為工作量很大，而使她覺得工程浩大的原因之一，就是傑克希望將這項工作一次完成：「我們需要來一次突擊。」因此，她把自己的感受告訴傑克，並且表示實際上她喜歡一次只做一點。「我發現自己不想與傑克一起做事，因為那樣的話，我就必須一次完成它。」

傑克考慮之後，意識到他一定說過這項工作是一項浩大的工程，因為他就是這樣認為的，但是處在羅絲的位置，他意識到這項工作確實看起來讓人有些不知所措。這的確是一項龐大的工作，但他卻不以為然。不過，如果有選擇，他也喜歡以羅絲希望的方式來工作：部分突破。傑克使自己處於第二位置，並且適應羅絲不同的歸類風格（參見第三章）。透過這樣做，他找到了確保他們共同完成工作，並且互相分享經歷的方法。同時，他也以一種使雙方工作更容易的方法清空了閣樓。

## 採用不同感知位置的建議

### 如何增強第一位置：

• 考慮你自己想要什麼。

• 考慮對自己而言什麼才是真正重要的。

• 養成習慣去留意你的所感所想，並且提醒自己，你的體驗是很好的出發點。

• 當新的一天開始時，請思考：「我今天應該做些什麼來增強幸福感？」

### 如何增強第二位置：

• 對別人要有好奇心。思考以下這些問題：「要是○○的話，事情會怎樣？」「像○○那樣行事的話，我會怎樣？」

• 接替他人的工作：體驗他們的生活狀態和行為方式，比如語速。

• 設想別人必須忍受你的言行。如果你不想讓這樣的事情發生，需要做出什麼改變？

### 如何增強第三位置：

• 請開始系統地思考。要意識到你是更大系統的一部分；那個系統可以是你的辦公室、家庭或戀愛關係。有效地做到這一點，會對你處於第二位置的思考大有幫助，如果你只是從第一位置的角度觀察，就不會看到更大的圖景。

• 請從更廣的角度來思考：

—「人們之間發生了什麼事？」

—「這種安排方式特別引人注目之處是什麼？」

請開始與自我建立重要的關係。接受你所涉及的情況,花一些時間進入別人的心態和外形特徵。然後從中走出來,站在至少兩公尺遠的地方看自己,你會如何回應處在第一位置的自己?

- 此外,請對你自己和別人的後設程式充滿好奇。把它們當作是滿足不同需求的資源。在何種情況下,何種方法最有幫助?又會有哪些限制?透過充分利用這些資源,如何抵消這些限制性?

- 還有,儘管這看起來很明顯:

　一請找出那些有效用的事,並多做有效用的事。

　一請找出沒效用的事,並少做沒效用的事。

## 如何投資未來?

良好關係的一個顯著特點,就是不僅在當下充滿生機,也會積極地採取行動來滋養未來。這種未來感可以體現在一些組織的商務計畫中,或決定結婚的情侶身上。商業或私人關係很可能不知不覺就走到了未來。但事實是,你現在正在做的事情,會決定你所擁有的未來;正在形成的模式會繼續存在。如果你想建立卓越的關係,從現在就開始投資,將是十分精明的舉措。

在關係方面,要是你忽視那些能夠預示不樂觀的未來的當下資訊,這份關係就會受限。在其他條件相同的情況下,時間只有助於保持和深化目前正在形成的任何模式。

### ◢ 思考未來:「處在時間中」與「跨越時間」

NLP 最偉大的發現之一,就是人們會以不同的方式體驗時間。

在第三章關於後設程式的討論中指出，有一些人處在時間中，處在當下的豐富之中，比較難以設想未來，或是弄清現在、過去如何與未來相關聯。

還有一些人自然地具有跨越時間的觀點，對事件及其間的關聯有著概括性的描述，這通常使他們成為卓越的制度計畫者，並且能夠預見結果。然而，這也可能代表他們對正在發生的事情並不會那麼投入，或許他們還會羨慕那些能夠真正投入當下的熱情的人。

在理想狀態下，我們希望能完全「處在時間中」地活在當下，又能考慮到需要做些什麼來「跨越時間」，建構令人滿意的未來。若要更加「處在時間中」，你需要竭力擺脫身後的過去，請把它連接到一條時間軸上，這條時間軸從你身後開始（即為過去），再從你身上貫穿過去（即為現在），然後繼續延伸到你的身前（即為未來）。若要更加「跨越時間」，就請將過去放在你的左前方，將現在放在正前方，將未來放在你的右前方。（如果是慣用左手的人，你會發現把過去放在右前方，把未來放在左前方會更好一些。）

如果你傾向於「處在時間中」，可以透過暫時將你的時間軸轉化為「跨越時間」性，從而學會以長遠的觀點來看待事物。同時也要記住，你會以對你來說正確或不正確的情況為依據，在當下做出相應的舉措。這些舉措會使新的模式持續運行。隨著時間的推移，這種模式能夠為你想要的變化做出準備。重要的是，你要去關注體驗、反思真正想要什麼、相信你的感覺，並且清楚你現在能夠創造未來。

如果你傾向於「跨越時間」，請記住，若想要擁有更強力的聯繫，或者更密切、親密的關係，最重要的就是能夠在當下、此刻，與對方一起全身心投入。要做到這一點，你可以從變得「處在時間中」開始。最初你很可能會覺得很奇怪，雖然它跟「跨越時間」的差別不大。如果你懷疑這樣做的價值，就請用「跨越時間」的眼光看一

看：在沒有全身心投入生活中最美好的時光，或沒有與任何人如此親近的情況下，等待你的會是什麼樣的未來。

## 案例

瓊與一位男士結婚多年。在她眼中，這位男士從他們結婚那天起就發生了巨大的變化。以前體貼周到的他，現在變得只顧自己、沉默寡言、專橫霸道。她無法真正相信這些，一直告訴自己，他還是與自己結婚的那個人。由於她相信結婚是為了生活，便頑強地堅持下去，並且試圖從個人愛好和朋友那裡找到安慰。

多年後，她與就讀同一所夜校的一位男士非常要好。最終，這位男士請求她離開自己的丈夫，她也清楚自己在內心深處也是願意的。然而，她卻發現要與丈夫決裂真的很難，無法想像她的未來會怎樣。她一天天熬過來，如今已經長達二十年，她現在覺得這真是太浪費生命的時間了。

在與教練交談時，她意識到曾經很好的生存策略——「一次想著熬過一天，阿門」——只會阻止她進行更長遠的考慮及尋求更美好的生活。她需要弄清楚將來自己真正想要什麼。最終，她決定離開丈夫，去尋找一個屬於她的地方。這樣她就能對新的關係進行考驗，並且留出時間讓這種關係向前發展。這一回，她想要擁有一個未來，以及實現未來的途徑。

許多人日復一日地忍受著家庭和工作上的事情，卻意識不到或者故意去忽視這些事情如何日積月累地帶來負面的影響。這其中包括為了薪水而從事不滿意的工作，經年累月下來，這會沖淡熱情、

給精神和身體造成壓力、使生活失去樂趣。

以這個觀點來看，我們所做的任何事情都不是中性的。它們要麼增強我們對生活的意義、目的、樂趣的感悟，要麼會對這些加以損害。伊恩記得那天他在郵局排著長隊，旁邊的那個人因為不滿而激動不已地說：「這真是浪費時間！」伊恩想：「不，這是在浪費生命。」你在任何時候考慮到「時間」時，都可以試著用「生命」這個詞來代替「時間」。「這真是浪費我的時間」會變成「**這真是浪費我的生命**」，「做那樣的事太浪費時間」就變為「**做那樣的事太浪費生命**」，「我抽不出時間」就是「**我抽不出生命**」。另一方面，「那才是好好利用時間」就會是「**那才是好好利用生命**」。有時，只改變一個詞彙，就能使你意識到真正涉及的是什麼，然後你就能決定那是否是你想要的結果。

從長遠來考慮，也給我們提供了評估當下的絕佳方法。參加一晚換一個地方的巡迴演出，可以證實你引人注目，還會帶來興奮和喜悅，並且這也可能是你目前真正想要的。如果你設想一下，這種模式一直延續到未來，例如在五年之後，你回過頭來看一看，它帶給你的是你想要的嗎？或者，如果你向前推進這種模式，來對關係施加影響，請想像一下，它一直向前運行直到你去世。那樣對你來說又會如何？

## ◤ 投資是累積的

我們想提供一個關於建構更加良好的關係的比喻：假設你在對關係投資時會考慮到自己。這個比喻的精髓在於，它能使你清楚對你來說什麼是合適的。這並非異想天開，不過也相當奇怪：如果你能把關係（包括浪漫關係）看成是投資的機會，它就能獲得改善，

而且帶給你十分有趣的見解。

你對時間、精力、行為的投資，會隨著時間的推移而累積下來，不管是好或壞。在意識到這件事之後，一旦你知道自己想要什麼，就會更加密切地關注現在：你今天正在做的事情，對於獲得你想要的是有利還是有害？它也會讓你如釋重負，使你明白「要做出想要的改變，不一定需要重大事件」。舉個例子，在私人關係中，與伴侶談論你的感受時，不必以大量的內心深處或親密的感情傾訴來打開話題。你可以說一些簡單的事情：「我今天早上很累」或「約翰不認為我的計畫很有趣，我很失望」。若要與伴侶共同分享你對未來的期望，也可以低調處理，比如，「我真的希望我們今年能出國。」

你可以一天一天慢慢培養新的習慣。例如，對伴侶的坦誠與親密的投資，也會逐漸增長。一旦你習慣表達對無害的較小事情的感受，就能夠更容易地談論意外出現且有風險的較大問題。

## 對關係進行投資是指什麼？

對關係的正面投資意味著很多。雖然內容有所不同，但請注意它們如何影響你的私人和工作關係的：

- 花時間在一起
- 口頭讚賞
- 關心和分享
- 分攤家庭瑣事和任務
- 考慮未來和享受過去的美好回憶
- 困難時相互扶持
- 為此花錢購買東西（禮物、設備、資源配給）
- 處於第二位置，以便建構和睦的關係，並且預先考慮到需求。

當然，上述投資也會有消極的一面。你可以透過不做這些事來撤回投資，但這會使事情更困難、更令人不愉快、更沒有回報。請檢視一下剛才列出的每個項目，這能夠幫助你評估對家庭和工作所做投資的當下價值。

## 盤點你的投資

我們在進行金融投資時，都會想要回收成本，如果有額外的價值收穫則更好。以這種方式看待私人和工作關係，不僅會提出一些有用的問題，還會使你對正在做的事情採取不同的立場。例如，那位一天一天熬過了二十年不幸婚姻的女士，所做的就是一項巨大的投資，但她沒有意識到每天的情感「溢價」情況正在增長。以她的情況來看，投資的價值實際上在降低。

因此，最基本的問題是：你的投資是否值得？

## 你的投資是否值得？

這裡有一些我們認為有用的問題。請思考一下：

### 私人關係

- 是否令人滿意？
- 現在是否擁有共同的價值觀，且將來是否極可能擁有？
- 是否擁有很多共同的興趣？
- 是否互相尊重？
- 是否擁有這種能夠利用過去及建構未來的感受？
- 是否互相覺得對方有意思？有趣？令人興奮？能給予支持？能鼓勵自己？
- 是否互相感到驚奇？

- 是否互相提取對方的優點，使雙方的自我感覺都很良好？

## 工作上

- 在工作上是否令人滿意？
- 在私底下是否令人滿意？
- 此處是否令人振奮？
- 他們的價值觀是否也是你的價值觀？
- 你的技能是否被認可且受到重視？
- 你是否有團隊和團隊合作感？
- 你是否因為自己的身分和能力而受到重視？
- 你是否與這些人或這個組織，共同擁有一種未來感？

你還有一些能用來判斷是否在進行良好投資的個人準則嗎？請注意那些具有檢視投資好壞之能力的事件。舉個例子，溫蒂和丈夫一起生活了三十多年，她記得他們剛開始共同生活時，對於為他們的關係進行投資是否值得一事，不得不做出決定的情形。一開始，無論什麼事情，他們都會分成兩半。不過，原本屬於丈夫的開罐器壞了，而她在決定掏錢購買新開罐器的那一刻，意識到自己正在對這種關係進行長期的投資。

## 從投資中獲得最大的價值

- **盡可能要求最好的未來**：找出什麼是你真正想要的，用結構良好的前提（參見第三章）來實際檢視一下。如果有跡象表明你並沒有在獲取想要的事物，請別對這些跡象視而不見。不管它們是以看得見的事件或行為，還是以本能的感覺或印象深刻的夢境出現，都要認真對待。要使自己能夠從潛意識，

以及有意識、有邏輯性的心智中獲得資訊。

- **共同設想未來**：有一次溫蒂的一位朋友令她感到十分意外且快樂。那位朋友對她說：「我真想知道妳八十歲時的模樣。」你能想像出你與朋友或伴侶一起變老的情形嗎？你從中獲悉了哪些可以預料關係發展的事情？或者關於目前的真正狀況的事情？你能設想出自己在退休之前，會在目前的工作團隊或組織中工作多久嗎？你從答案中獲得了什麼？

- **把長期目標下切（向下歸類）**：這樣的話，你就能立即開始實現目標了。請你在私人或工作關係上制定長期目標，並且思考今天你能做些什麼來實現它。下週你能做些什麼？下個月呢？年底呢？

- **利用回饋來幫助引導你**：投資金錢的人們通常都會定期監看投資的進程，請利用從事件、想法和感受得到的回饋，來對關係投資的進程進行監看。如果所做投資的價值看起來在滑落，請不要坐等它滑落得更多。反思一下，你需要採取什麼行動來檢查你注意到的跌落並修正它？

- **自我檢驗**：我是否應該離開？想要成就自我，必須做哪些事情？這是指找出你開始撤回投資的門檻。找出你的底線是什麼？你的伴侶打了你，即使只有一次？你的老闆一再讓你加班？你沒有獲得加薪？等等，這些事情看起來可能十分瑣碎，但實際上，人們往往會基於「最後的稻草」事件而做出大舉動，這也符合近來一項針對訴請離婚之原因所進行的研究。當然，這並不代表從牙膏管中間擠牙膏就是婚姻破裂的根本原因，但是，正是那些未加制止的小暗示，成為其他事情的典型代表；在投資徵兆方面，那些小暗示就代表投資沒有得到回報。因此，即使你發現「最後一根稻草」是微不足

道的，也請反思一下，實際上它代表著什麼？為什麼它代表著極少的回報？

在關係上的投資，其根本意義在於進行交易。期望關係能夠對涉及的各方都有意義，是公平坦率的。只要能使雙方（或各方）都滿意，各種形式的交易都是實際可行的。但是，如果交易不能使人滿意或者過於不平衡、過於拖延，而你卻無視它，就必須自擔風險。

## 當事情出錯時，如何知道該做些什麼？

在這個部分，我們將會探究一些出現在家庭和工作關係中常見的困境，並且揭示 NLP 如何幫你弄清這些問題並做出正確選擇。

### ◢ 保持自我

這些是對我們培訓的學員十分有用的事情。其中一些涉及具體的 NLP 技術，另一些比較不具體，但也是建立在 NLP 的好奇心和接受原則之上。

- 意識總是最關鍵的。請利用關於後設程式、表象系統和次感元的討論，來幫助你建構「獨一無二的你」的概念。找出「獨一無二的你」處理事情的方式。思考那些我們推薦的問題，來獲得更多資訊或檢視細節。透過檢視你的所感、所想、所要，來練習處於第一位置的思考。
- 每天都要關注自己，並在一天之內進行幾次。要養成習慣。每次進行自我檢視時，你都會增強自我感，並且使你不會被任何人或事物所併吞。如果你不確定自己對事物的所感所想，

就把它說出來;在心裡訴說或大聲說出來,對其進行測試,並且要留意你的身體反應。你是否感到懷疑、退縮、懶惰、焦慮?你是否感到精力充沛、積極有活力、充滿熱情?思考得越頻繁,你就能越快地做出回應,所需要的提示信號也會越微小。

- 想一想你感到真正開心的時刻,也想一想你缺乏自信或頹喪的時刻。請趕快記下你能想起的所有細節,並且採用對比分析來找出對你有影響的不同之處。請你也把它們記下來,做為自我監看的一部分。

- 每天給自己留一些時間。它可以是極短時間的冥想、沿著街區的散步、你最喜愛的消遣時間,或者放鬆身心的沐浴。你可以利用這些時間刻意想一些事情,或為自己做些事情,或者只是享受獨處的樂趣。

- 寫一個關於自己的清單。請將你喜歡或厭惡的事情、擅長的事情、認為難辦到的事情、熱衷的事情、受到讚美的事情、後悔的事情,以及期望的事情,全都包括在內。請將大項目或小項目、大部分人很容易理解的事情,以及私人的、「愚蠢」的怪事或癖好都包括在內。

- 當有人侵犯你的個體性時,要允許自己做出反應。讓他們知道發生了什麼、什麼是你無法接受的。你不必冒犯他,但是從長期來看,讓別人認清你的界限,對每個人都很有幫助。

## 案例

勞倫斯和塔妮亞在前些日子搬到鄉下。他們在那裡買了一棟有大花園的舒適老房子。勞倫斯已經退休,塔妮亞則是一名顧問,作為自由職業者,她經常在外出差。他們都很好客,起初

也很高興讓朋友留下。然而，在新家度過第一個夏天時，他們就開始感到疲憊，並且相當討厭朋友的拜訪。塔妮亞注意到，老朋友也認為到這裡來可以放鬆度假。但她開始對此感到不悅。她和勞倫斯在一起的時間變少了，兩人還會因為待客相關的瑣事而相互抱怨。

塔妮亞與一位教練朋友談論之後，意識到該設定界限了。她向下一批訪客說明，歡迎他們來訪，但需要他們幫忙。她解釋道，她有時會去工作，剩餘時間就會與他們一起度假；而他們也要做好自己的份內事。令她大為吃驚的是，朋友都很理解，也很樂意一起分享樂趣，分擔瑣事。

## ◢ 使工作與家庭保持平衡

### 案例

麥克二十六歲，積極上進，在一個野心勃勃的招聘公司工作。他喜歡這項工作，並且有望獲得晉升；他喜歡幫助客戶，並且善於與他們建立和培養關係。一旦開始工作，他很容易完全投入其中，甚至會忘記去辦一些私事。這些事情只能在白天去做，比如去銀行或打一些重要的電話。特別是他發現很難結束一天的工作，時常會加班。他的伴侶亨利在家辦公，開始生氣並感到他把工作放在兩個人的關係之上。他覺得「麥克工作時，把我們忘了」，並對此感到憤恨。甚至當麥克許諾按時回家參加一些特殊活動時，他也經常「忘」了。兩人的關係處於決裂的邊緣。

當教練問及麥克真正想要什麼時，他回答說，他真的想要在工

作上獲得成功，也真的想擁有與亨利的關係。他只是無法同時顧及兩者。教練解釋說，那些能夠有效使生活保持平衡的人，都有很多將家庭和工作聯繫起來的方法。有人會透過寫日誌，來確保在工作期間做完「家務事」；有人認為在白天打電話給伴侶很有必要。實際上，麥克並不擅長對工作進行計畫。因此，他認為日誌管理在生活的各個方面對他更有幫助。他不喜歡要記得打電話給亨利，卻十分高興亨利每天打電話來，確保他能夠記得準時下班，或告訴他不必這樣做。他也決定去問經理，是否能按時間來安排工作。

平衡並不是將注意力平均地放在家庭和工作上，而是根據對價值觀和目標的共同理解，將兩者聯繫起來。

接下來發生的事情聽起來很有意思。因為麥克已經提出這個問題。當麥克認真對待此事之後，他們的關係也隨之改善。幾個月後，他們決定賣掉公寓並搬到離麥克的工作地點更近的地方，因為這樣能減少他的通勤時間，並且有助於他「離家更近」地工作。

使家庭和工作保持平衡，涉及各個邏輯層次（參見第三章）的很多事情。對麥克來說，它涉及身分問題，而對亨利來說則關乎價值觀。此外，正如麥克發現的，它可能關乎能力，而進行有效聯繫是一種可以習得的能力。它顯然涉及行為和表達的方式，以及雙方的優先事項和價值觀。因此，倘若這對你來說是個問題，請從邏輯層次來思考，因為這會提示你應該在哪裡介入並引起變化。

有時，大自然也會助我們一臂之力。我們認識的一位商務人員，工作時間很長，有時週末也要上班。他發覺這樣很辛苦，因為他必

須搭公車上下班，並且很難見到他的小孩。他的老闆毫無同情心，直到老闆自己成為父親之後，突然之間，這位商務人員的工作變得更有彈性，由於睡眠不佳和就醫而造成的遲到，也得到了老闆的容許。情況通常都是這樣，老闆自己情況的變化，常常有助於他處在員工的位置進行思考。

## ◤ 找到恰當的時間提出問題

若要知道何時是提出問題的恰當時間，就請思考這個恰當的時間是對誰而言的？是為了實現什麼？NLP 的兩條重要指導方針，有助於回答這些問題。你所傳遞的這些訊息被接受的程度，不僅取決於你所表達的方式，而且取決於接收者所理解的程度。因此，首先要思考：你的表達是否足夠清楚？你能否以一種對方能夠傾聽的方式來表達？然後思考：你需要處在何種狀態來表達？並且，考慮到對方需要處在何種狀態來傾聽，也同樣重要。如果你的老闆正急著去演講，你卻向他提出關於工作分配的重要問題，他可能聽不進去，並且他顯然會因為你打斷了他的思緒而惱怒。

有時，因為恰當的時機還沒有到來，人們會晚點提出問題。在這種情況下，思考你真正想要什麼，是至關重要的。現在可能不是你提出問題的「完美時機」，但是，如果這是你在生活中獲取想要之事物的恰當時機，那它就是提出問題的恰當時機。不要躲躲閃閃，請放手去做。

## ◤ 這真的是不能調和的差異嗎？

不能調和的差異，大多總是集中在信念和價值觀，或者我們的身分感上。這就是為什麼很難解決這些差異的原因。當人們感覺到

侵害這三個要素的任何情況發生時，就會變得非常固執和頑固，甚至看似要堅決使這些差異不能調和。不過，他們那樣做，通常是為了維護並盡量保持價值觀或其身分的重要性。

我們發現了一個更有用的途徑，就是將一個不能調和的差異，當作一個你**尚未**找到解決辦法的差異。加上「**尚未**」這個詞就改變了時間框架，使不可能變為可能：這是在這種情況下的一詞換框法（參見第三章）。

在培訓中，我們發現弄清楚很多具體問題是十分有用的：

- **這些有著不能調和的差異的學員，是否想要調和？**如果答案是肯定的，我們想知道為什麼，如此就能使各方面涉及什麼，以及什麼值得努力去保護等事項，變得很清楚。如果答案是否定的，我們也想知道為什麼，因為當他們建構了一個想要追隨的方向時，所表達的價值觀陳述，就會指導未來的決定和行動。

- **所謂「不能調和」，具體指的是什麼？**起初我們聽到的描述都是千瘡百孔，有很多省略的內容。當你開始對其進行補充時，經常會發現，更完整的描述多少會改變你對問題的思考。當你真正開始弄清楚各方面是什麼時，相關描述就是百分之百正確的。不過，通常也會發生一些扭曲和一般化。要獲取具體的情況，請採用後設模式問題（參見第三章）。

- **如果他們有意願，是否有辦法調和差異？**這是能力問題。有時，人們需要學習新的溝通技能和新的互動方式。有時，這並不是不能調和的差異，而是表達方式的問題。

## 案例

溫蒂曾為一對夫妻處理了「他們之間不能調和的差異」。採用前述三個問題，的確有助於事情的發展。他們對於這些問題的回答，顯示他們實際上想要的東西是一樣的。但是，他們卻以十分不同的方式來獲得，因為他們的後設程式反差很大。這表示他們做事的方式不同，也沒有他們想要的成功的溝通方式。他們意識到，他們的目標實際上並非天差地遠，他們都想在事業上取得成功，擁有美好的家庭。他們瞭解到彼此的後設程式有何不同：妻子非常「處在時間中」，並且享受當下的生活，認為進行計畫很困難；而丈夫更為「跨越時間」，不能理解妻子為什麼總是衝動隨性地花錢而不儲蓄，並且她不能將注意力集中在一些她同意做的、有助於計畫進展的事情上。學會尊重對方的方法，就是共同討論和獲得所想要之事物的開端。它代表每一方都要做出相當大的調整。此外，意識到他們應該對對方及共同的價值觀和目標負責，也有助於他們理解及處理這些重要的差異。

在處理不能調和的差異時，可使用的 NLP 工具就是上推（向上歸類，參見第三章），其範圍從細枝末節到大的或更重要的相關問題。雙方都贊成的價值觀或目標，總有一天會出現。或許他們會以十分不同的方式來實現這種價值觀或目標，並可能成為問題，但是價值觀卻是相同的。舉個例子，一對夫妻離婚時，可能會爭論是否該讓妻子來接管房產，或者應該將房產賣掉，以便雙方都能再去購買房子。母親會激烈地爭論說，孩子最好能住在熟悉的房子裡。父親會爭論說，如果他有比臥室兼起居室更大的地方的話，就能夠給

予孩子更多，並讓他們過得更好。看起來，雙方都很看重孩子的體驗，都想讓孩子過得最好。意識到雙方有著共同的重要價值觀之後，通常就更容易在較低的邏輯層次的問題上達成一致。

然而，有時關於家庭和孩子的分歧，也會是一種透過努力而使其他問題得以解決的方式。你可能從來都沒有建構過真正的「我們」意識，即使你們已經住在同一棟房子裡成為一個家庭，卻像兩個個體一樣各自生活。對於這樣的關係來說，孩子的出生會使對於時間和資源的競爭顯露出來，並檢視出此關係固有的弱點。在為孩子的需求努力時，你也是在為個人的需求而努力。任何解決方法都需要考慮這一點；並且，你們之間是可以調和的，除非你真的想在不同的基礎上重建關係。

## ◢ 你該留下或離開？

讓我們來看兩個例子，一個與私人關係有關，一個是工作上的。請將問題及其解決方法都看完。

### 案例

羅斯和凱薩琳都是學生，在義工服務營中開始談戀愛。他們很喜歡在一起，並且不小心讓凱薩琳懷孕了。羅斯已經有教練，他決定好好與凱薩琳談一談。此刻，他很想退出這種關係，但他覺得對不起凱薩琳，又想要對孩子負責。那麼他應該留下或離開？羅斯決定在女友所住的同一個街區買一間公寓。這樣他就能夠幫忙照顧孩子，在不共同生活的情況下，仍能在孩子的生活中扮演重要的角色。他能夠提供金錢、奉獻時間，卻不能與並不深愛的人親密生活。

德斯蒙德還有七年就退休了。身為一名在職多年的員警，如果
繼續工作的話，他能夠擁有豐厚的退休金。但是，隨著他所在
鎮上的社會問題日益惡化，讓他感到相當灰心。他覺得上司對
他管轄了二十年的區域裡的年輕人採取了強硬的手段，使得事
情更加惡化。他想要離開，卻會失去很多。不過，由於他的妻
子已經過世，他自己也很節儉，德斯蒙德決定要早點退休。
德斯蒙斯開始尋找兼職工作，幫一位計程車司機朋友開夜車；
因為他習慣輪班工作，認為夜間工作沒有問題，並且因為當員
警的工作經驗，讓他對這個地區十分熟悉。他也決定在當地的
社團中心當義工。然而，他卻無法離開在職多年，並且在其中
建構了良好關係的團體。

人們經常說，他們「沒有能力離開」。使用「能力」這個詞，通
常意味著所涉及的不僅僅是金錢。羅斯為了離開前女友和他們的孩
子一事而難過；德斯蒙德很擔心以他的年齡，是否有能力冒風險離
開一個安穩的職位去尋找工作。但是，即使不考慮經濟狀況，他也不
能從這個工作了這麼久的系統中離開，使這個地區的年輕人失望。

研究「離開」問題的一種方法，就是找出它對你會造成什麼代
價。NLP 中關於「**是什麼阻止了你？**」和「**如果你這麼做，會發生
什麼事？**」的提問，是找出什麼與此相關的好方法。找出你所處困
境的嚴重程度，能夠使你開始探討各種可能的解決方法。

## 有關確立關係的建議

- **思考你真正想要什麼**：這是最重要的資訊，直到弄清楚之後，
  你才能做出決定。離職、從組織或關係離開，是一項重大的
  舉措，值得給予最密切的關注。對於相關的其他方面來說，

情況也是一樣。

- **關注你的內心感受**：當你做出重要決定時，需要自身的各個部分都做出貢獻。邏輯推理和有意識的思考，會給予我們很大的幫助；但它們也需要直覺所提供的平衡力，有時這種直覺會指出我們的規則、假設和邏輯的限制性。我們是由很多相互影響的系統構成的；而當我們要離開熟悉的領域去開創未來時，也需要這些系統。

- **不要將就**：很多人不敢提出要求，或者認為自己沒有資格，或者認為只有出類拔萃或十分幸運的人，才會得到他們想要的。我們身為教練的經驗是，如果人們能夠清楚自己想要的是什麼、檢視目標的可行性，並且在行事時假設他們能夠實現這些目標，都能得到他們想要的大部分事物。

- **創造「肯定的未來」，並將此當作附加資訊**：使用有關表象系統和次感元的資訊，來幫助你創造一個盡可能光明和吸引人的假想未來。創造出多種不同的版本來檢視它。NLP 將這些稱為「肯定的未來」，因為你的想像力能使它們變得栩栩如生、充滿魅力，以至於它們是令人信服的。當你創造了多個關於未來的版本，而且每個都同樣令人信服，就可以對它們進行相互對比和測試。我們的一位同事將此稱為「拓展新路」，因為這有助於他的學員朝不同的方向拓展自己的活動和興趣，並且「測試自己是否適合」。

  如果你像很多人一樣創造了負面的前景，比如，預料中的災難會使此刻的你感到懼怕、不願冒風險，或者迴避那些還沒有發生或可能不會發生的事情，那麼你可以從反方向使用同樣的技巧和策略，來緩和、削弱、溶解及解決它們。使用你的最強大的表象系統及其最有影響力的次感元，來重構那些

「災難影片」、改變爭論的結果，並在自己的內心對話中增添一些鼓勵的話語，你會發現自己能夠一個字一個字、一個框架一個框架地改變舊有的習慣。

我們認識一位總是上演「災難影片」的中年實習駕駛員，她會開車衝進擁擠的車流中；她會因為沒有換到正確的檔位而使車子停在交叉路口；當行人從停著的車輛之間走出來時，她不能及時剎車；她總是會發生車禍。即使她的駕駛教練一直鼓勵她，表示她正在穩步前進，她還是經常在心裡批評自己。她幾次參加駕照考試都沒有通過。最終，她向一位 NLP 教練求助。

這位教練意識到，只要情況一變得令人害怕，這位學員就會驚恐地停下來。她從不給自己機會來改變這種狀況。教練幫助她運用自己的想像力，來繼續這些中斷的版本，挽救每一個使她恐懼的情況。因此，她學會獨自開車從麻煩中擺脫出來；學會在腦中練習嫻熟地換擋；學會在腦中排練應對緊急情況的各種可能反應；學會將車子從想像的災難中開出來，抵達一種有能力掌控和安全的狀態。這也有助於她建構一個真正想要的願景，這個願景不但清晰且有感染力。並且，由於她發現自己能夠掌握這些很有影響力的內在經歷，在開車時也更有信心和技巧。

- **自問「為什麼不行？」**：這個問題實際上是一種換框法，將重點從避開型姿態（我應該退出嗎？為什麼是我？能夠證明它是正當的嗎？會發生什麼？），轉移到趨向型姿態。為什麼不過更好的生活？為什麼不抓住幸福的機會？為什麼不結束對當下情況的不滿？正如問「為什麼」一樣，這也是一個具有偏袒性的問題。它偏袒未來，而不是過去；偏袒新的發現，

而不是舊的苦難；偏袒可能發生的事情，而不是枯燥的、已經確定的事情。

有時你確實想不到「為什麼不行？」，但不管怎樣，你的選擇都會多一些。

- **勇於夢想**：多年來，這都是伊恩參加的一些主要培訓課程裡的重要主題，因為它很簡單，卻很難做到。夢想超出了我們所瞭解的範圍。它給生活融入幻想和希望，創造可能性，並且找到了超出你目前思維方式的解決方法。夢想以很多形式出現：創造充滿希望的景象、做白日夢、在夜裡做夢，還有簡單老套地想像事情會怎樣：如果……

## 後續步驟

良好的關係對人類來說十分重要，也是體現生活價值的基礎之一。它們在很多方面充實了我們。因此，請花一分鐘時間來思考：

- 這一章的內容中，哪個部分對你來說最重要？
- 你會如何改進？
- 你的下一步打算做什麼？
- 為了能夠擁有更好的關係，你什麼時候會著手去做？

# 第 14 章
# 增強你的腦力

很顯然，讓大腦保持良好的運作狀態，對於我們所從事的任何事情取得成功，都極其重要。在這一章，我們會告訴你如何做到。

我們已經用 NLP 術語講過人們如何透過內在處理，來建構他們體驗的「現實」。實際上，這給人們提供了豐富的實用資訊，因此 NLP 有時又被稱為「大腦使用者的嚮導」。而且，懂得如何使腦力最大化，是充分利用腦力的方法之一。然而，你也可以增強腦力；精確地說，我們的腦細胞數量從二十五歲左右就開始下降，但研究顯示，如果你對大腦加以訓練並讓其處理新資料，腦細胞之間的連結能夠繼續增長。換句話說，你的腦力不只與腦細胞數量有關，也與你對腦細胞的使用，以及刺激大腦來增加細胞連結的方式有關。

NLP 透過模仿那些能夠有效使用大腦的人們，發現了新挑戰、新知識、新聯繫，都會使大腦處於良好的狀態。比如，近來已經證實，到了年老時心智仍然活躍的人，罹患阿茲海默症等疾病的可能性較低。活躍並不一定要與學術知識的學習有關，與其相關的是：猜謎、讀書和看報、收聽廣播、學習，或練習新的技能，這些都是繼續刺激大腦，促進新的神經連結形成的方法。

卓越的 NLP 早期學習模範人物，比如米爾頓·艾瑞克森，直到年老仍以傑出的水準繼續工作。一個重要的原因就是，他們直到年老都還在繼續工作。他們在持續的職業生涯中所面臨的問題和挑戰，實際上有助於大腦處於良好的運作狀態，就像定期的訓練有助於身體保持健康靈活一樣。

在這一章裡，我們將提供四種能夠增強腦力的方法。

1. **讓你擁有的腦力發揮最大效用**：大腦以許多不同方式在不同的意識層面運轉。這個部分會利用 NLP 知識，來說明如何在不同的層面工作，以及確保大腦在最大範圍內運轉。

2. **更具創造性**：人們有時認為創造性意味著發明一些全新的事物。我們發現，把它看成是「創造新連結的過程」會更加有用。這並不是那些富有創意或善於發明創造的人所專有的，而是人人都能做到。創造性需要讓自己有玩心、好奇心、多變、有彈性。它需要尋求多樣的解決方案，而不是只接受一種方案。你不必為了具有創造性而成為某種類型的人；NLP 告訴我們，它並不像我們眼睛的顏色那樣是「特定」的，而是你能夠實現的事情。

3. **加快你的學習速度**：NLP 透過模仿那些善於學習的人，證實了他們所做的事情使其學習起來既快速又有效。採用觀察他們而得來的策略，也有助於你更快速、更有效地學習。

4. **提高你的記憶力**：同樣的，記憶的能力並不是固定的，我們想要探討兩個主要過程之間的聯繫：儲存和提取記憶。這兩者常常會混淆在一起。透過學會將資訊準確無誤地編碼，以及如何輕易地提取所儲存的資訊，你就能大幅改善記憶力。

## 如何讓你擁有的腦力發揮最大效用？

人們經常認為自己好像生來就具有固定的智力。如果相信你這一點，它就會限制了你能夠實現的事情。我們發現，一開始應該假設我們不知道自己或任何人能夠做些什麼，這樣不但更有效用，也

更加實際。我們發現，讓學員摒棄任何關於學習能力的限制性信念，是極為有用的。因此，我們想從這裡談起。

## ◢ 自我限制的信念

檢視一下你可能具有的學習相關的自我限制信念。這裡有一些常見的例子：

- 我不是學者。
- 我不善於學習。
- 我年紀太大，不能學了。
- 我不會解數學題。
- 我沒有創造力。
- 我的記憶力很差。

在這些信念中，有些信念是因為假設大腦的能力是固定、不能改變的，而具有限制性；有些則是因為假設個人史或年齡會限制成就，而具有限制性。NLP 並沒有宣稱人人都能成為愛因斯坦或米開朗基羅，而是每個人都能從傑出人物身上學習，進而擴展他們自己的能力。這一點非常重要，因為當你相信有些事情具有限制性時，你實際上也會受其所限。

因此，如果你正在設法盡量利用你的腦力，一個良好的起點就是要對你當下如何行事和想要學到什麼產生好奇心。

## ◢ 擴大你當下的範圍

在第三章裡，我們歸納了 NLP 關於人們處理體驗的一些重要發

現。如果你已經開始建構如何使用表象系統的檔案、辨別出哪些次感元對你有著最深遠的影響、你自發的後設程式偏好有哪些，這將是重新回顧或者快速做筆記的良好時機。請記住，每一種長處都有它的限制性。

那麼，你是如何利用大腦的？是什麼使你在處理資訊、創造內在世界、在外部世界行事的方式上，顯得獨一無二的？每個人都是透過感官來接收資訊，NIP 揭示出我們如何使用同樣的感官在內心處理這些資訊。然而，儘管每個人都能夠利用來自各個感官的資訊，還是會對其中一些感官更為偏愛。這就是一種限制性，因為我們原本能夠利用五種感官。

因此，我們想要告訴你一些方法，使你能夠多加利用所擁有的資源。我們會使用八種不同的方法來思考這個問題，你可以選出對你影響最大的那些方法。

## 1. 建構心智的多樣性

身為教練，我們常常聽到的抱怨之一，就是人們說他們沒有想像力或沒有視覺想像。或許你因為無法輕易在腦中產生圖像，而認為你「沒有視覺想像」；與那些有著「活躍想像力」的人相比，你也覺得自己能力有限。我們經常發現，這些自稱「沒有想像力的人」，動覺（身體感覺）卻很強。如果你是這類人，你在內心處理、重溫及創造身體或情感體驗的能力，實際上與那些能夠輕易在腦中產生圖像的具有想像力的人，是一樣敏銳非凡的，只是方式不同而已。此外，如果你願意，也能夠輕易提高利用視覺處理的能力。接下來，我們就會說明。

人人都會做夢，不管是醒著還是睡著的時候，而且一個晚上通常會做五、六個夢。夢是整個大腦的終極體驗。來自各個感官的元

素都可能會在夢中反映出來：身體的知覺、強烈的情感、移動的圖像，甚至氣味和味道，都能推斷出你在早晨所記得的微小細節。那些認為自己沒有想像力的人，都能夠記得那些非常逼真、把他們嚇醒的噩夢。對這類人來說，這的確令人印象深刻！夢境清楚地表明，你已經擁有利用任何一種感官，來體驗豐富、有影響力的內在生活所需要的一切。

因此，沒必要認為自己在醒著的時候受到限制。

這裡有一些簡單的練習，可以幫助你建構心智的靈活性。

## 練習：心智訓練 1

花幾分鐘時間想像一下你所喜歡的活動或事件。首先，請注意你最清楚的是什麼。如果你注意的是動覺，請留意你的感受。當你這樣做時，請開始在腦海中環顧一下，什麼能在視覺上與這種體驗相匹配。然後，注意一下這種體驗所附帶的聲音。（有時可能包括沉默的聲音。）

另一方面，如果你開始時將注意力集中在視覺方面，那就需要為它配上聲音了。現在，你聽到什麼聲音了？加入聲音，在腦海中播放一遍。現在，你的感受是什麼？把這些都加進去，再次在腦海中播放一遍。如果你的主導系統是聽覺，就讓聲音將你帶入到圖像和動覺感受中。

你目前所做的，就是將熟悉的感官與不熟悉的感官銜接起來，有助於增強更完整、更嫻熟、更自發地運用表象系統的能力。

## 練習：心智訓練 2

透過刻意利用互相關聯的視線解析模式（參見第三章），你就能使自己更迅速有效地處理不同的表象系統。當你觀看圖像、傾聽聲音、體會感覺時，請注意你會自發地趨向什麼，就能檢查出你獲取資訊的方式是否與視線解析模式一致。儘管有些人的模式是相反的，有些人有自己的模式，但大部分人都有著相同的視線解析模式。如有必要，就請改變它，以使其能夠反映出你的模式。但是，當你觀察別人時，請記住你原來的模式。如果你想刻意獲取這些資訊，瞭解你自己的模式是十分必要的。

請想一想另一個令人愉悅的場景，然後決定你想要使用哪一種你較不偏愛的表象系統。當你開始快速瀏覽這個場景時，請朝著能夠獲取這種表象系統的方向來觀察。舉個例子，如果你正在勾勒一個在海灘漫步的場景，想要獲取你能聽到的聲音，就請朝著水平方向往前看。多多練習對你大有幫助。

## 練習：心智訓練 3

瞭解次感元後，你覺得哪些對你最有影響？如果你的主導系統是聽覺，你是否受音調的影響最大？還是音高或音量？如果你將最喜愛的場景中的聲音變得更柔和、更清脆，或者更高、更遠，情況又會怎樣？調整這些變數，直到你獲得想要的音質。

然後，選取一種你不太熟悉的表象系統，假設它是視覺。當你將視覺資訊加入到令你愉悅的場景中，獲得了什麼品質的圖像？使用類似於電視的視覺控制來改善你的圖像，像是亮度、對比、色彩平衡。你也可以加入清晰度和遠景。你還可以轉換為黑白色調和定格。改變這些變數的作用，就能夠找出哪些對你來說最有影響。更全面的次感元清單，請參見第三章。

## 練習：心智訓練 4

選取一種後設程式分類偏好。假設你喜歡「宏觀圖像」，也就是你喜歡大塊的資訊，就拿你熟悉的或最近發生的問題或事情為例子。當這個問題或事件自然地發生時，請對它進行思考，要留意它涉及了什麼。

假如它是一個商務環境，並且你認為：「如果我們公司要向前發展，就要增強各部門的創造力。」或許你想到了一年後的情況將會如何。現在讓我們將它下切（向下歸類）。思考一下，一個部門在增強創造力上，要涉及哪些項目？他們怎麼做到？會涉及什麼樣的事件、討論、程序？現在再做一次歸類。選取那個部門的一位成員。為了增強創造力及有所貢獻，他或她需要考慮什麼？做些什麼？他們在早晨醒來，去上班，完成日常事務，是什麼使得他們將這些事定期地記在腦子裡？

具體的內容並不重要；能夠增強腦力的事，是訓練自己更自由地朝著你不熟悉的後設程式的極限發展。當你能夠使自己更有彈性，就增強了腦力，並且你也更能理解不同的人們是如何工作的。這有助於你更輕鬆、更有效地與他們互動。

## 2. 豐富你的體驗

豐富體驗的一種方法，就是時常提醒自己要關注所有湧入的感官資訊。如果你正在享受一份大餐，很可能只注重食物的味道和氣味。不妨花費三、五分鐘，仔細觀察一下食物的顏色和質地。體會不同食物在質地上的平滑與輕脆的對比，感覺食物截然相反或互補的味道。想像一下，你會用哪種詞語來形容你的體驗，形容那些不同的感覺呢？

許多藝術形式都透過刺激我們的感官，而具有更加豐富的表現形式。將不同的感官全部調動起來，也能夠做到這一點。華特·迪士尼監製的電影《幻想曲》（Fantasia），描繪了不同種類的音樂。你也可以做到。調動感官為自己創造新的體驗，不僅能改善你的感官體驗，也能讓你更加靈活和有彈性。

## 3. 培養做夢的習慣

關注你的夜間夢和白日夢。夢對我們很重要，這表現於：

- 夢會主動處理資訊和感受。
- 夢涉及許多感官，因此這種體驗本身就是豐富而有質感的。
- 夢會以一種直接或隱藏或象徵的形式，告訴我們一些很重要的資訊，而這些資訊都與生活中發生的事情有莫大的關係。
- 夢中事物通常是以情感而非邏輯的方式組織起來，但還是有著極強的先後順序。
- 夢利用的是不同資訊之間無意識的、相互關聯的、創造性的連結。

有些人能夠記住夢中的事物，而有些人在一覺醒來後，只記得最難忘的片段。當你做了夢，請花費一些時間在腦海裡回憶一下夢

中的情景，以免一天下來發生的事情，完全掩蓋了你對夢的回憶。重新經歷夢中的一切。提醒自己與夢有關的圖像、感覺和其他感官資訊。這些都是你心智的產物，請對自己的創造力感到驚歎吧！

如果你養成每次從夢中醒來就思考「我剛才夢到了什麼？」的習慣，最初你可能只記得夢中一些特別強烈的感覺和一些生動的影像，但無論如何，請你快速記下這些內容。有些人有記下夢中一切的習慣。不要匆忙地解釋這些夢，也不要想當然地認為能夠根據一些心理理論和解夢書籍，來解釋這些夢境的意義。我們已經發現，關於夢的最有用的假設是，夢對於做夢的人有很重要的意義，這些夢來自你內心的感受、體驗和影像的寶庫。做夢是對這些資訊的主動和有用的處理。這些處理方式與心智中有意識的、合乎邏輯的資訊處理方式十分不同，卻一樣有益。

通常，某種強烈的感覺會成為你找到夢的含義的第一個暗示；請留意這個暗示，並思考為什麼，但不要急於被有意識的分析所束縛。夢境的含義往往體現在做夢本身。有意識的心智沒必要去理解它。而且，當它試著將夢境翻譯成自己的語言時，也許會有限制性，這就跟翻譯詩歌時會出現意義缺失一樣。

### 夢的價值

相較於有意識且訓練有素的思考方式，夢向我們顯示了心智機制的另一個面向。當你注意自己的夢，甚至培育夢時，就會更加熟悉、信任和依賴自己的心智資源。也就是說，你比以前更加懂得自己所擁有的腦力。

我們的心智活動分為有意識和無意識兩種。有意識的思考是在教育體系中被正式教授的。這種思考方式的優點，在於它是一種系統的、訓練有素的資訊處理方式，而它的限制性，則是在解決問題

時會太受規則的束縛，太過狹隘。

　　大腦也會在無意識的情況下處理資訊，而且這種處理方式大多是相互關聯的，並且依賴於事物的連結性、相似性和感覺。這種處理方式產生了夢以及其他人類的「創造型」或「表達型」經歷。這也是為什麼我們經常會驚訝於自己做出的自發聯想和見解，以及想像靈感的原因。儘管這些感覺都不是我們有意識的思考所得到的，但看起來卻絕對「正確」。這種思考方式是「橫向的」，它不斷地擴大，側身前進，為我們找到多條道路。

　　如果想要使你的腦力最大化，就需要掌握這兩種大腦運作方式。邏輯和直覺、準則與差異，都能豐富我們並賦予能力給我們。然而，我們卻習慣使用有意識的心智來做事，部分原因是我們能意識到它的存在，並且能夠很好地掌控它。許多人在信任和使用無意識處理方式上，表現得不夠從容輕鬆。關注你的夢，刻意培養良好的做白日夢的習慣，都有助於你進入這個領域。

　　因此，讓我們探究一下刻意做白日夢的價值是什麼。如果你尚未重視這項活動，當夢境不請自來時，或許你會發現刻意地為做白日夢創造條件，是十分有用的。

　　它的價值展現在哪裡呢？白日夢能幫助我們逃脫、放鬆；帶給我們對未來的設想，這些將會激勵並幫助我們再現夢中的一切，解決看似無解的難題，提供更多創造的可能性。在做白日夢的狀態下，心智中無意識、相互關聯的那一部分，開始以一種玩樂、想像的方式運作，這不僅帶來歡愉，還能帶來那些有意識、專心、理性的思考所不能帶來的結果。如果我們想要盡可能地實現自我，在生活中就需要擁有這兩種處理資訊的方式。

　　白日夢的關鍵在於正確的狀態（參見第三章），伴隨著做白日夢而來的是自發地陷入沉思的狀態。大部分情況下，它似乎就要發生，

而當你懂得如何創造和改變自己的狀態時，可以選擇使它出現。

這裡有幾種方法可以使你培養並利用白日夢。

- 當你在做白日夢時，請注意觀察。是不是有一種情境模式會讓你產生某種特殊的白日夢狀態？有些人發現，一些重複性、相對自動運作的活動，如慢跑、燙衣服和步行，能創造出合適的狀態。這些情境還包括：洗熱水澡、一段距離的游泳、在花園中靜坐、隨著火車的行進而搖晃、凝望太空、在上班途中往外張望，或是長時間開車。一旦你找到了能幫助你做白日夢的事物，就請充分利用，並且在你的生活中定期為它提供空間。讓這種無意識的白日夢靠近你，並且觀察這些思維活動為你的平凡世界，打開了哪些通往其他可能性的窗戶。在這些時刻，一些最棒的想法和靈感可能會到來。
- 下次，如果你需要做一個決定、解決一個問題，就請為自己創造一個能觸發你進入白日夢狀態的環境。容許自己以這種方式探索問題和做出決定。當你這麼做之後，請簡要地記下你的經歷和發現。把它加入你有意識的思考主題，現在，你有了更多的資訊，以及投入更多心智資源的優勢。

## 4. 發揮長處

有些人堅信，透過努力就能夠接受並改進個人的弱點。在極端情況下，這種方法可能意味著你花費時間和努力在糾纏自己的限制，你會經常感到痛苦、無意義，而不會意識到並發揮自己的長處。儘管這樣做可以讓你增加拿手技能，但實際上，你沒有義務要去做不擅長的事，或者不斷地發現困難，除非你真的想要這麼做。與一次又一次的失敗相比，成功與成就會帶給你更多。

我們並不是說，你不應該盡力改變一些重要的事情，例如成為一個更好的父母、經理，或是懸掛式滑翔翼運動員。變得擅長某件事，代表你必須帶著你的限制因素來行動。有一種很好的辦法能夠做到這一點，那就是去瞭解你的長處是什麼，並學會充分利用它們。NLP 清楚地告訴我們，儘管追求卓越需要一定的努力，但它並不總是充滿痛苦和缺乏自尊。

## 案例

泰莎是一名銀行職員，她喜歡顧客，顧客也很欣賞她。她的工作效率很高，經理覺得她可以幫助新員工熟悉這項工作。然而，當經理要求她為新員工做一次公開演講時，她卻感到害怕。她很樂意與個人打交道，卻覺得在眾人面前講話很痛苦。這件事讓她想起上學時老師要求她大聲朗誦的情景。那時，她的嗓子常常發乾，一個字都說不出來。她試圖說服經理，有人能做得比她更好，但經理卻勸她仔細思考一下。

泰莎對此進行了思考，並且與一位名叫莎拉的朋友進行討論。莎拉曾經跟伊恩一起參加 NLP 培訓課程。莎拉問，她最擅長的是什麼，泰莎毫不猶豫地說是「與人打交道」。她的意思是一次與一個人打交道。不過，在她們交談時，泰莎也開始把這些新成員當作個體來看待。她決定要設計一個小對話，並且寫出與現實生活中的例子相關的簡單標題。這樣一來，她就會假裝自己是在輪流與一組中的每個個人，而不是整組人進行交談，並且能像她先前見過的有自信的演講者那樣，與他們進行眼神交流。她發揮自己的長處，使她的第一次演講比預期中更好，她還告訴老闆，她很想再為下一組新成員演講。

## 5. 餵養你的心智

既然身體和大腦是緊密相連的，那麼提醒自己，盡量利用我們所認為的、在任何層次上能夠給予自我照顧的事物，就顯得十分明智。我們的一位職員曾說：「我已經餵飽了身體，應該做些什麼來餵養我的心智呢？」

NLP 強調，心智和身體是相互聯繫的系統。人的生理系統會感知事物，並將這種感覺表露出來或是翻譯成身體密碼；這是完全可能的，因為我們看到一個人受到驚嚇時臉色會突然變白，生氣時會面紅耳赤，擔憂時會身體僵硬，消除疑慮後又會放鬆。這些變化可以在幾秒鐘內發生，也很容易察覺。然而，人們也會意識到那些看不見的變化：「當我聽到那件事時，胃都糾成一團了」，或者「她微笑時，我的內心真的感到很溫暖。」

那麼，如何「餵養你的心智」？記住身心是如何聯繫的，你就能從身體上、情感上、智力上，來滋養你的心智。請考慮在各個層次上規律地餵養心智，以使其發揮作用、自我發展。這裡有一些問題能幫助你。

### 思想的糧食

#### ◆ 身體上

- 你會做些什麼來照料你的身體？你昨天有做運動嗎？運動是你日常生活的一部分嗎？我們從經驗中得知，每天規律的運動，不僅會使我們感到健康，也會使心智更加機敏靈活。如果你沒有定期的健身訓練項目，就從散步開始吧。你不必去健身房或購買昂貴的器材來保持身材。當你的身體更健康時，你的心智也會更有活力，反應也更快。

- 你昨晚睡眠充足嗎？你是否一向如此？睡覺是對身體進行大部分保養工作的時候，能使自己恢復過來，並且保持在最佳狀態。
- 請記住，你的狀態與你吃的上一餐息息相關，這是你的大腦在當下運作所使用的燃料。如果你吃的是垃圾食品，就是在為難大腦。如果是完整均衡的食物，你的大腦就會獲得更好的營養，來處理你所要求的事情。

### ◆ 情感上

- 你的想像力和情感生活有多豐富？你可能在身體上非常活躍，卻從沒看過小說、電視劇或電影。你可能努力地進行腦力活動，卻忘了享樂和玩耍。使用生活輪盤（參見第三章）來找出你可能忽視的那些領域，然後重新使自己保持平衡。
- 什麼樣的關係會在情感上給你滋養？請優先考慮這種關係。
- 花時間與小孩在一起。與成人相比，他們通常對體驗和感受更為坦率，表露時也更加直接。他們十分有創造性，也很活潑可愛。

### ◆ 智力上

- 你還能做些什麼來餵養你的心智？請持續發問。記住，小孩是如何一直問問題的，他們是了不起的學習者。發問和對答案表示懷疑，都會擴展你的思想。
- 觀看一個你不熟悉的節目或閱讀一篇不熟悉的文章。你不必成為專家，然而，涉足不同的世界是擴展思想的絕佳練習。
- 向別人詢問他們的生活和工作，並且確實關注他們的回答。想像一下他們的生活是什麼樣的，這會給你的想像力提供很

好的糧食,並且能夠增強你處於第二位置思考的能力。

- 學會冥想,三十多年關於超覺靜坐(Transcendental Meditation, TM)的研究,清楚地告訴我們,這種特殊形式的冥想,顯然會全面改善智力表現和身心活動。

## 6. 盡量利用當下的時間

　　盡量關注你的感官體驗,就會豐富你的身心活動,並能使你更全面地意識到自己的潛力。它也有助於改變你與時間進程的關聯;在提取內部儲存的資訊時,你能夠溫習過去,更加徹底地享受它的豐富,並且修正那些具限制性的決定和過去的傷痛所帶來的影響。你能夠從目前正在發生的事情中,獲取更多的資訊,並且學會如何在未來獲得你想要的成果。對此刻的感覺資訊更加關注,你就更能享受事情,並且減少為了適應那些看起來非常困難或負面的體驗所花費的時間。此外,透過發展想像和創造「肯定的未來」的能力,你能夠輕易且有效地實現自己的目標。

　　使你的生活更加多姿多彩,並且盡量利用每一分鐘,而不是讓它毫無用處地流走,這能夠幫助你保持並增強自主能力,使你在年老時仍然保持機敏。正如我們的一位教練所說:「我提醒自己,生命不是排練,生命就是生命,我一點都不會浪費它。」

　　NLP 透過模仿那些年老時心智仍然活躍的人,揭示這些人除了保持心智持續探究並運轉之外,往往還有著個人的追求或熱情。我們的一位年長朋友,即使深受關節炎的折磨,仍然管理著她的家庭和大菜園。她一生都對政治有著濃厚的興趣。她說話時,心智的機敏和探究的態度,使我們想起了他們那個時代的年輕人。

　　熱情與精力和投入相關。最重要的是要有熱情,關注的焦點倒是次要的。如果你當下沒有熱情,就回想一下孩提時有什麼能夠使

你興奮。或者，如果你中獎或得到了遺產，會偷偷給自己許諾什麼？今天你會做些什麼，來讓處於休眠狀態的熱情復燃，使其幫助你盡量利用當下的時間？

## 7. 掌管你的習慣

我們都是習慣性的動物，會程序性地儲存和重複我們所學到的東西。在很多方面，這是十分有用的特徵。它意味著，除非事情發生變化，否則許多技能只要學會了，此後就不用思考或修正就可以運用。講話、散步和閱讀的技能，很可能在你的餘生都能夠為你所用。然而，具有固定重複模式的傾向，也代表你可能繼續重複那些運作並不良好，或在一些重要方面限制你的模式。抽菸和咬指甲都是這些模式的典型例子，起初你是有目的地為之，而在你想要改變時已經太晚了。然而，這些習慣的有效性，會使你覺得很難做出改變。依賴、缺乏自信、果斷、笨拙，也會成為習慣。我們甚至會說人們「積習難改」，就像一些曾經不斷變化的事情已經變得死板僵硬。

NLP證實了，如果人們想要改變並且知道方法的話，就能夠做出改變。有時，你需要幫助才能做到。不過，如果人們不願意，就不會做習慣的受害者。並且，掌管你不想要的習慣，也是充分利用腦力的一種方法。它有點像檢視電腦裡的檔案，看看哪些需要保留，哪些需要放到垃圾桶。為什麼要用舊的程式來浪費你頭腦的空間和生命呢？

任何習慣都是透過重複而養成的，當它重複時，我們在意識層次上就越來越察覺不到自己是如何做到的。學習走路的幼兒，不會記得他在沒有協助時邁出的前幾步。這也同樣適用於改變習慣：一旦有了習慣，開始一種新的模式，重複它就有助於更安穩地使其扎根。如果你想在關係中更加果斷，你第一次認真說「不」，就代表你

邁出了重要的一步。漸漸地，你就能更輕易地知道自己想要什麼並且提出要求，直到這成為一種自然而然的習慣。

## 8. 請記住，永遠不會太遲

學習新的思考、感受或行事的方式，永遠不會太遲。我們幫助過那些七十歲、八十歲的人，他們很想學習新事物，也確實取得了成功。溫蒂很清楚地記得，在 1980 年代早期，她丈夫協助籌辦的一次歐洲老兵運動員冠軍賽。有些跳高選手已經七十歲，有些越野賽跑選手已有八十歲高齡，這些人仍然在施展自己的才華。在倫敦馬拉松比賽中，總是有許多六十歲、七十歲、八十歲的選手參賽。在英國開放大學（The Open University）中，也有很多上了年紀的畢業生。年齡不是障礙；態度才是。

幾年前，有一個電視節目介紹了擁有新經歷的人們：一個一輩子在礦坑裡作業的礦工，在退休之後到夜校開始學習繪畫。幾年之後，他的繪畫作品就定期在個人畫展上展覽了。有兩位上了年紀的女士，每年都會去喜馬拉雅山散步。她們一直很想去，去了一次之後，就把它當作每年一次的旅行而固定下來。即使日益體弱多病，也沒讓她們止步不前，而是設法把自己運了過去。我們認識一位上了年紀的人，他的眼睛漸漸看不見了。可是彈鋼琴對他來說十分重要，因此，他就給自己設定了任務，要在自己能夠看得見並學習音樂時，記住所有他喜愛的曲子。這樣的話，他就能夠為自己彈奏。

我們認識的一位商人，經營一家國內大型企業多年，而他利用每天乘坐火車通勤的半個小時時間，學會了七種語言。「我能夠在那半個小時裡學會任何想學的事情。」他說。

因此，在一生中，你可以朝著新的方向邁進，也可以繼續發展現有的技能。如果你足夠在乎並學會了所需要的技能，也可以改

變人際交往的習慣。我們也培訓過一些七十歲的人，他們想要借助 NLP 來改善長期的關係。並且，如果你感到需要專家來幫你做出想要的改變，這本書中的 NLP 策略和工具，對你會有很大的幫助。你可以從研究第三章的「結構良好的前提」開始。你真正想要什麼？如果你真的想要，永遠不會太遲。

# 如何更有創造力？

## ◢ 什麼是創造力？

人們總是將創造力與獨創性混為一談，並且感到很沮喪，因為真正的獨創看起來是那麼困難，甚至是不可能的。然而，我們都具有創造性，因為創造性與建立新的連結有關，並且在生理上也的確符合事實。創造力是心智持續生長的邊緣。它是有風險的，但也會讓人有所發現。透過創造新連結，你能夠增強腦力，發展你的心智和人際交往的彈性。每次你將兩個事情聯繫在一起，就創造了另一種實體。並且，這種新的連結本身，也能夠與其他想法和可能性聯繫起來。想像一下，這會給大腦之類的整個系統帶來的影響吧！

其結果是十分驚人的。1965 年，尼爾・阿姆斯壯（Neil Armstrong）在月球上邁出了舉世矚目的一步。這個事件改變了人類與宇宙的關係，證實了人類的創造性和技能的潛力；它告訴我們，只要真的想做，也找到了方法，就能解決先前看似無法解決的問題。

我們猜測，這件事讓很多人對人類的能力持有強烈且自由的信念。而且現在又有了登陸火星的長期計畫。

從個人層次來看，具有創造性也有同樣的潛力，也就是當你將兩個事物連結起來時，你就超越了它們；你也有可能你自己和你的潛力形成新的信念。我們曾經跟一位熱愛學習的少女交談。她發現

學習非常令人興奮。她說：「我不時會直接感受到大腦在擴展。」

小孩天生就有創造力，我們每個人都曾經是小孩，所以也都曾有創造力，即使現在我們並不清楚明白它與什麼相關。小孩展現創造力的方式，是發現他們所處的環境，並對此形成自己的理解。溫蒂的女兒夏洛特（Charlotte）在蹣跚學步時，常常喜歡玩那些放在櫥櫃裡的塑膠碗和塑膠盒。溫蒂只需要把櫥櫃門打開，夏洛特就能自己玩好幾個小時。很多小孩都有想像中的朋友，並且會與玩具一起創造世界。他們不需要精巧的道具或設備，自己就能創造出意義。

創造力與製造連結和聯繫有關；要有創造力，你就需要允許自己花時間來製造新的關聯。它所關注的是過程，而非結果。你會在家中或工作上，對於解決問題、栽培植物或解決爭執具有創造力。你也會對話語、材料、想法或食物具有創造力。你還會對你的環境或觀點具有創造力。創造力的一個重要面向，在於它會產生新的事物，即使其中的每個成分都是人們已經瞭解和熟悉的。見解具有創造性，因為它對你原有的資訊下了新的結論。它是一種造成不同結果的新觀點。

因此，具有創造性會使我們回到一種狀態，而這種狀態與溫蒂的女兒坐在打開的櫥櫃前所處的狀態並無二致。它與投入有關。全心享受正在做的事情，對細節多加關注，豐富的想像力，感到興奮，有玩心。好奇著如果怎樣，將會發生什麼。

## ◤ 創造力的阻礙

這些是對創造力的常見障礙，看看哪些符合你的情況。

- **缺乏時間**：實際上，這一點並不像它聽起來那麼重要；我們所談論的連結過程，只需要幾秒鐘。這在任何時間、任何地

點都能發生，只要你處於適當的狀態，並且關注自己的體驗的話。因為，創造力關乎你所擁有的時間品質，以及你能夠接納的心智自由度。

- **害怕被評判**：這是對任何靈光乍現時刻的死亡之吻。創造力會產生不尋常或是完全不同的想法。有些人會認為差異是陌生的、古怪的挑釁。可是，害怕被別人認為你是奇特的、愚蠢的或是有所不同的，都會扼殺創造力。

- **缺乏自尊**：如果你在做一些很有創造性的事情，就會越過自己或他人所熟悉的領域的界限。當這樣的事情發生時，人們可能會感到害怕，因為他們認為自己一定是有些奇怪並且出了差錯，才會有不同的想法、行動或創造。當你對自己沒有確信時，在任何方面的與眾不同，甚至只是懷有的不同想法，都會有風險。其危險在於，你會放棄新的見解，而與他人保持一致。

- **害怕失敗**：這會成為一個影響巨大的具有約束作用的機制。但是，從定義來看，製造新的連結本身並無「對」或「錯」之分。因此，失敗只有兩種意義：
  一它並沒有以你想要或希望的方式運作。
  一有些人不喜歡它，但是那又怎樣？多年來，一直有人評論伊恩如何創造了這麼多成功的專案，並請教他是如何做到的。伊恩總是指出，這些專案大概是他實際構想的十分之一。另外的百分之九十還沒有實行或者還沒有完成構想。

創造力並不是天才的專利。愛因斯坦才華橫溢，但對於大多數人來說，他可能不是創造力的楷模。創造力甚至不需要專門的技能。創造力可能會以十分平常的方式顯現出來。國際針織品設計師凱菲·

法瑟特（Kaffe Fassett）就是一個極佳的例子。二十八歲時，從未接觸過針織的他，著迷於紋理和羊毛的色彩。他買了大約二十種顏色的毛線後，第一個想法就是找一位熟練的針織工將他腦海中的圖案編織出來。「我漸漸地意識到，隨著我的發展，我必須學會編織和設計……在接下來的幾年中，我忽略了很多規則。這些規則麻痺了大多數的編織者，使他們固守於黑白色彩的服飾。令人高興的是，我將色彩和質地粗糙的紗線合在一起，在每一排的中間打結，盡最大努力在每一排中用了多達二十種色彩。」（《精美的編織》〔*Glorious Knitting*〕）他革新了針織，採用最簡潔的針法（他並不是一位「專家」），運用色彩、質地和圖案來「描繪」他腦中的設計。

他演講、開設工作坊，主要目的之一就是使人們相信「他們的確能使事物變得漂亮並美化生活」。人們經常假設，因為他當過畫家，具有一些他們所缺乏的基本專業技能。「我想盡力告訴你，對色彩的感覺並不是你能夠自動感知的；總之，透過與它打交道和持久的觀察，你才會發現並再次發現它的祕密。」

當你懷疑自己的創造力時，請提醒自己，每天晚上你都會創造出五、六個全新的夢。這些夢境由你編導，由你演出，由你觀看。它們涉及了你的所有感官，變換著時間和地點，並且在結束之後還有長遠的影響。這種創造不費力氣，大多數人甚至都意識不到它！

## ◤ 更有創造力的方法

- **找到正確的心智框架**：探求你與創造力相關的狀態。找出是什麼刺激並保持了你的創造性。一天中什麼時候是你的最佳時間？什麼是你的最佳環境？你在人群中是否需要獨處或獨立？你是否需要安靜？或者背景音樂？建構一個你處於創造狀態的情境。不要依賴於它的偶然發生，要定期為它騰出空

間和時間。

- **養成做夢和做白日夢的習慣**：關注你目前的創造力，而不是以它「只不過是個夢」或「胡思亂想」而拒絕考慮其成果。不要因為忽視而白白浪費了你可能正要發現的事物。

- **思考「如果……？」「還有什麼？」以及「還能怎樣？」**：不要停留在想到的第一個念頭或答案上。要經常再往前走走，找到更多和不同的想法。

- **遇到問題時，假裝你慣用的解決方法不奏效**：這在任何層次都行得通。如果電腦故障了，你該如何完成今天計畫好的工作？你可以使用錄音機、在腦中構思，還是使用電話？如果你們通常都是面對面爭執，那麼把你的感受寫下來又會怎樣？一些解決方案可能不會比你慣用的方案更好，但另一些卻可能提供絕妙的新機會。有一句 NLP 的名言是：做你常做的事情，只會得到已有的事物。創造力就是去做不尋常的事情。

- **看看你能用相同的材料得出多少種不同的結果**：蘿珊娜・戈德（Rozanne Gold）寫了一本《食譜 123》（*Recipes 1-2-3*），書中的每個食譜都只用到三種材料。一些食譜採用三種同樣的材料，經過不同的處理或者不同的分量，就得出了不同的結果。伊恩在工作坊中也運用了同樣的策略：拿一些日常的辦公用品（迴紋針、便利貼、橡皮筋等），讓你來描述一下有多少種將它們結合起來使用的不同方法。關鍵在於結合。

- **瞭解規則，然後融會貫通**：在很多不同的領域，不管是在爵士樂的即興演奏中，還是下面附有書桌和儲物空間的高架床上，變更一下現有的主題或規則，是取得成功的基礎。

- **想出不同的方法來做熟悉的事務**：改變一下你處理熟悉事務

的順序。把慣用的做事工具換為不常使用的。使用非慣用的那隻手。只要我們能夠打破常規，就能從自動運作狀態進入一種充滿活力的機警狀態。如果使用非慣用手做事，你就會運用到那些不熟悉的大腦連結，並有助於建立新連結。嘗試用那隻「不適當」的手去刷牙或梳頭髮，感覺很奇怪吧？練習雙手併用，你的大腦就會建立新的連結。

- **留意那些產生不同結果的差異**：當你遇到一些不尋常、有獨創性或新穎的事物時，思考一下這種差異的關鍵之處到底是什麼。在凱菲‧法瑟特的針織品案例中，其不尋常之處就在於使用出乎意料的色彩。舉例來說，在一個主色調為粉紅色和紫色的圖案中加入一線青綠色，能「烘托」其他色彩，使它們更加鮮明。他的創造力在於能夠以看似互不搭配的色彩，來看待整顆毛線球，並且意識到只要有一點出乎意料之處，情況就會大不相同。

## ◢ 迪士尼創意策略

第三章曾提到羅伯特‧迪爾茨的著作。迪爾茨是 NLP 的先驅之一，寫了大量關於創造力的策略，也模仿了很多傑出的人物，其中就有華特‧迪士尼。迪爾茨所闡述的迪士尼創意策略（參見第三章），使人們區分出三種對創造力的產生過程具有促進作用的角色：夢想家、現實主義者、評論家。這些角色往往會混淆在一起，或者其中一方對另外兩方發號施令。對很多人來說，評論家是發號施令的人。然而重要的是，要記住「評論家」這個詞是指進行評估的人，而不只是指出什麼是錯誤的。

當伊恩在團隊中運用迪士尼創意策略時，他時常將角色安置在不同的房間裡，以便人們知道應該何時進入**夢想屋**（他們會在這裡

盡情發想），或**評論屋**（在這裡他們是評論家）。NLP 經常以這種方式利用物理空間；詳細講述何處發生了何事，有助於我們進入適當的狀態，以及清楚將會發生什麼。並且，身體的移動也是改變狀態的好方法。夢想家、現實主義者和評論家這三種角色，也能夠用時間將之區分。你可以給自己一些時間來盡情發想，然後把這些夢想寫在筆記本上。稍後等你準備就緒時，就可以回過頭來思考如何將它們付諸實踐（現實主義者），並且思考一定會有哪些必備條件和問題（評論家）。不管你如何區分這些角色，非常重要的一點就是要弄清楚你在特定的時間內要扮演哪一種角色，還要給予每個角色足夠的空間來完成任務。

創造是人類自發的活動。不管是在尋求解決問題的新方法，還是尋求生活的新方向，不管它是在閒暇時給你帶來了很多樂趣，還是為你的工作帶來了技巧和輕鬆，珍惜、激發並利用你的創造力，都是充分發揮腦力的主要方法。那麼，你想將創造力應用在什麼地方呢？一切由你決定。

## 如何加速學習？

人人都曾經是卓越的學習者。直到你閱讀這本書為止，已經學到了大量複雜的身體技能、心智技能和人際交往技能，以及包羅萬象的許多資訊。現在，你可能認為大部分的技能和資訊都是理所當然的。你也會學到很多技能或信念。它們會約束你，或者在某方面使事情變得困難，這其中或許包含了一些對學習能力或快速學習能力的懷疑。大多數人都在努力保住飯碗或養育子女，過著十分繁忙的生活，能夠更快速地學習，將是一種令人悅納的技能。

以我們身為教練的經驗來看，提高學習速度的最重要方法之一，

就是清除一些負面的知識和假設。如果條件適宜，每顆種子都會長成它所屬物種的完美模樣。正如我們從照顧辦公室、家裡或花園裡的植物的體驗中暸解到的，即使是那些長得不好的植物，也都有驚人的康復能力。一旦恢復適宜的條件，它們就能健康地生長。

如果你想知道如何才能更快地學習，進行自我模仿是十分有用的。當你還是小孩時，在很短的時間內就學會數量驚人的資訊和社交技能、身心協調等等。那麼，你在那時是如何做到的？

我們將會告訴你。NLP可以幫助你辨別出適宜的學習條件，以及當下有什麼在阻礙它，以便你能夠像兒時那樣自由又有效地學習。

那麼，多年前，你如何做到了那些事？人生中的第一個五年，應該是到目前為止學習速度最令人吃驚的時期。當然，這種學習在隨後的生活中所起的作用並不全然是「好的」，因為你也可能會受到恐嚇或者學會過分焦慮。不過，小孩還是會徹底地全身心投入學習。他們進行學習時，並沒有將這種行為當成是學習。在每一個清醒的時刻，他們都會調動所有感官來勾勒他們的世界。這才是真正的專心學習。實際上，每個人就是一個快速的學習者。

## ◢ 快速學習涉及什麼？

### 學習者認為學習是相互關聯的

在我們年幼時，世界對我們來說十分迷人，因為它是全新的。我們還沒擁有分類機制來告訴我們，一些事物比別的事物「更重要」或「更具價值」。一切都是全新的，一切都能給予我們很多。學習是很有意義的，因為它與當下的一切目標有關，因為它能得到獎賞，因為它能幫助我們模仿那些十分重要的人，因為它能給我們更多的個人自由、權力或表達自我的途徑，還因為我們十分好奇，只是想

去瞭解這個世界。

上述所有的原因，都給了我們能夠快速學習和學得很好的動機。在 NLP 中，這些都指向了動機。學習的過程，就是學習者積極地做事情的過程。

**建議** 確保你有動機。想要學習任何事物，都要有一個良好的理由，並且要清楚這個理由是什麼。

## 學習者當下一定要十分專注

小孩對於身邊正在發生的事情、正在做的事情都很關注。他們並不會思考今天與昨天相比如何。這些觀點及隨之而來的憂慮，在以後才會出現。他們並不會處在多種場景中，因此也不會使自己分散注意力。他們能夠分心，也確實會分心。但是隨後，他們就全身心投入到使他們分心的事中！他們的注意力還是百分之百的。

**建議** 抓住那些漫游的思緒。把它們記下來，有助於以後再採取行動，這樣你就不用在從事眼前的事時，還要把它們記在腦子裡。這樣做能使你回到「當下」。

## 學習者要全身心投入到體驗中

在這個階段，學習是處在一種高度聯繫的狀態。這種狀態使人全身心投入，並且能使學習者有大幅的快速進步。

**建議** 選擇適合自己的時間、環境和狀態，使自己有機會全身心投入。培養全身心體驗的技能。在開始學習時，請你試著這樣做。（參見第三章的連結和抽離單元。）

## 學習者的所有感官都參與到學習中

小孩並不會思考要怎麼去學習或應該如何學習。他們所有的感

官都是即時接收並處理資訊的。這意味著，他們所學到的東西，都是以多種方式被編碼。因此，這些東西能夠更快捷有效地成為他們知識的一部分。

**建議** 使更多感官參與到有意識的學習中。要經常思考如何將刻板的學習轉變為可見的、可聽的和可觸碰的。舉個例子，你可以做筆記、創建模型，或直接將事情排練出來（動覺方面），或播放一些巴洛克風格的作曲家，比如巴哈（Bach）或安東尼奧·韋瓦第（Antonio Vivaldi）的樂曲，可以增強注意力，（從聽覺上）加快學習。

## 學習者的努力應經常受到表揚和獎賞

幼兒通常會因為盡力做事以及完成某件事而大受表揚。他們初次嘗試坐起來、爬行、站立、說話和走路的努力，都會受到正面的鼓勵，即使在他們長大後，這些技能就會被視為理所當然。很幸運地，這就奠定了一個自我鼓勵、甘願冒風險嘗試新鮮事物的基礎。

**建議** 找到表揚和獎賞自己的辦法。採用內心對話。把你的目標分解成不同的階段，完成每個階段時，都給自己獎勵。

## 思考成功與失敗

當學習者還沒有學會去思考成功和失敗，那麼事情出錯時，他們也不容易受挫。實際上，遭受挫折會使他們更想再次嘗試。當小孩沒有成功完成事情時，人們不會把這情況貼上「失敗」的標籤。對於成人來說，小孩說出的第一句話、邁出的第一步是如此令人興奮、如此重大，並不會認為這是不夠好的。蹣跚學步的小孩在摔倒之後往往會得到鼓勵，讓他再試一次。

請善待你自身的錯誤和限制。那些無休止地批評自己的人，很容易氣餒。那些原諒自身錯誤和失誤的人，則會有更好的進步。

## 學習者會調整步伐

當失去興趣或感到疲憊時，學習者就會將興趣轉移到其他事情上或休息。他們還沒有學會踐踏自身狀態的本能意識，還沒有學會過分強迫自己，或對自己提出無理的要求。

調整自己的步伐，不要讓自己太過辛苦。即使你做得很好，特別是做得很好的時候，也要讓自己休息一下。不要因為你比預期中更早完成事情，就變動你的目標。

## 處理已經學到的東西

學習者會睡個香甜的覺，使無意識的心智有時間處理所學到的東西，也能使身體有時間從體力消耗中恢復過來，並且重獲力量。

睡眠是有成效學習的重要必需條件。它使身體在體力消耗後得到休息，並且能夠修復自身。花費心思是需要精力和耐力的。因此，任何形式的學習都會讓人勞累。學習是一種無意識地處理和儲存資訊的過程，這就是為什麼我們會相對較快地忘記一些與複雜的技能（比如散步、交談和閱讀）相關的實際程序。而睡眠則是心智無意識的部分十分活躍地處理新資訊和製造新連結的時刻。

尊重身體需要休息的需求。給自己充足的睡眠時間，來處理你所學到的東西。

到現在為止，我們已經瞭解了快速學習的規則。但是，當我們繼續探討時，弄清楚學習並不只是關於學習新的、巧妙的技能，才

是至關重要的。通常，成為一名卓越的學習者，主要是指清除你學到的那些對你有所限制的模式，將那些獨創的動機和條件歸到適當的位置。首先你要做的事情，並不是用腳踩下油門，而是把腳從剎車上移開。

## ◢ 妨礙學習的因素

以我們身為教練的經驗來看，有一些事情通常會妨礙有效的學習。我們將它們列了出來，你可以看看有哪些與你密切相關。辨別出那些妨礙你的事情，你就能為扭轉事態做好準備。

- 無法全神貫注
- 沒有獎賞
- 缺乏動機
- 有失敗的經歷
- 別人對你的不利評判，或者有害的自我評價
- 喪失自信
- 害怕犯錯或顯得古怪
- 自我限制的決定
- 自責
- 追求完美

## ◢ 扭轉局勢

在辨別出哪些因素妨礙你的學習之後，請看看你是否能想起一些看起來影響深遠的具體事件。NLP 將會告訴你這種「一次試驗學習」（one-trial learning）的影響有多麼強大，並且也會提供許多好方

法，來改變這些透過快速方法學到的東西。大部分這樣的高深技巧，最好能夠在富有經驗的 NLP 教練的幫助下運用，不過，也有很多有效的 NLP 工具能夠幫助你：

- 學習時，對所有的負面體驗進行換框法；思考你能從中獲得的正面學習體會有哪些。
- 意識到你的內心對話，使其少一點批判性，多一些鼓勵性。
- 將所做的事情與你的身分分開，你才不會將行為或能力問題，與你的身分混淆在一起。
- 在腦中回想孩提時遇到的學習問題，這樣你就能夠對任何你可能已經記錄下來的不當旁白，進行更新並「編輯」。
- 允許自己犯錯誤，並且思考你能從所犯的錯誤中學到什麼。將學習目標劃分為更小的、容易控制的、能夠實現的部分，並且每次將注意力集中在一小部分之上。
- 消除壓力，給予自己充足的時間去學習。或者給自己定一個很短的時間框架，以使你不能按照常規來完成事情。舉個例子，你可以刻意快速地瀏覽網頁而不必理解其意思，以此來提高閱讀速度。這樣子持續一、兩分鐘，你會發現，當你回過頭來再閱讀一次去理解其意思時，你的閱讀速度就會加快。你已經調整了習以為常的基本速度。
- 對一些學習目標保密，別讓其他人知道，如此一來，你取得的進步就不會受到評判。
- 學習時，盡可能使你的感受參與進來，你就能夠鮮明地將學習過程演繹出來，你是否能夠看到它、描述它、體會它？要真正地具有創造力。
- 把你所學會的教給別人，那麼你就會知道自己到底對它理解

多少。

- 想像一下這種學習在未來發揮作用時的情景，你就為啟動這種新潛力做好了準備。
- 最後，請思考一下，當你進行學習或使學習變得有趣時，什麼是足夠好而不是完美的。

你越擅長學習，就會有更多要學什麼和怎麼學的選擇。亞瑟·蘭塞姆（Arthur Ransome）是記者兼作家，他在年輕時被報社派往俄羅斯報導俄國革命。他需要學會俄語，以便從那些實際介入這些事件的人們那裡收集資訊。因此，他買了許多俄文兒童讀物。他覺得，書中的詞彙相對有些限制，文法則會清晰一些，而對故事產生的興趣，則會促使他往下讀，去弄清楚下一步會發生什麼。他發現這樣的方法很成功，最後不僅能流利地說俄語，還娶了列寧的祕書，之後，他也用同樣的方法學會了其他語言。

如果你想成為一位有影響力的領導者，至關重要的就是先成為一個高效的學習者。不管是對什麼年齡層的人，只要你越擅長學習，就越有能力來教導和領導他們。

我們認識的一位出色領導者，是一位幼兒教師。她經常參與幫助孩子完成穿衣服和繫鞋帶之類的任務。她發現，如果把過程分解開來，孩子會學得很快，因此在一開始時，她會把孩子的手臂伸到上衣裡，再把上衣套在孩子的頭上，孩子只需要將上衣往下拉直就行了。當孩子能夠輕易做到這件事之後，她就會拿著衣服，教他們把手臂放在衣袖裡，把頭伸到領子裡。最終，孩子學會穿衣和打扮自己了。繫鞋帶時，孩子會從最後的繫緊鞋帶開始學起，然後學習打結，最後是交叉鞋帶，把一條從另一條中間拉出來。透過反向操作此過程的每個階段，她將學習分解開來，因此孩子能夠一次專心做一件

事。他們以這種方式，很自然地掌握了這些技能。

## ■ 學習和狀態

因為身體和心智之間複雜的相互作用，學習涉及很多過程。在我們學習時，儲存在記憶中的不只有「內容」，還有學習時的狀態（參見第三章）。換句話說，學習取決於狀態，我們在學習時所處的狀態，會對學習有所幫助或者形成阻礙。

這是如何起作用的？比如，你在學校的經歷，會豐富你在成年後正式學習情境中的感受。如果你以前對數學比較憂慮，成年後，你會發現關於學習數學的想法，仍然會產生相似的感覺。NLP 提供了一些方法，能使我們意識到自己的狀態，以及當狀態受限或者對我們沒有幫助時，如何對狀態做出改變。它告訴我們，高效學習與建構以下三者之間的有效關係相關。

這三者中，「學習內容」是最不重要的因素；要是你沒有處在適宜的狀態，最好的策略使用起來也會更困難。如果處在適宜的狀態——就像我們在人生的最初幾年那樣，全神貫注，不考慮成功或失敗，十分好奇，時刻準備嘗試新鮮事物——並且，如果你知道去採用對這種特定的學習最有效的策略，學習起來就很容易了。

- 為了加快學習，請想出三次你學習起來十分容易的時刻。盡可能徹底地將每一次你所處的狀態描述出來。（包括腦中的經歷、想法、心理環境和外在環境、感覺和情緒）。它們有什麼共同之處？
- 回想一下你在學習時遇到困難的時刻。描述一下那種狀態。
- 使用對比分析（參見第三章）來找出感到學習容易和學習困難這兩種不同時刻的差異。找出造成不同結果的差別，就能確定使你輕鬆快速學習的關鍵。
- 確保你創造了下次想學習時的條件。

## ▰ 如果……

這裡是三種我們遇到的「如果……」情況，每一種都會帶給你關於更快學習的不同觀點。

## 1. 如果我比較笨，該怎麼辦？

### 案例

我們的同事曾為一位名叫戴夫的員警做過培訓。他想在學習法律術語和法律警告語上獲得幫助，因為他需要理解這些以便通過考試。他得學會準確的詞彙，而不僅僅是記住要點。他有很多這類的資訊要學，卻發現自己不太可能學會，並把自己描述為「糟糕的學習者」。然而，他的確有著重要的動機：學會這些用語是成為員警的一部分，並且他真心想成為一名合格的員警。幸好，戴夫的 NLP 教練幫他弄清楚，他在學校中是如何把自己看成「糟糕的學習者」。在這個過程中，戴夫回憶起他如何在課餘時間輕鬆全面地學習他所喜愛的足球隊的歷史，甚

至對於所有事件和數字，他都能隨口拈來。更重要的是，他瞭解所有的規則。

當戴夫意識到自己已經知道如何學習這種資訊，著實令他感到意外。「或許我沒有那麼笨。」戴夫評論道。年輕時的那個自我，曾經是一個出色的學者，所學的內容正是他現在需要學習的那種詳細的程序性資訊；與那個自我聯繫起來是十分重要的一步，能夠使戴夫恢復自信，學會工作所需的資訊。

## 2. 如果我必須學一些不想學的東西，該怎麼辦？

如果你真的想進行這項學習，或者你或別人認為你應該這樣做，那麼尊重你具有的困難並進行思考，總是十分值得的。以我們的經驗來看，人們對於那些自認為有意義的事情，總是做得最好。有時，自問：「我真的想做這件事嗎？」你的回答是否定的，那麼請思考一下，「是什麼讓你必須做？」如果你找到了一個在其他目標或價值觀方面有充分依據的理由，就有助於你重新恢復所有感和目的感。但是，如果它在核心層次上沒有對你有意義的理由，就請試著讓自己放手不管。如果你發現這樣做很困難，請特別注意隨之而來的感覺或原因。它們會提供很好的資訊，並且幫你弄清楚困難到底是什麼：「我必須做，因為它是工作的一部分。」那麼，你是否必須從事這項工作？這是唯一一個能雇用你的地方嗎？或者，你是否因為工作的其他面向，而願意從事這項令人討厭的任務？

## 3. 如果這仍然困難，該怎麼辦？

我們認識的一位成功商人，為了訓練身體而開始跑步。他非常喜歡這項運動，但覺得這還不夠。他也喜歡騎自行車，游泳能力也

不錯。他還決定參加鐵人三項訓練。但他發現，這樣做的話，身體真的消受不了。而且，要他離開工作或家庭，投身到訓練中，也很困難。然而，他還是繼續這樣做。當一位朋友問他，到底為什麼要這樣費心？難道慢跑還不夠嗎？他回答道：「因為這是我的生活中唯一一件讓我覺得有挑戰性的事情。」

## 如何改善記憶力？

- 「我的記憶力不太好。」
- 「對我來說那些內容太多了，我記不住。」
- 「既然我變老了，記憶力恐怕也在衰退。」

人們太常這麼說，好像它們都是真的。有很多關於記憶力的常見錯誤觀點，像是記憶力不能改變、記憶力有固定的限量，還有記憶力與年齡有關，會隨著年齡的增長而衰退。

然而，記憶力（memory）與數量、內容都無關，而是與過程有關。它與我們所做的事情有關，而不是與我們擁有的事物有關；它與記憶（remembering）有關。

記憶取決於我們建構的事物之間的關聯。想像你正在創建一個索引。如果你只用一種屬性來查閱一本書或談論一個人，就只能擁有一個資料點，因此只有一種提取那個資訊的方法。如果你使用了許多不同的資料點，每個都提取了不同的面向，就會擁有更多提取這個資訊的方法。

身為教練，我們發現，若要取得巨大的進步，可以將精力集中在記憶力的兩個面向，一是編碼和儲存，二是回憶。

## ▰ 編碼和儲存

如果你想提高準確編碼和儲存資訊的能力，就需要檢視：

- 你的態度、信念和感受。
- 對於想要儲存的資訊，你有多關注。
- 你的感官如何參與資訊的處理。

### 態度、信念和感受

約翰是一名公司內部的培訓師，曾經善於記名字。但在過去的兩年間，他開始對持續增加的工作量和越來越多的成員感到不滿。有一天，他跟一位同事說：「我沒有辦法記住所有成員的名字。」約翰的失望和不滿的感覺，影響著他能夠記住多少的信念，然而，在他的專業技能領域內，他有能力記住浩瀚繁瑣的資訊和新的研究。實際上，他並不想記住所有成員的名字，因為以他的觀點來看，成員太多了。儘管多年前，他以能夠記得住所有名字為榮，然而，因為感受不同了，難怪他會覺得很難記住所有的名字。

**建議** 請考慮你對想要記住之事物的看法和感受。

感覺也會以別的方式影響編碼和儲存資訊。你是否記得上學的第一天？很多人都記得住那一天，並且記得相當詳盡。然而，第二天呢？你很可能記不得了。原因在於上學的第一天十分特別，你可能對它十分期待，也可能十分懼怕；你可能過得很好，或者很糟。老師可能真的很好，或會要求你去做還沒有學過的事情。操場可能是一個四處奔跑的好地方，或是一個嚇人的地方，因為那些比你年長的學長姊在你身旁跑來跑去，大喊大叫，粗魯地玩鬧。你可能會有很多感受，而強烈的感受會構成鮮明生動的編碼。

**建議** 運用你的感受，使你想要記住的事情顯得鮮明生動。

　　然而，有些感受最好被忘記，而你的大腦也會這樣做。如果出了車禍或其他嚴重的創傷，大腦就會對這種記憶進行編輯，甚至還會出現記憶缺失的情況。有時，由於童年的一次令人痛苦的事件所引發的懼怕，也會以同樣的方式被隱藏起來，讓一個人毫無理由地懼怕某些情況。大腦已經將這種資訊儲存在一個祕密的而非公開的檔案中。NLP 能夠處理這些祕密檔案，但是明智的做法是向專家求助。不過，如果你意識到正常的遺忘已經開始涉及不太嚴重的感受，NLP 會提供一些好方法，來使你重新獲取那些資訊。

## 如何找回已經丟失的資訊

1. 重獲資訊的一個好方法，就是去回憶你第一次獲取這個資訊時所處的環境。或許它是晚會中一個人的名字？你在廣播中聽到的事情？請讓自己盡量回憶起關於那次晚會的細節，這些細節應該包含來自各個感官系統的資訊。你與誰進行了交談？當時你坐或站在哪裡？當時正在播放什麼？諸如此類。當你在填充這個場景時，就會發現你想要知道的那個細節不經意地冒了出來，或者說那樣做會激發搜尋程式，使那個細節隨後就冒了出來。

2. 你的遺忘是因為對一些事情感到不舒服、不順心或不開心嗎？如果你需要或願意重獲這些資訊，請關注你當時的感受，並將這些感受想像成一條線上的珠子；當你在其他時刻也有同樣的感受時，請照這樣去做。那麼，此時的感受就會與其他時刻的相似感受聯繫起來，而且，由於心智會將相似

的事物儲存在一起，你對目前這些感受的關注，就會順著這條線將你帶回到已經遺忘的時刻和環境中。

## 多加關注

你對想要儲存的資訊投入了多大的關注呢？那些宣稱自己記憶力不好的人，最令人難忘的一點就是他們有多麼善於遺忘！假設你被引薦給某個人，可是當那個人在介紹他自己的名字時，你卻心不在焉。稍後，當你努力要想起那個人的名字時，所能想到的卻是那些煩擾你的事情以及對方的外貌。在這種情況下，你的記憶力並沒有出問題。你記憶的方式，亦即你所採用的編碼程式，忠實準確地對發生的事情進行了編碼。你心不在焉，這代表你在進行內心對話。因此，由聽覺輸入（比如那個人的名字）的資訊，就會與你在內心創造的聽覺信號相互競爭。他們的外貌較為難忘，這不僅因為視覺資訊更加生動鮮明，通常比較容易回憶起來，還因為那時視覺資訊受到內心信號的干擾比較小。

你打算處理的事情，會影響你實際上要牢記的事情。因此，糟糕的編碼常常與糟糕的記憶力混淆在一起。

### 案例

亨利經常惹妻子蘇珊生氣，因為他總是記不住她的話或吩咐的事情。他會忘了在下班回家的路上買些瑣碎的物品；他會忘了她詳細講解過的週末安排。兩人對彼此生氣，並且還有了戒備之心。他們都想弄清楚這到底是怎麼回事。

有時，蘇珊覺得亨利忘記的原因，是他對她或他們家庭生活的興趣，比不上他對工作的興趣濃厚。亨利的確很喜歡工程師的工作，並且看起來總是能記住與同事和專案相關的事情，不論

這些事情有多麼瑣碎。

有一天，他們之間出現了危機。蘇珊指責亨利不夠關心。他們發洩完怒氣之後，亨利意識到自己也十分苦惱：對他的大腦目前的狀況也很憂慮。蘇珊指出，他的大腦沒有問題，因為他的確能牢牢記住一些事情，這一定與他如何記憶或不去記憶有關。在進行思考之後，亨利說，蘇珊通常會在他們一起做事時，比如洗漱或電視播放廣告時，告訴亨利一些事情，卻沒有想到要注意一下他是否真的在全心傾聽。他們發現，亨利實際上並沒有忘記這些資訊，因為這些資訊從一開始就沒有被適當地編碼。之後，每當蘇珊告訴亨利一些事情，並且想讓他記住時，都會確保他正在全神貫注地聽；有時他們會笑起來，並且將它當作玩笑。而他也不再「健忘」了。

## 內心處理

對資訊進行編碼，意味著在內心處理資訊，而這涉及你的表象系統或感官，並由此引發了很多事情：

1. 我們往往覺得採用某種特定的表象系統來記憶會更容易。因此，如果你善於觀察，在被引薦給陌生人時，請確保在腦海中留下他們長相的圖片，並且在他們的額頭上，或者靠近臉部的徽章或項鍊上，看到他們的名字。如果你知道自己記憶聲音比較容易，就請傾聽他們念自己名字的聲音，並且確保將它與他們的形象一起記錄在內心，以便下次見到他們時，視覺形象會使你回憶起他們名字的聲音。朝著適當的方向觀看，以此來獲取你儲存資訊所採用的表象系統，這有助於你

以最適宜的方式儲存資訊。（參見第三章中的「視線解析」單元。）

2. 你在記憶時，所涉及的表象系統越多，內在表象系統和其儲存的東西就越豐富。你可以刻意這麼做來幫助編碼。為了使記憶變得豐富，並透過多種途徑來提取它，請盡可能使你的感官參與進來。（比如，他們握手的溫度、濕度和力量。）

3. 在採用特別的表象系統時，有一些事情能夠被很好地編碼，也就是你要在進行編碼之前，先進入那個系統。舉個例子，良好的英文拼寫能力，取決於視覺處理。NLP 調查了具有良好英文拼寫能力的人們所做的事情，發現他們都會在腦海中對字詞的形狀進行拍攝，並將這些「圖片」儲存起來。當他們需要拼寫這個詞時，就會查閱內心的圖片來做出正確的拼寫。NLP 拼寫策略就是以此為基礎，並且也成功地教導那些想要提高拼寫能力的人。


那些擅長身體技能的人，往往會以動覺的方式來儲存資訊，並且很可能不會用言語來解釋他們的行為。我們認識一個精於木工的人。當朋友要求他解釋如何使用車床時，他發覺自己不會解釋，甚至記不得他是如何使用的。他必須坐在機器旁邊實際操作，因為他的雙手知道如何使用。

如果你進行練習，就能利用任何一種表象系統來培養才能。這對那些沒有費心這麼做的人來說，是極不尋常的。並且，這種情況也適用於整個文化。舉例來說，任何依賴於口頭傳遞資訊的文化，都會有十分發達的聽覺記憶策略，比如節奏、韻律和助憶方法。因此，對我們來說，很難記得成千上萬行的長史詩，但這對古希臘人來說卻極其自然的事，他們能夠牢牢記住並且準確地背誦。在非洲，

那些識字能力和電腦擁有量低的部分地區，仍然存在這些技能。印度的情況也是如此。

相反地，想像一下，透過閱讀來學習舞蹈，或者透過觀看人們唱歌的圖片來學習唱歌，是多麼奇怪的事。你需要採用合適的方法來完成任務。因此，請檢視一下你是否使用適當的表象系統，來對你想要學習的事物保持機警的狀態。

## 探索你的記憶力

- 對你的記憶力感到好奇。你發現什麼容易記住？你往往會忘記什麼？你自身的模式是否告訴你，任何關於你認為重要或不重要的資訊？哪些表象系統最自然且最易於儲存？或者你的自我限制性信念存在哪裡？

- 弄清楚你是如何進行記憶的？你是否將資訊轉化為圖像？自述故事？聽別人講述？試驗並親身經歷？喜歡插手介入？

- 忘記某件事時，你身上會發生什麼事情？你大腦是否「一片空白」？你是否從這個事情上移開，並且發覺自己在想著其他事？你是否自言自語地說：「我一定不能忘記。」但在這種情況下，你的話語卻誘使你忘記，而不是記住？

- 你的記憶和遺忘，與你對這些資訊的興趣，以及你對此刻的感受，有多大的關聯？

- 你對什麼事情有著「糟糕的記憶力」，為什麼？

- 你是否對一些不願意記住的事情有著良好的記憶？我們認識一個人，他很容易記得任何出了問題的事情，以及每一次被人冷落的情景。如果是你，你會如何對這些經歷進行編碼？你是否會重播錄影帶？聽錄音？體會這種感受？使用第三章中關於次感元的資訊，來確定你是怎麼做的。然後，你就可

以採用能夠削弱它們所造成之影響的不同次感元，來重新對
這些經歷進行編碼。不過，你也會清楚哪些次感元能夠發揮
效用，使你記住那些不想記住的事情。從現在起，請開始使
用它們來記住值得記憶的事情。

## ◢ 提取記憶

有許多關於提高記憶力的書籍，都提供了一些標準的建議。我
們並不會重複這些建議，而是想說明這些方法是如何發揮作用的，以
便你能建構自己的方法。

編碼和提取緊密相關。布魯斯・查特文（Bruce Chatwin）在《歌
之版圖》（ *The Songline* ）一書中，詳細敘述了關於這兩個過程如何相
互影響的絕佳例子。查特文在澳洲遊歷時，瞭解到原住民的文化和
歷史是如何被編碼且透過歌曲流傳。這些與蜿蜒穿過大陸的看不見
的道路——歌之版圖有關。因此，大陸本身和它所具有的自然特色、
一丘一嶺，將遠古夢幻時代的故事編碼下來，代代流傳。

原住民以一系列的對句來演唱歌之版圖，演唱這些對句的時間
與步行一片土地所花的時間，在長度上相匹配。因此，大陸和歌曲
是合而為一的。實際上，根據查特文所說，原住民認為，當他們在
土地上行走時，是唱歌使得大地出現，並且處於一種奇妙的地理和
神話的混合體制中。每個部落都有自己的屬地和歌之版圖，而且都
因為他們的歌之版圖連接起來的方式，而瞭解到鄰近部落的歷史。

在偏僻的鄉村遊歷時，查特文讓一位名叫林培（Limpy）的人搭
便車。林培想去拜訪一個以前從未去過的地方，當地在他的「歌之
版圖」裡極其重要。在開了七個小時的車，離開山谷大概十六公里
遠之後，林培盯著窗外開始快速地嘟囔、做手勢。他開始認出以前
聽說過的地方，也開始唱「歌之版圖」給自己聽，可是因為車速，

他不得不匆忙地進行，因為他所瞭解的「歌之版圖」，是按照以前步行的速度來演唱的。

「歌之版圖」是透過演唱和步行來行經一片風景，以線形的順序密切注意細節來進行編碼。歌曲主旋律上的每個音符，都與風景的每個特點相連結。這使得「歌之版圖」更容易被記憶，以及傳給整個部落的成員並代代流傳下去。

開車沿著「歌之版圖」橫越大陸，勾起了林培關於整個「歌之版圖」的記憶，但當人工修建的道路偏離了「歌之版圖」，林培就「關掉」了這種感受，只有當道路與歌中的道路重新交會時，他才又繼續下去。

羅馬演說家在記憶複雜的演說時，也經常採用類似的方法。他們會在腦中按照正確的順序，將演講的每個標題與另一個他們熟悉順序的東西連結起來，比如路標或路線。透過將新創建的演講順序與熟悉的順序連結起來，他們能夠「大幅提高」當下的記憶力，以此來記住演講內容。

如果你想利用這種模式來記住一個故事或一場報告，請想出一條你已經熟知的路線。在腦海中沿著這條路線前進，在每個主要的路標處停下來，設法將你的故事或報告中的每個標題，與路標的順序搭配起來。建構關聯有助於你創造所需的連結，而這種連結越是荒謬或生動，你就越容易記住它們。

## 順序的重要性

編排順序以及其他形式的分類，是良好記憶的重要特徵，因為它們可以將資訊連結起來並排列整齊；並且，儲存和提取記憶，都取決於大腦有效分類資訊的能力。如果有合適的空間，儲存資訊就更容易；如果你清楚存放資訊的地方，要提取這些資訊就更加容易。

我們能夠使用的系統不止一個：有意識的心智利用理性和邏輯範疇，心智的聯想部分則利用相似之處和其他類似的關聯。這揭示了助記方法是如何運作的。比如，Shall Mother Have Egg Omelette?（母親是否有煎蛋捲？）這個句子的首字母，就是記住北美五大湖從西向東之順序的一種方法：蘇必略（Superior）、密西根（Michigan）、休倫（Huron）、伊利（Erie）和安大略（Ontario）。為你想要記住的順序創建一個助記的事物，是否有用？

感覺之間、想法之間、已知與未知或想像之間的連結，就是記憶的內容。當我們想要記住東西時，連結性是將它存檔的關鍵；當我們想要再次找到這種記憶時，連結性又成為提取這種記憶的關鍵。自述故事是一種對大量資訊進行編碼的方法。

## 選擇觸發器

最後，我們需要那些能夠重新喚醒其內涵的觸發器。電腦上的圖示、思想中的地圖和顏色編碼、代表整個故事的詞語和名稱，都是觸發器。如果說出「灰姑娘」的名字，我們就會想到一個故事、一系列的想法、感覺和事件。我們的任何感覺都有觸發器。紅、黃、綠燈是道路上的觸發器。黑和黃是用來標示一些放射性物質，會引發一種危險的意識。一高一低的警報聲會告訴我們，警方的緊急應變團隊就要到來。NLP 把這種將特別的刺激與一系列的資訊和感覺連結在一起的程序，稱為「心錨」（參見第三章）。如果想要獲取資訊或特定的狀態，可以使用心錨。對於林培和他的部落友人來說，風景的每個特徵，都是關於其歷史和身分的一種心錨。

- 想一些你擁有的關於特定記憶或狀態的心錨。歌曲、氣味、顏色和地點，都能被當作心錨。

- 想一些你容易記住的事情。你使用的心錨是什麼？
- 那麼，你會如何將已有的這項技能，應用於你想要記住的事情上？

提高記憶力實際上包括兩種程序：一是找到有效的方法對想要的資訊進行編碼，二是找到有效的方法來提取資訊。NLP 提供了很多能使兩者更有效的不同方法，以及能用來確保讓記憶力符合需求的方法。

然而，你需要努力去做。提高記憶力就像訓練肌肉，你得堅持不懈地參與。如此一來，你就能大幅提高記憶力，並且年老對這項能力幾乎沒有影響，但如果你不這樣做，記憶力就是「不用則廢」的極佳例證。

因此，這裡有一些練習可以幫助你培養感覺的敏銳性，以便有效地進行編碼。在以下三種情況中，你會將注意力集中在處理和回憶體驗的特別方式上。為了同時熟練視覺、聽覺、動覺這三種系統，你需要大量的練習。

---

**練習**

- **提高視覺記憶**：請觀察一組物體，比如壁爐架上的物品。在腦海中為它們拍一張快照，然後閉上雙眼，看看你在腦海中能回憶起什麼。睜開雙眼，再觀察一遍，然後閉上雙眼，再一次觀察你能回憶起什麼，這次更詳細一些。使用視覺次感元（參見第三章）來留意你記住了哪些事物，以及你需要更加注意哪些事物。
- **提高聽覺記憶**：聽一首喜歡的歌曲，並且讓它在腦中迴響一遍。請留意你記住了什麼，然後再聽一遍，使其在腦中迴響一遍。使它在腦中迴響，隨後哼出聲來。多次重複，使用次感元清單，來辨認你特別需要處理哪些聽覺元素。
- **提高動覺記憶**：想一種你喜歡學習的身體活動。假設它是某種舞步，

學習這些步法的分解動作，重複練習直到你在身體上學會。現在，以這種方式繼續另一種身體活動。如果能夠一直拓展你的技能，你就會發現自己不僅擅長記住特定的舞步，還會更加熟練地記住整套動作。

創造力、學習、記憶力，現在你會發現，增強腦力是很簡單的事！然而，培養更好的腦力，是你在成功之路上採取的最佳行動之一，因為它是本書中討論的所有事情的根源。

# 第 15 章
# 健康、富裕與幸福

　　對很多人來說，健康、富裕及幸福是美好生活的同義詞。它們有時會自發地出現。當然它們也會因為你的思維方式和所作所為，而被創造、保持或失去。NLP 提供了很多方法，來弄清楚那些健康、富裕又幸福的人們是如何積極地創造和管理他們的「好運」。它辨析了許多關鍵的行為和態度，我們將在本章進行探討。你可以學會在生活中將這些付諸實踐。

## 保持的價值

　　這三種令人著迷的因素都涉及一種基本的人類技能 —— 保持（conserving）。我們特別欣賞在 1956 年舊版《韋氏新大學字典》（*Webster's New Collegiate Dictionary*）裡關於 conserving（保持）的定義：保持就是「使之處在一種安全或良好的狀態中」。「保持」與「保存」（preserving）之間有一些重要的差別：

| 保存（preserving） | 保持（conserving） |
| --- | --- |
| 維持現狀 | 鼓勵和促進發展 |
| 限制新的資訊輸入 | 允許新的資訊輸入 |
| 使事情處在單一的時間點上 | 是一個不斷發展的過程 |

　　「保持」是一種積極向上的過程。在其中，我們關注自己所重視的事物。這並不是毫無目地貯藏。在健康方面，它涉及進行各種營養補充，而不是指你穿著防護套住在棉花裡。在金錢方面，它意

味著定期的儲蓄以及對資源的管理，而不是指你必須吝嗇或對自己苛刻。在幸福方面，它意味著留意小事情，從中獲得樂趣，回味並珍惜它們。幸福的人不會欺騙自己或假裝一切都是美好的，而是不會錯過任何能夠享受或者在某方面豐富他們的事物。

保持包括了選擇，也就是選擇積極地參與你所珍視的、具有促進作用的事情。首先，你要弄清楚你是誰（你的身分）、什麼對你極為重要（你的信念和價值觀）。進行保持，需要利用你的知識和技能（你的能力），涉及選擇去做什麼和不做什麼（你的行為和環境）。由於保持涉及生活的許多層次，它就是將自己的體驗連接成一個有意義的整體的重要方法之一。

我們要來看看兩個極為不同的人如何在生活中處理健康、富裕和幸福。透過檢視這兩個人，我們可以梳理出「保持」和「保存」之間的重要差異。

## 案例

布萊恩是一個古老鄉村家族的兒子。很久以前，這個家族曾經十分富有，現在他們正努力經營一個莊園。布萊恩從小接受了要尊重辛苦勞作的教育，並且在父親的土地上幫忙。家族裡大部分的金錢都投在這個莊園上。他們擁有豐富的資產，卻沒有現金。布萊恩上了大學，並且正在攻讀莊園管理學位。他想學習一些當他接管農場事務時需要的一些技能。

二十五歲左右，他的父親突然去世，布萊恩必須比預期中更早接管莊園。令他驚訝的是，他發現自己已經從童年經歷和大學中，學會了他所需的很多技能。他懂得享受鄉下的日常生活，也會修理設備。如果需要，他也會播種、收割、耕作。當他檢查莊園的設備時，發現儘管大部分已經很老舊了，但還是被照

料得很好，仍能良好地運轉。儘管布萊恩曾經很樂意當一名學生，並且計畫為其他土地所有者工作幾年、學習經驗，他仍然十分確信在他的工人和家庭的支持下，自己有能力把莊園管理得很好。

布萊恩沒有意識到，他已經學會了保持的祕訣。他很健康，並且做出了積極參與莊園的選擇，意味著他會繼續保持身體健康；他很富裕，雖然沒有現金卻擁有土地，並能夠將它傳給子孫後代；他也很幸福，以喜歡的生活方式生活，莊園的工人團結合作，家族也十分支持他。從某種意義上說，布萊恩看起來已經「取得了成功」，並且他也繼承了很多更有價值的事物，像是信念、價值觀、技能和行為。這些是他在年幼時不經意間理解並掌握的，它們給予他保持和享受遺產所需要的一切。

莫妮卡是一位有抱負的成功職業女性。她努力工作，從女售貨員晉升為經理，再晉升為老闆，並在年僅二十五歲時自己開了公司。她的公司取得了成功。儘管莫妮卡十分擅長經營公司，卻不願意這麼做；她在賺了一大筆錢之後就將它賣掉，並且十分明智地把錢拿來投資。（她比布萊恩更富有。）她知道自己再也不需要工作了。她的投資陸續取得了成功；但不知怎麼的，莫妮卡卻從不確信自己有足夠的安全感。因此，她只是花費必需的錢，買了一棟舒適的房子和一輛性能可靠的車。她並沒有花大量的時間休假或者去國外度假。她深居簡出，不與他人交往，因為她不清楚人們喜歡的是她還是她的錢。她也不清楚自己真正想從生活中獲取什麼。

莫妮卡覺得她的成功非常空洞，因為她只知道如何去維護自己所擁有的。她將這些貯藏起來，不敢去使用，並且因為不敢冒

險或嘗試新鮮事物而裹足不前。她長時間地工作，先前要處理公司的業務，隨後則要瞭解投資的動態並對進行管理。不過，她卻極少運動，在保存財富的同時，她卻處在損害健康的危險之中。總之，她不知道如何才能幸福。

你可以說布萊恩是因為繼承了他的地位而占有優勢，不過以我們來看，這並沒有理解問題的要點。擁有遺產的人們也會像莫妮卡那樣將其貯藏起來，正如創造財富的人也會像布萊恩那樣將其保持下來。布萊恩可能的確「幸運」，但這並不在於遺產本身，而是在於他成長期間從家族裡學到的態度和管理方法。

我們發現，處於健康、富裕和幸福的狀態，就是管理你當下的生活，使其令人愉快，同時又能與你想要的未來產生共鳴。它意味著為了未來，你要在當下照料好自己和自己的財富。你的富裕並不只是金錢上的，因為你的健康和思想狀態更加重要；關於這一點，你只要問一問長期患病或有自殺傾向的人就知道了。它意味著使用這些財富，但不是將它們用光。它意味著累積這些財富，以使它們能夠增加，而不是為了擁有更美好的未來而敷衍目前的生活。它意味著清楚你已擁有的，並且瞭解你的行事方式，然後繼續你的生活。它意味著思考「我真正想要的是什麼？」這類的問題。

在以下的四個部分中，我們會更加仔細地探究什麼與健康、富裕和幸福有關，以及 NLP 能夠提供怎樣的幫助。也許你會發現，對這一點進行盤點，並思考這些事物對你來說到底代表什麼，是很有幫助的。

## ◢ 你如何看待健康、富裕和幸福

我們發現，讓學員弄清楚，健康、富裕、幸福對他們來說代表什麼，的確很有用，因為人們對此有著十分不同的觀點，此外，我們也想建構一個適當的準則。因此，請花一些時間來思考下列問題：

### 你認為什麼是健康？

- 它是否代表很少生病？
- 它是否代表趕車時不會氣喘吁吁？
- 它是否代表你一週去健身房三次？
- 它是否代表你從不感冒？或者，你得過感冒，但是感冒只持續兩天，而不是一週？
- 你如何知道自己是健康的？你的行為和感受告訴你一些什麼資訊？你的皮膚是否光潔細嫩？你的舌頭是否呈現粉色，而不是有舌苔而且是白色的？你的消化是否規律且沒有出過問題？你是否感到精力充沛、活力四射？你用什麼方法來證明這些情況呢？
- 是什麼顯示出你不健康？你是否覺得懶散或意志消沉？你是否發覺即使是在做很小的任務，也很費力？這是今年冬天第二次或第三次反復得感冒嗎？你的關節是否僵硬？你是否連最簡單的事情也會忘記？你用什麼方法來證明這些狀況？
- 你是否清楚當下的行為正在使你變得健康？

### 你認為什麼是富裕？

- 它是否代表你進行過許多投資？
- 它是否代表你到了月底還有五千元或一萬元可以花用？
- 它是否代表如果你想去度假，很容易就能支付得起？

- 它是否代表你想買某件物品時，不必等上幾星期或幾個月？

- 你認為自己富裕嗎？如果是，你如何意識到自己的富裕？這些財富是你自己賺來的、繼承的、存下來的，還是進行明智的投資得來的？

- 如果你現在不富裕，那麼倘若有一天你變得富裕時，你又是如何意識到這一點？它能夠實現的程度如何？

- 你是否認為自己以後得節儉存錢？你是否在期盼著中獎？

- 你是否清楚當下的行為正使你變得富裕？

## 你認為自己是個幸福的人嗎？

- 對你來說，幸福是什麼？是早上醒來時感覺良好嗎？是記住特定的事件、人，還是有一些值得期待的事情？當你獨處時，會感到快樂嗎？

- 幸福是否代表著，你清楚了解現在與你對未來的希望和意圖之間的關係？當你在今天結束時，能找出自己做了什麼事讓夢想和目標更接近一些嗎？或者它們仍像以前一樣，看起來遙不可及呢？

- 你是否大部分時間都感到幸福？或者只是一段時間？或者很少？或者幾乎沒有？

- 你透過什麼知道自己很幸福？或者不幸福？

- 你是否清楚當下的行為正使你變得幸福？

記下你的答案，以便之後有一個準則可以參考。

保持健康、富裕和幸福是需要技巧的，一旦你清楚什麼與此相關，就能夠學會這種技巧。

## ◢ 盤點你的後設程式

此刻，回想自己的後設程式偏好也十分有用。請看看你先前建立的個人檔案，如果沒有，你可以參閱第三章的「後設程式」單元來建立檔案。瞭解你的後設程式，有助於你保持健康、富裕和幸福，並能避免陷入慣常行事方式中固有的陷阱。

每種類型的後設程式都有其優勢和劣勢。若要駕馭它們，就要先清楚你往往會如何行事，以及如何監看正在發生的事情，如此一來，在你限制這些風格的範圍時，也能夠利用你的風格帶來成就。一旦清楚自己的後設程式偏好，你就能夠做很多有助於彌補缺漏的事情。

有些後設程式與「保持」特別相關，我們逐一說明如下。

### 避開型和趨向型

如果你想要在保持健康、富裕和幸福的情況下，實現某件事情，那麼弄清楚哪些事物能夠給予你動力，的確很重要。也許你會像莫妮卡那樣，有著避開型動機，十分清楚什麼是你不想要的。你清楚自己不想要貧窮、生病或痛苦。懷著這種避開型動機，你可以實現很多有用的事情。並且，關於你不想要的事物的內在表象系統越強大，這種動機就越強。莫妮卡很清楚她不想在年老時變得貧窮；顯然她能夠想像出來那是什麼情景；這就是使她節儉、購買保險、進行明智投資的動機。另一種避開型反應，就是強烈地意識到年老時體弱多病或者逐漸殘疾的情景，以至於能夠確保現在進行合理的飲食和定期運動。

避開型動機有一個明顯的限制，就是它會使你去關注你並不想要的，也就是令人擔心、使人不快的感受。它的另一個嚴重的限制，就是你不清楚自己真正想要的是什麼，因此不容易為之努力。莫妮

卡如此執著地獲取金錢、進行節儉，以至於減少了當下的娛樂，並且她也不去思考節儉是為了什麼。因此，她從不知道多少錢或者何種養老計畫才是足夠的。她無法休息，也無法享受現在的生活。

另一方面，布萊恩有著**趨向型**動機，他清楚自己目前和將來想要什麼。他被教導要思考家族莊園的長遠發展，但也學會享受目前的生活。然而，這並不全是**趨向型**動機。他學會在機器和建築報廢之前，好好照料它們，因為他知道把東西用壞的代價會更大，並且這也不是他想要的。同樣地，他也照料自己的員工，其中一部分原因是他不想讓員工變得不愉快，從而離開他去尋找更容易的工作和更好的報酬。布萊恩的行為是以「**趨向型**」和「**避開型**」這兩種後設程式的優勢為基礎的。

**建議** 思考如何將這種後設程式，應用到你在健康、富裕和幸福方面想要保持的事情中。在這個特定的例子中，你自發的動機是「避開型」還是「趨向型」？現在，思考與此相對應的動機如何幫助你？辨別出這兩種策略的優勢，不僅能讓你想出更多的主意，還有助於你構建自己的彈性和靈活性。

## 必然性和可能性

由必然性所驅動的人，往往會對「應該」做什麼有著強烈的感覺。他們會掌握在運動和飲食方面「對他們有益」的最新資訊；也會定期謹慎地儲蓄。這類人的幸福在一定程度上源自於清楚自己做了「需要做的事情」。

由可能性所驅動的人，可能生活得更加刺激。他們擅長即興的玩樂、做出抉擇並抓住機會；但他們也會發現，自己很難去記住並執行細小的、慣常的、具保持作用的任務。他們可能會注意力分散、偏離方向。

雖然方式不同，布萊恩和莫妮卡在一定程度上都是由必然的事物所驅動的。然而，由於趨向型動機，布萊恩發現對直接的可能性做出回應較為容易。他也在尋求既能增加當下享受的樂趣，又有助於實現長期目標的機會。

**建議** 盡可能辨別出與你的健康、富裕和幸福有關的必然事物和可能事物。列一份清單，在接下來幾週內，如果你想起額外的項目，也將它們加進去。你必須做什麼？你可能會做什麼？你的目標是要改進當前的方法，並且形成多種方法和解決方案。請在評價它們之前，先進行腦力激盪。

## 上推與下切

如果你是一個注重細節的人，用 NLP 術語來說，你往往會去解決小的歸類資訊，冒著見樹不見林的風險，因為你可能會忘記檢查這些小方面如何與大目標和較長期的時間框架相關聯。另一方面，如果你總是著眼於總體情況、解決大的歸類資訊，就會確立關於健康、富裕和幸福的最美好的目標，但不太可能去做那些累積起來就能產生你想要的事物的小事情。其訣竅在於，要十分清楚這些小的歸類如何與總體情況和目標相關聯。

**建議** 如果你開始時著眼於總體情況——舉個例子，「我想保持健康」——就請思考一下，你今天能做些什麼特定的事情，來幫助你朝著這個方向前進。你可以經常在書桌上放一杯水並定期飲用。一整天、每天都這樣做，你就會養成一個健康的習慣。定下目標，每天至少喝兩公升的水。另一方面，如果你是一個「著眼小的歸類」的人，並且在一天結束後與家人一起休息時感覺良好，請一定要提醒自己，幸福就是由每天這個時刻、這種平淡無奇的時光組成的。

請開始著手加強具體行為與總體目標之間的關聯。比如，如果

你總是進行大的歸類，就請思考你今天做些什麼事情能夠對（比如）你的健康有著正面的貢獻。選擇一件容易做到的事情，然後去做，並且像布魯克‧斯蒂芬絲（Brooke M. Stephens）所著的書籍《養成理財扎根好習慣》（*Wealth Happens One Day at a Time*）的名稱那樣。這種小事可以成為你所追求的大成就的一部分。如果你往往進行小的歸類，就請提醒自己，你每個月所付的房貸，正在使這個家為你自己所有。你也可能想要弄清楚你目前「擁有」多少、房子到何時才真正屬於你自己。伊恩的一位學員在這樣做之後，驚訝地發現，如果他稍微增加每月付款金額，就將能預計的所剩時間減少一半。

## 處在時間中和跨越時間

天生「處在時間中」的人會發現，「現在」對於他們看待事物的方式十分重要，並且可能會使他們不去構想未來的圖景。如果是動覺十分強烈的人，也會像那些「處在時間中」的人一樣，不太容易或根本不會「採用長遠的觀點」。因此，無論什麼事物，只要能夠吸引他們此刻的注意力，不管它是好是壞，往往都會使他們極為關注。在極端的情況下，一時衝動的購物和玩樂，可能會消耗那些原本可以用來創造和保持健康、富裕與長期幸福的金錢及時間。同樣的，他們也會發現，痛苦、失望和失敗會讓人不知所措，因為他們很難或不可能相信「這些也會過去」。這可能會造成情緒大起大落。「處在時間中」的技巧，就是提高「跨越時間」的技能，來確保你可以計畫未來並使之實現，同時也要享受現在，能夠辨認及享受它帶給你的豐富多彩。

### 案例

裘蒂絲是個非常「處在時間中」的人。她的婚姻一波三折，總

是不令人滿意。夫妻之間常常有大爭吵，她總會受到批評、經常感到生氣或沮喪。但是爭吵過後，事情往往會平息下來。當情況再度變好之後，裘蒂絲常常會忘記她前幾天甚至幾個小時前的痛苦程度。因此，她在爭吵時，強烈感受到的「要改變婚姻狀況」的決心，從沒有付諸實踐。這麼多年過去了，她什麼也沒有改變，什麼也沒有學到。然而，有一天，裘蒂絲決定不要再這樣了，那正是她有了教練的時候。

查理斯十分擅長計畫。他經營著成功的公司，也能輕易「跨越時間」地概述過去、現在和將來的事情如何相互關聯。他十分成功，但也向一位教練求助，因為他的女朋友認為他有時「有些冷淡」，並且他也會覺得自己有些置身事外。他往往會花很多時間思考，覺得自己錯過了享受生活的機會。

教練幫助裘蒂絲和查理斯意識到，他們受到了自己的後設程式的限制。裘蒂絲學會思考一些重要的問題，幫助她以「跨越時間」的觀點來評價一天的事件：

- 如果這件事明天還會發生，我的感受會如何？
- 如果這件事繼續發生，隨著時間的推移，會出現哪些結果？
- 這就是我將來想要的嗎？
- 下次再發生這種情況時，我能夠做出何種不同的反應？
- 這種不同反應會如何累積起來，使未來有所不同？
- 如果我想要使情況有些改變，現在需要做些什麼？

查理斯的 NLP 教練教他如何對目前的經歷和感受多加關注，以及意識到他暫時抽離了正在發生的事情。這產生了一些有趣的結果，其中之一就是他開始以不同的方式來享受性，因為在體驗中投入更多，他的感受也更加強烈：「現在當人們談論做愛時，我懂得他們的意思了，這比性更加美好。」

在商業培訓中，我們有時會幫助團隊獲得適宜的後設程式平衡，以便使工作關係能夠真正起作用。安西亞和保羅的事業就是一個顯著的例子，它證明了正確的組合如何使事業飛黃騰達。

## 案例

安西亞善於計畫，是保羅這位發明家的員工。保羅獲得了一種產品的專利，剛剛收到第一筆大訂單。一天晚上，他在酒館裡突然意識到，他一直習慣做小訂單，但現在，他不得不在短時間內生產大量貨物。然而，他也不能忽視自己開始研發的專案，因為他需要在不同階段使工作快速地進展，以便訂單和收入能夠周轉過來。安西亞為保羅進行管理工作。她很容易就對需要做的事情有了概述，並且認為她很樂意幫助保羅獲得他想要的事物。

事實證明，他們是完美的結合。他們會定期坐下來規畫目標，並且考慮如何將保羅的工作和最近委派的兼職員工，與這些目標連結在一起。隨後，安西亞每天都對此進行回顧和管理，使每個人都能執行計畫。她可以確保，保羅在需要時能夠接待當下和將來的顧客，並且阻止他對手上的工作過於投入，忽視了將來的發展。由此，事業的成功遠遠超出了他們的想像。

「學會以兩種不同的方式來安排你的時間軸。

NLP 發現，人們常會以改變方位的方式來體驗時間，這有助於你弄清楚自己在這種特定的後設程式中所處的位置。儘管因人而異，但我們描述的模式是最普遍的版本。正如第三章提到的，大多數「處在時間中」的人往往會將時間看成是一條直線，這條線來自我們的身後（過去），貫穿我們的身體（現在），然後延伸至我們的前方（未來）。大多數「跨越時間」的人，往往會將時間當作一條在他們身前從左（過去）到右（未來）經過的橫線。他們能夠看到它的全貌，卻多少有點被它排斥在外。一旦你清楚自己本來是如何經歷時間的，就請進行試驗，來調整你的時間軸，直到它適合另一種類型為止。

起初你可能會覺得奇怪，甚至會有點不適應。請花幾分鐘時間去找出這種傾向有何不同，以及它給你帶來什麼。你不能對此不加理會；大部分人都會發覺，不時地轉換時間軸十分有價值，這樣就能夠以不同的角度來評價情況或經歷事情。

你也可以做一些其他有益的事情：

- 在記住當下的後設程式偏好如何對你產生作用或限制時，你可以思考當下的情況如何與你的目標相關聯。起初，以一種不熟悉的方式來行事，你會感到奇怪。但是練習之後，你每次這樣做都會增強你的長處、提高你的靈活性。
- 你可以模仿有著不同後設程式的人，弄清楚他們是如何做到的。這是一種獲取操作細節和擴展技能的好方法。
- 養成定期思考的習慣。思考你目前的行為、想法或感覺，如何與將來的行為、想法或感覺相關聯。

- 請辨別出一些有助於你保持健康、富裕和幸福的行為。你如何使這些行為變成習慣？

## 如何照顧自己？

是什麼使你覺得備受照顧？當被問及這個問題時，很多人都想到了與某個人有關的答案。有人說，這代表有人為他做飯。有人說，它是指讓人為你按摩。也有人說，這是指將茶端到床邊。或許這些都與早年的記憶有關：餵食、洗澡後被抱著或裹到暖和的浴巾裡。

被人照顧通常涉及一些行為，它們能讓你清楚自己認為重要的事物。我們都會認為，這代表著我們受到另一個人的照顧，在那個人眼中我們與眾不同。然而，身為教練，我們也常常問這個問題：「你是否照顧自己？」令人驚訝的是，做出「否定」回答的人非常多。人們總是從別人那裡獲取照顧，卻不進行自我照顧。然而，開始照顧自己也會帶來奇特的連鎖反應：別人也進行效仿來照顧你。好像是你變得可靠了：既然你願意照顧自己，那麼你就是一個值得照顧的人。的確，「因為凡有的，還要加給他，叫他有餘。沒有的，連他所有的，也要奪過來。」（《馬太福音》25:29）。

因此，我們明白，最重要的照顧你的人之一，應該是你自己。還有誰能如此瞭解你、花費如此多的時間與你在一起，並且能容忍你受益這麼多？

有人發現很難使自己成為優先考慮的對象。然而，從我們的經驗來看，如果不照顧自己，最終你也會消耗掉那些需要用來照顧他人的資源。因此，從他人的需求角度來說，將自己放在最後一位也是不明智的。

給予自己至少平等的照顧，通常需要調整你的信念和優先考慮

的事情，它甚至可能影響你的自我感，即你的身分。如果你把自己視為照顧者（不管是否為專業人士），你都會發現很難將自己的需求充分地表現出來。

列出那些能夠使你感到備受照顧的事情的清單，再列出你真正照顧自己所應該做的事情。有人照顧真的很好，但這並不夠。你打算在什麼時候開始進行自我照顧？

以一種直接與你的感受相關的方式，定期照顧自己。這比間接照顧自己更有價值。實際上，如果你不能、沒有或不會直接照顧自己，顯然你就會去找到間接的方式。但這會迅速地發展而得到你不想要的結果。很多「多餘的」行為，比如抽菸或吃得過多，都很容易成為習慣，因為它們能夠為你提供解決事情的應急方法。伊恩正在幫助一位想要戒菸的女士，他問她為什麼沒有戒菸。這位女士停頓了一下，然後說：「這是我為自己做的一件事。」

照顧自己也是一種抵抗精疲力竭的重要措施，否則照顧別人就會成為一種高風險的工作。舉個例子，因為在長時間值班的空檔吃些食物，或是因為很難規律運動，或是覺得太累，很多護理師變得超重、不健康。很多醫師因為喝太多酒或壓力過大而崩潰或自殺。請觀察一下在小學外面等待的母親，有多少人看起來精疲力竭、頭髮蓬亂、心情沉重？看看在火車或地鐵上的上班族，有多少人看起來精神抖擻、興高采烈、精力充沛？

這裡有一些照顧自己的簡單方法，可以讓你看重自己，並且花時間弄清楚到底哪些事情使你覺得備受照顧。

### 練習：檢視你的照顧自我概況

請再次查看你的生活輪盤（參見第三章）。你需要做什麼改變，才能對

它所揭示的自我照顧感到滿意？接下來該如何做？

我們也很樂意提供另一種方法。照顧有很多面向：身體上、精神上、心智上、情感上。它包括基本的必備護理和附加的特別待遇。如果它能夠定期發生（最好是每天），那就更有意義且有助於你保持下去。

請在以下幾個面向對自己做一次認真的自我照顧程度測試，滿分為十分。

· 身體健康
· 情感健康
· 心智健康
· 精神健康

請再看一下你的得分：這些領域能否更加平衡？你能否做些什麼來提高你最低的得分？你是否滿意？你是否應該滿意？

現在，在各個標題之下，列出你為了照顧自我而應該做的事情。你是否清楚如何在這四個領域中照顧自己？如果不能，誰會是你的楷模？

　　你是否發現了自己有什麼嚴重的盲點？通常，只有當你像這樣進行盤點，或是當你聽到別人在談論他們做的事情，而你發現自己從來沒有想過時，你才會意識到自己在日常生活中沒有履行的事情。有多少成功的經理人教會自己在世界各地奔波，卻不去理會精疲力竭、迷惘、身心疲憊、孤獨和時差症候群？有多少年輕母親因為「沒有時間」以及「我太累了」，讓自己故意忘卻學習知識的需求？使這些事項重新達到平衡，並不代表你必須將自我照顧當作一項雜務，添加到「待辦事項」的清單中，使你感到更不知所措。它意味著你需要對於什麼才是當務之急，做出積極的、經過深思熟慮的選擇，而且進行良好的自我照顧必須占一席之地。

這並不是責怪你沒有進行充分良好的自我照顧，但你為什麼不找一些很好的理由，來使自我照顧成為當務之急呢？

- 從你感到自我照顧最少或最缺乏的領域開始著手，找出你當下看重的是什麼。你當下的行為所涉及的信念和價值觀是什麼？很多人會在此時發現矛盾，比如，他們可能會意識到自己要花時間放鬆一下，但是當他們坐下來時，卻想著其他需要先做的事情。休息是否曾經占第一位呢？

- 在騰出時間和精力來對自己多加照顧時，你能夠以什麼方式來繼續堅守這些信念？如果沒有自我照顧，你做的大部分其他事情最終都會變糟。自我保養實際上是基礎，它能夠提供你所需要的精力和健康，以此來照料你的重要事物。

我們身為教練的經驗是，一旦找到那些能夠支持你當下行為的信念和價值觀，你就能夠更輕易地將值得讚賞的計畫轉變為應該採取的行動。

## 有關照顧自我的建議

- 找到你能夠進行自我照顧的各種方法。確保你也將目前簡單的、無須成本的、看起來有些瑣碎的方法包含在內。比如，你可以給自己留一些時間看雜誌，或者打電話給朋友、去公園散步。

- 養成自我照顧的習慣。將一些自我照顧的模式，添加到刷牙或遛狗等原有的習慣中，將它們安排在你原有的習慣之前或之後。使用這種順序安排，有助於你創建新的模式。

- 要對別人進行自我照顧的方法產生好奇，並且模仿他們。詢

問兩位朋友，問問他們是如何做到的。那些方法對你是否起作用？

- 進行試驗。在今天或明天嘗試一些新鮮事物。在這個月當中，你能找出一天的時間來擁有屬於自己的整個早晨、晚上或是一整天嗎？你將如何安排這一天？

- 每天至少用兩種不同的方法來照顧自己。請在明天嘗試另外兩種不同的方法。

- 將你每週或兩週對自己的特別款待記錄下來，然後思考一下，看看你實際上進行自我照顧的頻繁程度，以及哪些事情的效果最好。請定期這樣去做。

## 消除壓力

到目前為止，我們一直在討論增強自我照顧需要什麼。這件事的另一面，是去調查什麼給你帶來了壓力。每當有壓力時，善於進行自我照顧的人能夠識別出來，因為他們十分留意身體給予的回饋。NLP 表示，我們的體驗有系統地影響著我們。這是因為身體內不同系統之間相互關聯，並且也與大腦相互作用，在某個部位或區域出現的情況，會對整個系統造成連鎖反應。瞭解這一點的好處是，一旦學會監看你所經歷的事情，你就能夠將任何變化當作潛在的回饋。如果頸部肌肉的緊張程度變得嚴重，如果你突然覺得自己的雙肩放鬆，或者深呼吸，或者嘆一口氣，你就獲得了回饋，這些資訊暗示著你所發生的情況正在如何影響你。只要有回饋，你就能夠將它轉化為能使你的生活變得更加美好的變化。

以我們的經驗來看，對壓力或壓力症狀的習慣性反應極其珍貴，並且也不應忽視。讓我們來看一個例子。

湯尼自稱有著「嬌弱的胃」。在學校考試或重要的足球比賽之前，他會不時感到噁心，或者真的生病。正因為如此，在大學畢業考試中，他有一半科目不及格。當他開始在廣告部工作時，他熱愛設計版面和構思廣告語。但是，在公共場合講話時，他卻感到太過緊張，以至於在小型團隊會議中也不敢陳述觀點。與客戶會面時，他大口喘氣，感到暈眩，幾乎是奮力才把話說連貫。他去看醫師，請求開一些鎮靜劑。醫師給他開了一些能夠立即緩解壓力的藥物後，接著說：「你需要去處理壓力，而不是去壓抑它。」醫師還將一位曾經多次成功處理壓力的教練介紹給他。

湯尼已經習慣自己的壓力症狀了。他在談論自己的胃時，話語間讓人覺得胃好像已經有了自己的生命：「我的胃今天不舒服。」「我的胃不能很好地處理會議。」像這樣來談論一種症狀或身體的一部分，使它看起來是一個獨立的事物，只會使問題更複雜。就像很多有長期症狀的人那樣，認為這個「事物」是獨立存在的想法，只會使你感到更無助，使事情更失控。

一旦湯尼的教練教他去接受胃只是身體的一部分，是他的壓力測量儀之後，湯尼就能夠將它的反應當作回饋。事實上，他發現這十分有價值，並且學會了去辨別胃部反應的類型和強度。他的胃好像已經成了他的老師。而且有些事情，比如在公共場合講話，顯然需要他去解決。他的教練幫助他探討了各種與他的胃痛相關的情況和誘因，並且找到了處理或避免這些壓力的方法。事情很快就得到改善，湯尼也感到有自信，並且能夠說他可以掌控局面了。

## 消除壓力的建議

湯尼從教練那裡學到了一些建議：

- 請尊重你的症狀和壓力反應。

- 請思考它們告訴你的是什麼（將它們當作回饋）。請試著去 說：「我的症狀告訴我⋯⋯」

- 請將你的症狀視為身體的一部分。不要說「我的胃／頭感 覺⋯⋯」，而是說「我感覺胃⋯⋯。」你的症狀是你的狀況測 量儀，長期症狀很可能為你提供一些過去所發生之事的資訊； 現在，它們通常會被某件事所誘發，而這件事則體現了先前 事件的特點在目前再次發生。在檢視你的症狀及其給你的回 饋時，你很可能會獲取關於過去和現在這兩方面的資訊。

- 要清楚你具有的壓力症狀變化及其強度。

- 請記住，探究你的症狀以及學會如何處理誘發它們的原因， 通常意味著能夠減輕這些症狀的嚴重性和頻繁程度。這的確 值得你投入並對其進行調查研究！

- 症狀通常會告訴我們一些隱藏的感受和需求。不要再忽視它 們了。一旦你知道是什麼引起這些症狀，就請對自己負責並 將你的需求告訴別人。


你可以透過完成以下的句子來建構你的壓力檔案：

- 當○○（火車晚點、我不得不演出）時，我覺得很有壓力。

- 那些○○（挑釁的、無能的、諸如此類）的人們，會給我造 成壓力。

- 我身體上對壓力最敏感的部位是○○（皮膚、胃、頭等等）。

- 它可能正在告訴我○○（我感到憂慮、處於壓力之下或憤恨

等等）。

- 當我感到有壓力時○○（深呼吸、與朋友談論此事）對我很有幫助。

## 如何變得更健康？

到目前為止，我們已經詳細地探討了健康。現在，我們來看看如何改善它。保持健康的第一步，就是弄清楚你保持的是什麼。當你想到健康時，它是否與健壯有關？是什麼表明你自己很健康或不健康？你是否想要重新恢復十八歲時的健壯和精力，或者在七十歲時仍有與年齡相當的健壯？你會發現思考以下三個問題很有用：

- 我的健康標準是什麼？
- 從我的年齡、性別和體型來看，這個標準是什麼？
- 我對這個標準是否感到滿意，或我想要更健康、更健壯？

### ◢ 你的健康標準是什麼？

你很可能記得早晨醒來感到「氣色有點不好」的時刻，可能會想這種感受是不是疲憊、壓力或感冒的襲擊。不過，你也意識到了在醒來的最初幾秒鐘裡事情發生了變化。你是如何做到的？人類程式的基礎之一，就是容易察覺變化；當然，這意味著我們已經儲存了一些能夠進行類比的觀點。（後設程式以常見的參考軸線為依據，描述了我們的個人分類整理偏好。詳見第三章。）

你越擅長發現差異，就能越快發現那些能夠顯示你沒有處在最佳健康狀態的信號。以這種方式來開發你的敏銳性，也會使你注意到是什麼改善了你的健康。在你感覺極佳的那些日子裡，情況如何？

關注這些情況，就是讓自己有機會思考：為什麼你正在做或沒做的任何事情，都極有可能表明你會如何更好、更長久地享受更佳的健康狀況。

## 可當作資訊的症狀

有一條金科玉律是：請關注你的症狀。在你企圖干預之前，請弄清楚它對你來說意味著什麼。不管它是頭痛還是一種幸福的興奮感，都要對其關注並產生好奇心。人們經常去看醫師、治療專家和教練，請求幫助「消除」他們不需要的症狀。以我們的經驗來看，一種健康方面的症狀，不管它是受人歡迎的，還是令人無法接受，其主要價值都是可以把它當作資訊。

- 什麼能使其更好？
- 什麼會使其更糟？
- 它在什麼時候（某年／月／日，以及在什麼環境中）出現？
- 它與什麼同時出現？

為自己建構一份健康檔案。你會發現把下列句子補充完整，將會十分有用：

- 當○○時，我最健康。
- 在生活中，我感到處於最佳狀態的時刻是○○。
- 自從○○，我都沒有類似的感受。
- 當○○時，我通常感覺很好。
- 當○○時，我很可能感到不適。
- 我知道自己在什麼時候最健康，因為那時我感覺到○○。
- 我知道自己在什麼時候最健康，因為那時我能夠○○。
- 我知道我最健康，因為我認為○○。

當你將這些空白補充完整後，可能會因為獲得了許多資訊而感到驚訝。這些問題的答案可能已經告訴你一些為了更有效地保持健康，你所能夠做的、停止做的，或需要改變的事情。以我們的經驗來看，只要花時間去思考和傾聽答案，大多數人都能夠擁有他們所需要的，關於自身及其生活的資訊。

## 對於你的年齡、性別和體型來說，什麼才是標準？

熟悉這類的普遍標準，能提供關於你所處理之事的有用資訊。但是，如果你使用這些標準來設定你自己的準則，它也會是雙面的。NLP 透過模仿一些傑出人物，證實了與普通人相比，在傑出人物生活的各個方面，還有更多事情與健康和健壯有關。

請記住，標準只是一個平均水準。它提供了很多範圍！有很多人七十歲、八十歲、九十歲時，仍然喜愛運動，很獨立，能夠有效率地進行思考，在生活的許多方面都很有創造性，就像有越來越多的青少年超重或不健康一樣。

因此，關鍵的問題是：「你想要什麼？」瞭解這些標準，包括你的個人標準，以及從你的年齡、性別和體型來看的標準，是在規畫達到你想要的那種健康和強壯時，將一些你需要考慮的資訊放進來的一種方法。你是否想在年老時能夠活動自如？你現在需要做些什麼來繼續保持當下的身體強健狀態？或者在它變得更難以實現之前，就開始著手建構？你需要做些什麼來保持或增強心智健康？

## 這個標準是否足夠使你滿意？

NLP 提供了許多人們如何實現以及無法實現的相關情況。自我限制常常發生在腦中；人們這樣做的主要方法之一，就是透過做出假設來認定什麼是不可能的。舉個例子，很多人做出假設，認為變

老就代表變得不再活躍、不再警覺。隨後，這種假設就意味著他們會將自己的行為調整到與預期的一致，也因此證實了他們的假設；這真的是一個自我應驗的預言。

四分鐘一英里賽跑，就是一個能夠證實自我限制如何起作用的極佳例子。多年來，人們相信，對於人類來說，在四分鐘內跑完一英里顯然是不可能的，也沒有人去嘗試以證實它。很可能它所證實的是，如果你堅持認為某些事情是不可能的，你就會限制自己，其顯著的後果就是：對你來說，真的沒有可能性了。羅傑‧班尼斯特（Roger Bannister）思考了一些很有意思的問題。他知道在距離相同的情況下，於特定時間內跑完路程，與比特定時間快百分之一秒完成的差別嗎？不，他不知道。那麼，如果他知道自己會用超過四分鐘的時間才能完成的話，他會知道自己能夠再快百分之一秒嗎？不，他不知道。如果他能夠在四分鐘之內跑完，那麼當他用了只差百分之一秒就到四分鐘的時間完成時，會理解這其中的差別嗎？一旦他解構了長期限制他自己及眾人的假設後，就成為了第一位打破四分鐘一英里賽跑紀錄的人。

另一個例子是關於紐西蘭中距離賽跑選手約翰‧沃克（John Walker）。到 1980 年代為止，他已經參加四十多次的四分鐘一英里賽跑，並且在他快四十歲時仍然參加。曾經是不可能的事情，對他來說卻幾乎是慣例。他已經證明，「少於四分鐘」是一個標準，但不是一件罕見的事。並且，儘管以前很多人，包括運動員，都認為他的年紀太大，但他仍在努力達到這些高標準。NLP 告訴我們，如果你反問自己「為什麼不行？」，而不是去假設你不行或某事是不可能的，你就會擁有很多可能性，能夠有很多新的發現，並且使你的知識領域，比你以前認為可能會有的領域更加寬廣。

## 盤點你的健康需求

請思考一下你的一個健康目標。它可能只是身體康復或較少生病，或是在某種程度上變得健康。這由你自己選擇。我們把「變得更健康」當作例子，但你也可以換成別的。

- 在健康和強壯方面，你覺得哪些事情有可能完成？（你能夠步行很遠嗎？你能夠學會一種新的運動嗎？你會開始練瑜伽嗎？）

- 你如何實現那些你認為此時此刻是不可能的事情？請試著實現當下的一個目標，並將它稍微擴展開來！（你能夠每天慢跑或散步半個小時嗎？）

- 你怎麼知道它是不可能的？這其中涉及了哪些證據和信念？（可能你在想：「我太老了」、「我太胖了」、「我沒有時間」、「以我這個年紀來看很傻。」）

- 在向現實邁進時，你打算怎麼走第一步？什麼事情會讓你清楚自己正在進步？（你可能需要提醒自己，年齡本身並不能阻礙你。）

- 下一步是什麼？（找一雙舒適的運動鞋、寬鬆的褲子。今天繞著街區散散步，明天也這樣做。當四周沒人時，慢跑幾步，然後在有人時也這樣做。）

- 你用來檢查自己在實現這個目標上能走多遠的實際可行的時間框架是什麼？（在這一週，每隔一天繞著街區散步就足夠了。或許下週也可以這樣。請讓你自己持續增強的舒適感和輕鬆感，來告訴你何時能夠做得更多一些。）

- 你需要什麼樣的幫助和支援？（你想要別人瞭解你並鼓勵你

嗎？如果是這樣，他們該如何做到？）

## ■ 呵護你的免疫系統

如果你已經開始運動，就可以：

- 辨別出健康對你意味著什麼。
- 知道你在何時體驗到健康。
- 建構一些行為和自我照顧的模式，有助於你實現並保持最佳的健康和健壯。

儘管如此，你仍會不時地經歷疲憊、遭到感染和情緒緊張。健康最重要的部分之一，就是復原能力。此時，你的免疫系統十分重要。你做的任何能夠增強免疫功能的事情，都會產生超過正常比例的益處。你的日常生活方式對它也會有很大的影響。

尊重身體的自然節奏，是一種有助於免疫系統保持高效率的方法。還有就是有益健康的食物、運動和睡眠。確保你的飲食能夠補充你所需的維生素和礦物質，也是其中的一種方法。這並不是火箭科學，但這些事情能夠對你的系統發揮推動的作用，使其增強。因此，讓我們看看你能做些什麼。

### 休息

我們的身體是透過定期休息和活動來循環運轉的。我們都意識到每天的二十四小時循環，但是很多人也注意到了其他重要的變化，比如午餐後身體在某些方面的「下降」。1970 年代，關於空中交通指揮員的睏倦和缺乏注意力的研究，發現了一個較小的、不明顯的循環。這個循環每隔一個半小時就會出現，被稱之為「次晝夜」（ultradian，或稱超日）節律。實際上，我們的家庭或者工作模式，

也經常在飲茶時間、咖啡時間和午餐時間上反應出這種節律。可能就在這些時候，我們會發現自己凝視窗外、目光呆滯，或者打哈欠、伸懶腰。

為了補充能量而小睡一會兒，是一些辦公室職員學會尊重且盡量利用次晝夜節律低潮的一種方式。邱吉爾每天都會小睡一會兒，隨後他工作起來就會精力充沛。我們家裡的寵物和小孩子，都會本能地小睡一會兒。你也可能想要思考如何在生活中建構尊重這些次晝夜節律低潮的方法。

當你的注意力有片刻的漫遊、雙眼目光呆滯時，請多加注意。或許你可以利用這個機會來活動一下：伸展身體；走到辦公室的另一邊做一些瑣事；倒一杯水。如果你真的得坐在辦公桌前，請轉轉肩膀、坐得更直一些、緩慢地深呼吸。對你能做的事情要有創造力。如果你在家，可以花五到十分鐘時間出去走走，以此來尊重你的自然「體能下降」。如果你在讀書，就短暫地休息一下，那麼你繼續時就會恢復了精神。你也可以去覺察別人傳遞給你的信號，這些信號會告訴你，他們正在經歷身體節律的低潮。

## 飲食

維多利亞時期有一句名言：「T女士吃什麼，什麼就會影響她。」食物會影響我們，而我們可以學會去觀察它是如何產生影響的。當然，食物過敏是十分明顯的回饋。不過，我們也能學會去注意那些顯示食物如何影響我們的更小、更細微的跡象。

頭痛、關節僵硬、精力充沛或無精打采的感受，都可能在告訴你，你正在吃或喝著的東西如何影響你。比如，伊恩知道，如果他吃過多的三明治，他的頭皮就會開始感到不舒服、又乾又緊。然而，他只要吃一大份沙拉來保持平衡，這種感覺就消失了，並且他會感到

更舒適、更放鬆、機敏。這些個人信號告訴了伊恩，他需要的是什麼。他透過關注身體的這種感受，以及反復進行測試，而能夠理解這些信號。請透過關注和測試，來找出更多關於你自己的這些信號。

請記住，你的症狀也會告訴你缺乏的是什麼。舉個最明顯的例子，口渴。口渴並不是在告訴你該喝水了；口渴實際上是一種遲到的回饋。它是在說，你已經脫水了。如果你在一開始的時候就留意自身的話，可能會更早接收到這些信號，而不必等到脫水才會想要喝水！你還可以進一步改善你的覺察能力。如果感到口渴，請在主動拿杯茶或咖啡之前，花一分鐘時間問一問你的身體，它想要或需要哪種飲料。你可能會驚訝地發現，實際上你想要喝些別的，像是水、湯或果汁，並且你其實是知道答案的。

## 運動

關於運動，人們總是想到去健身房或進行一些重量訓練。然而，為了讓你有真正的改變，我們仍然建議，你應該讓那些要做的正確之事變得容易一些，變得令人愉悅。這尤其適用於運動。假如你要與一位教練一起進行每週四次、為期一年的強化運動的話，這聽起來的確很了不起，不是嗎？然而，實際上，你一週只運動了四小時，但一週卻有 168 個小時。如何處理剩下的 164 個小時才是真正重要的。想像一下，在 164 個小時內，你能夠做哪些日常活動，來使你不費力氣地增加運動總量。至於減少體重，在一小時的運動中燃燒 400 大卡的熱量，就很不錯了。因此，四週的運動後，你最多能消耗 1600 大卡。

身為教練，我們發現，能夠產生很大不同的是你的整個生活方式。因此，不要想當然地認為你必須去健身房進行真正的運動，或者認為去健身房就能運動身體。（伊恩的私人教練有很多關於那些運

動的人們的故事。他們會在運動後去酒館喝幾杯，隨後再吃一個美味多汁的比薩！）重要的是你在剩餘的時間裡做些什麼。而且這意味著你立刻就要做出很多選擇。

請思考一下你能做出哪些小改變來活動身體。你能：

- 步行上班，或在上班的半途步行上班，而不是開車上下班嗎？
- 提前一站下公車，然後步行嗎？
- 上下樓時走臺階，而不是坐電梯嗎？
- 去同事的辦公室或辦公桌那裡找他，而不是打電話或發電子郵件嗎？
- 在午餐時間散步一下嗎？
- 多去遛狗嗎？
- 養隻狗嗎？
- 請求幫別人遛狗嗎？

這些例子都與散步有關，因為散步是最容易多做，也是最容易被低估的事情。這也同樣適用於走樓梯。我們認識的一位商人更換了辦公室地點，體重就立刻增加了。他完全不能理解這種狀況，因為他沒有改變飲食或做任何不同的事情。隨後，他突然明白，在先前的辦公室，他所屬的部門分布在二樓和三樓，他每天必須走很多趟樓梯。他只是沒有意識到先前的工作讓身體做了很多運動。一旦他意識到之後，就決定提前兩站下地鐵。這不是為了散步，而是因為地鐵站有很多臺階。他的體重很快就回到了先前的水準，並且他也留意到自己更聰穎和機敏了。

在理想狀態下，你能夠進行兩種迴異的運動。一種是心肺運動，能夠使你的心率加快、增強耐力、燃燒脂肪。另一種是阻力運動

（resistance training），能夠促進體內骨質含量的增加，使你的骨骼更強壯，同時增加肌肉來保護骨骼，使你擁有更美好的體形。當然，還有更多的運動方法。重要的是對你能夠做的事情實際一些，並且樂意去做。身為教練，我們往往會建議你制定一個比你的理想稍微低一些的目標。

堅持一週三天的運動計畫，總比「無法完成」七天都要運動的目標要好，因為失敗的感受很容易使你感到無法勝任，並且使你完全搪塞過去。缺乏彈性的計畫總是不會起作用，並且，「量少，次數多」這個準則，是保持健康的本質。

## 睡眠

當我們還是小孩時，睡眠是一件經常發生的事情；我們還未學會為了事情應該完成的想法、責任感或者社會需求，來無視身體發出的信號。在西方，目前有一種廣泛流行的睡眠不足在成人之間蔓延。如果你想瞭解一下後果，可以在青少年的行為上找到擴大了的後果，他們大多數都有不同程度的睡眠不足。大多數成年人一個晚上至少需要睡八小時，但很多人只睡了六小時左右。這就產生了一個累積的睡眠不足情況。然而，青少年因為正處在生理和心理的變化階段，實際上需要的睡眠更多。目前認為，對於他們來說，理想的睡眠時間是一個晚上十小時。由於很多青少年像他們的父母一樣，通常只能休息六小時，他們的睡眠缺乏可能一個晚上高達四小時。

眾所周知，睡眠不足會引發情緒波動、減少快速反應的次數、喪失機敏性和創造性思考、損害記憶和精力集中。此外，睡眠不足的情況越嚴重，你體內的殺手免疫細胞所起的作用也會越小。因為身體更容易受到傷害，得病的機率也會大幅增加。

睡眠不足會產生一些令人關注的負面影響。有些人顯然一整天

都感到缺乏活力，另一些人卻會透過尋求刺激來提振精神，從而掩飾了睡眠不足的真相。讓這些人處在一個溫暖的房間裡或乏味的會議中，他們很快就會入睡。這是身體需要休息的明顯標誌。如果他們看電視時也會入睡的話，情況亦是如此，但他們卻常常意識不到，因為他們只會責怪電視節目，而不會歸因於自己的反應。

睡眠不足的另一個嚴重後果，是你從沒有真正感到活力四射！因此，由於上述原因，我們建議你花一些時間來思考：

- 多長時間的睡眠會使你真正地感到精神振奮？
- 你擁有這種睡眠量的頻率是多少？
- 是什麼阻止你獲取這樣的睡眠量？
- 你是否擁有自己所需的睡眠量？

知道你需要多長時間的睡眠，是一個良好的開端。另一個就是意識到你個人的極限。比如，八小時的睡眠之後，你可能會感到真正地恢復過來了，但是你也要清楚在盡力「補足」之前，你能夠連續幾天每天只睡七小時。請注意早晨醒來時精神飽滿的程度，這通常是睡眠狀況的好線索。將此當作回饋，來決定你這一天結束時要做的事情。如果你醒來時感覺不好，就需要找一些時間來處理這種感覺，透過你要做的事情來使得今晚有所不同。這樣你就能夠重新掌控事態。如果你醒來時感覺很好，就請思考一下，你做的哪些事情產生了這麼出色的效果。

是什麼幫助你入睡的？研究顯示，如果我們在睡覺前花一些時間放鬆下來的話，就會睡得很好。那些容易入睡的人都有一套固定的程序。而程序本身卻是因人而異。一個人在就寢前會洗熱水澡，而另一個人卻清楚這樣做只會使他變得過熱、焦躁不安。那麼對你

來說，最佳程序是什麼？為什麼不刻意為自己設計一套程序呢？用這種方法把一天中最後的一小時留給自己來放鬆。

人類是習慣性的動物，如果你養成了為睡眠做準備工作的習慣，也會培養一種打算入睡的期望。實際上，你是在為你的睡眠創造一系列的心錨（參見第三章）。

## 監看什麼會給你能量，什麼又會耗盡你的精力

心理－神經－免疫學（PNI）著重在研究心智和身體的關係，其研究人員發現，人們可以透過身體以外的方式來增強活力和免疫系統，並且也會使身體受益。還記得「笑是最好的良藥」這條古老的格言嗎？我們都知道，如果不改變痛苦的感覺，吃大量的維生素是解決不了問題的。

我們的一位同事讓學員列出了生活中所有消耗精力的事情，再列出那些能夠恢復精力的事情。所列項目的範圍從消耗體力的「要職」、「岳母／婆婆」、「沒有足夠的時間」、「有很多的憂慮」，到增強體力的「冥想」、「海邊」、「運動」、「朋友」和「我的貓」。

- 列出消耗精力和增強體力的項目。消耗體力的例子有：做家事、寫感謝信、填表格、表現得體。增強體力的例子有：打電話給好朋友、擁抱、跳舞。
- 思考每個消耗精力的項目。這樣的事情是否一定要發生在你的生活中？你是否有辦法減少它的影響？為了阻止這種對生命精力的逐漸削弱，你能做的第一件事是什麼？
- 思考一下能讓你充滿精力的物品。它們的數量夠多嗎？你有留給它們足夠的時間嗎？有花費夠長的時間來享受它們嗎？為了豐富或改善從這些或類似的事物中得到的支持，你可以

做的第一件事是什麼？

## ▇ 針對健康的系統性檢查

你可以使用邏輯層次（參見第三章）來幫助你更詳盡地檢查健康的「收支狀況」。

- 在**精神**和**身分**層次，是什麼在滋養你？又是什麼在逐步損害你？

- 在你的生活中，什麼與你內心最深處的**信念**和**價值觀**一致？是什麼損害了這些信念和價值觀，或者與它們有所衝突？你需要做些什麼來增強前一種情況，減少後一種情況？請設法較少參與那些具牴觸性的活動、人或環境中。

- 你目前的生活允許你發揮多少**能力**？你是否有足夠的空間來施展和發展這些能力？你是否有足夠的促進因素和投入，來提供學習、發展、參與和興奮的機會？

- 你的活動和**行為**是否能夠充分反應出你是什麼樣的人、你的信念及能力？如果不能，那麼從短期和長期來看，你要做些什麼才能使日常生活與「你是什麼樣的人」更加和諧？

- 你的家庭和工作**環境**在支援各個層次上，是對你十分重要的事情，還是在反對它們？

這些都是大的問題；但是 NLP 告訴我們，即使極小的暗示和很小的改變，在系統層次上也是十分重大的。不願意在有害情感的環境工作，就像不願意在有害身體的環境工作一樣，這兩者都會傷害你的健康。不要忍受那些有害的關係，要設法改變它們，或者抽身離開。你的健康很可能正瀕臨險境。

思考一下你生活中的人們：家人、朋友、同事。他們對你有多滋養？他們能夠給你提供哪些滋養？實際的支持？愛和慈愛？笑？花時間與那些能夠充實你的生活的人在一起，而不是與那些會給你的生活帶來衝突，或者使你疲勞卻不回報的人在一起。滋養好的朋友，不僅很有意義，也會滋養你的幸福。

　　請記住，你不能期望別人讀懂你的思想。教練技術的重點是強調兩個方面：意識和責任。要更強烈地意識到環境和人們對你產生的影響；也要多把你的感覺告訴人們；要求你想要的東西，也鼓勵別人這樣做。NLP 強調回饋的重要性，這些回饋不僅來自內在的各個系統、不自覺的意識和有意識的感知，也來自外界的每個人。在保持我們的健康方面，回饋具有重要的作用。

　　NLP 提供的有關健康的綜合訊息是：尊重你的體驗，照顧你自己的需求。這也是教練技術提供給我們的訊息。只要你關注它，就能夠獲取所需的資訊。

## 保持健康的有用方法

- 有系統地進行思考。
- 要尊重而不是無視你的身體。
- 獲取好的建議，並接受它。
- 建立對你有用的、在各個層次都能保持健康和安適的模式。
- 將獎賞、滿足和樂趣穿插進來。
- 對那些損害或妨礙你的健康和安適的情況採取行動。
- 請記住，行為相互並存，而且促進健康的行為會共同增強健康。開始做出這些改變，永遠都不會太遲。

# 如何增加財富？

增加財富是一件很簡單的事情。簡言之：

1. 你需要長時間持續儲存。
2. 你需要長時間持續對你持續儲存的事物進行投資。
3. 對於上述兩者來說，你都需要長時間去做，才能夠享受愛因斯坦所稱的「世界第八奇蹟」，亦即複利的魔力。

然而，從現有證據來看，很多人不認為它很簡單。在這個部分，我們將要研究富裕對於不同的人意味著什麼，以及 NLP 如何幫助你創造、保持和管理財富。我們也會探討妨礙這麼做的常見原因，以及如何借助 NLP 來改變那些阻礙你的思維、感覺和行為模式。

大部分人並沒有真正參與他們的財務管理，而是將權力交給銀行或其他在財務價值方面的權威人士。通常在態度上極小的改變，都會對這種已知的無助產生很大的影響。伊恩發現，當他向學員指出，他們的銀行對帳單並不是來自於公正權威人士的客觀資訊，而是一張清單，來自於一個企圖因為它提供的服務而盡可能多向你收費的公司，而這個公司經常在清單上犯錯，始終偏袒它自己！不過，責備銀行也沒有什麼益處。我們也會發現，財富就像權力一樣，是從家庭開始的。

## 案例

卡洛琳和琳達在同一個辦公室工作並成為朋友。這是她們畢業後的第一份工作，不久，她們就認為合租公寓比獨自租屋更划算。當她們習慣在一起生活後，才發現彼此非常不同。

她們都很外向，琳達花錢謹慎，而卡洛琳卻很隨意。琳達對她

的薪水進行預算、購買廉價品，並且當她想要一些特別或昂貴的物品時，也會有足夠的錢。卡洛琳卻從來不清楚她的錢都花到哪裡去，錢慢慢地流走了，而她卻拿不出任何東西來解釋錢的去向。如果她想要一些特別的物品，就必須將就或借款。她的信用卡總是快要被刷爆，而琳達的帳戶卻有很多餘額。琳達總會付清她的那份房租和家事服務費，而卡洛琳卻得不時拆東牆補西牆。琳達的祕密是什麼呢？

　　琳達已經認識到財富的祕密，即便她是剛出社會的上班族，她的財富也很有限；那就是：累積儲蓄。她從不花光自己所有的收入。她對定期的開銷進行預算。每個月領到薪水後，她就將其中一部分錢存起來，讓她能夠擁有選擇權。而卡洛琳卻認為這是一種十分愚蠢、古板的行事方式，她有時還取笑說，琳達是中年人士，實際上卡洛琳是在嫉妒這種行事方式所帶來的益處。卡洛琳也看到了琳達如何不為金錢而緊張。當她感到極度拮据時，甚至懷疑琳達實際上比她更快樂。然而，每當涉及這種情況時，她卻連再買一雙鞋的欲望都抵擋不住。

　　你可以說琳達想要擁有安全感和選擇餘地，並且她也意識到自己掌握了這兩者，雖然這代表會有一些約束；而卡洛琳卻想要擁有隨性購買，以及經歷其所帶來的興奮和愉悅。但這樣的理解太過簡單，因為如果你去問卡洛琳，她會說她也想擁有安全感和選擇餘地，也厭惡缺錢的感覺，討厭沒有能力去購買她真正想要的物品。她的困難之一，就是目前立即想要擁有的具體物品，在她看來，比那些為將來累積購買力的抽象想法更有吸引力。

　　因此，對於「我如何才能增加財富？」相對簡潔的回答是，當

你要長時間持續地累積儲蓄和投資時，可能會像卡洛琳一樣，需要調整體驗事情的方式，而 NLP 能夠提供幫助。

我們將要探究很多重要的問題。如果想要增加財富，你就需要回答這些問題。然後，我們會將注意力集中在有助於找到和利用這些答案的 NLP 工具，來幫助你獲得想要的東西。因此，請花一些時間來思考：

1. 財富對你意味著什麼？

2. 你想利用這些財富做些什麼？

3. 是什麼阻止你獲得財富的？

4. 如果你累積財富的話，期望會發生什麼？

再進一步，你需要盤點當下的狀況：

• 你是否知道自己的收入有哪些？明確知道？差不多知道？根本不知道？

• 你是否知道你的開銷有哪些？家用和服務開銷？食物和衣著？交通？保險？娛樂？愛好？你是否明確知道？或者大概清楚？或者你經常對收到銀行寄來的信件、在使用自動提款機時遭受拒絕等情況，感到意外？

• 你是否會存錢？定期？偶爾？幾乎沒有？

• 你是否有一份需要定期繳納的退休金？

很多人不去思考這些問題，通常是因為他們被這些問題的答案嚇到了。這些答案會慢慢發生變化。當你處於重大的生活轉變之中，比如結婚、生子或退休時，這些答案就會改變。

NLP 和教練方法都將意識的重要性當作第一步來強調。如果你清楚事情的目前狀況、知道你想要的是什麼，就能夠制定計畫和採

取行動，這些行動能使你逐步朝著想要的方向前進。因此，即使測定你當下的經濟地位令人痛苦，卻是在金錢方面增強你的影響力和自主能力的基礎。正如前文說過的，「保持」是在更廣泛的意義上建構健康生活的根本原因。還有一些需要釐清的重要事情：就你而言，富裕由什麼構成的？目前是什麼在妨礙你獲取財富？

## ◤ 對你來說富裕意味著什麼？

清楚你對富裕所下的定義是十分重要的，這樣你就有了衡量你想要獲取的事物之標準。首先，這意味著對它進行量化。「滿足」取決於擁有一個清晰的目標，而你可以經常重新設定目標。

對一些人來說，對富裕進行量化就是一個充分的答案；這麼多年的收入、這麼多的投資、這麼多的流動資金，會告訴他們所有需要瞭解的資訊。儘管如此，對大多數人來說，富裕或許與數量不太相關，而是涉及擁有財富所帶給他們的感受：安全感、舒適感、選擇的自由。

顯然，感到安全或是有舒適感或者能夠做出選擇，都是相對的，而不是絕對的。如果你在多年的事業或斷斷續續的工作之後，獲得了一份長久的工作，並且這份工作還帶有退休金，即使薪水並不豐厚，你也可能感到更有安全感。當孩子找到工作離開家時，所得收入雖然僅能支付家庭的需要，但它在突然之間看起來也是很可觀的。富裕的含義不僅會因人而異，在個人生活中的不同時期和多變的環境中，其含義也不盡相同。

對此進行研究的一種方法就是，在你的需求方面考慮你已經擁有什麼，以及還想要什麼。1960 年代，美國心理學家亞伯拉罕·馬斯洛在文章中提道，人們需求的範圍有一個等級的劃分，從最基本的食宿等，到最抽象的實現所有潛在的需求。在 NLP 範疇中，他是從

邏輯層次的兩個極端，來談論身分和精神需求、環境和行為需求。在思考你想要變得多麼富有時，請想一下你對於富裕的定義如何與那些不同層次的需求相互關聯。通常，關於富裕的幻想，實際上是有關生活方式的夢想。那麼，你認為的只有富裕才能夠體現的這種生活方式，是什麼？我們經常能夠培訓學員立即開始擁有這樣的夢想，因為它大部分是一種生活方式，而這種生活方式源自於態度的改變，而不是銀行的存款。

目前，人們通常是在舊有的需求、模式和信念的基礎上行事。有時，甚至不是在自己的需求、模式和信念的基礎上。有一個世代的人們，其父母在年輕時經歷了大蕭條，隨後又經歷了第二次世界大戰，而他們對於金錢的態度是深受父母態度的影響而形成的。而現在他們的孩子也將會在從父母那裡學到的節儉基礎上行事。在花錢時，他們或許還會感到內疚。而另一些人將會違背父母的告誡，而去活在當下、享受便利、遵從銀行的鼓勵去貸款。那麼，你關於財富的信念和習慣是什麼？

## ◢ 你想利用財富來做些什麼？

正如我們在本章開頭說過的，「保持」和貯藏之間有著明顯的不同。「保持」會使你具有豐富的經驗和機會，而貯藏會帶來金錢的富足，卻不能顯著地改善你的生活品質。

在模仿那些真正傑出的人物時，NLP 發現他們的共同之處就是「進行具體化」的技能，而不是含糊或者籠統。請試著將這兩個短句說給自己聽：

- 我很想變得富有。
- 我想讓我的淨資產達到＿＿＿＿元。

（填入一個對你來說相當大的數目）

當你聽到自己說出這兩個短句時，感覺如何？

你可能有別的感覺，我們待會兒再來研究。

一種有助於你對所需事物進行具體化的方法，就是將它量化。對它進行盤點，會提供一些你能夠採納的準則。

我們看一下各種花費：

生活支出＿＿＿＿＿＿元

度假和旅遊＿＿＿＿＿＿元

娛樂＿＿＿＿＿＿元

儲存＿＿＿＿＿＿元

退休金＿＿＿＿＿＿元

對日常生活方式的改善＿＿＿＿＿＿元

新的生活方式的專案：更大的房子／車子、新的設備＿＿＿＿＿＿元

你想早點退休嗎？你需要存多少來使其成為可能？＿＿＿＿＿＿元


一旦你對這些都進行了量化，並把它們加在一起，那麼你想要有多少結餘？你想用這些結餘做些什麼？這裡有一些可能性，請在那些適用於你的事情上填入金額，並且再加入一些別的項目。請記住要加入通貨膨脹率。

用於年老時帶給我安全感的＿＿＿＿＿＿元

用於改進目前生活方式的＿＿＿＿＿＿元

用於留給孩子的＿＿＿＿＿＿元

用於幫助他人的＿＿＿＿＿＿元

退休金＿＿＿＿＿＿元

用於能使我做〇〇（具體的項目）＿＿＿＿＿＿元


研究一下這些總數，可能會使你覺得它是不可能的。但是，請

記住:「財富是一天天累積的。」增加財富是循序漸進的活動,它不是巨大的變化,或者在揮霍和吝嗇之間做出選擇。「保持」是指形成一種習慣。

## ◢ 累積的魔力

二十世紀晚期是人們開始知道能夠透過長時間持續累積儲蓄和投資,而擁有大量財富的時期。以《我的鄰居是百萬富翁》(*The Millionaire Next Door*)為開端的許多書籍清楚地表明,大多數成為百萬富翁的人,並不是住在紐約或華爾街,而且他們的生活方式也不奢侈。他們大多都滿足於樸素、平靜的生活。

他們所做的事情沒有什麼魅力,也不吸引人。他們在慢慢累積儲蓄的同時,也在投資。(將儲蓄放在銀行帳戶中,意味著他們永遠都不會成為百萬富翁。)對許多公司投資,意味著他們的儲蓄有機會大量增長。正是幾十年來在充分努力和專家的建議下持之以恆地做,才使得美國百萬富翁的數量爆增,而在其他西方國家,其數量略少一些。

把錢用於投資,會產生隨著年份而累積的回報。不需要 1000 英鎊,就能夠順利買到大部分的投資。為了讓你清楚會有什麼事情發生,我們在保守情況下假定其增長率為 8%,1000 英鎊在十年後會增長到 2159 英鎊,四十五年後為 13765 英鎊。如果你想像一下那些雄心勃勃的高風險投資,其增長率為 21%,十年後,你的 1000 英鎊就會增值為 6727 英鎊。四十五年後它會累積到 531 萬 3023 英鎊!

當然,投資市場中也會有麻煩,但是時間仍然是關鍵。人們常常試著去把握市場的時機,或者當股票跌至最低時買入,以便在股票漲到最高點時賣出。可是沒有人能夠看準市場的時機。真正重要的不是對時機的掌握。人們經常會對一種公債投資,卻發現這沒有

如他們期望的那樣賣得很好。這樣他們也錯過了下一次的好轉。

想像一下，二十多年來平均增長率為 20％的公債。這難道不好嗎？但是，假定在三、四年內，它每年增長 30％或 40％，然後在接下來的四年中只有很低的增長。假定這種模式會重複出現，而且的確有這樣的公債。有時在這些公債上投資的人，只能獲得 2％到 3％的回報，這是因為當這些公債有不尋常的良好走勢時，人們會對其進行投資，可是只要有一點下降，他們就會抽回投資。華倫‧巴菲特（Warren Buffett）評論道，當你不考慮花十年時間持有這個股份時，就不應該考慮擁有它。

有很多增加財富的投資策略，巴菲特的建議就是其中之一。這些策略的確有風險，但是這種風險可以根據個人的舒適度來設定。然而，不參與投資，卻會有更大的風險。人們通常意識不到，當通貨膨脹蠶食它、生活成本提高、房價飆升、市場逐漸大量操縱它時，這種將錢存入銀行的行為有多麼大的風險。

如果你曾經欠債，就會從另一方面知道累積原則是如何運行的。你去借錢；借貸就會有利息；所借的數目加上利息，隨後就會對利息具有賠償責任；所欠的總數就會增加。幸運的是，與之相反的情況也是如此。你所累積儲蓄和投資的任何金額也會產生利潤；你的資金因利潤的數量而增加；你的累積儲蓄總額也在變大；利潤也會變大。諸如此類。

然而，累積也有另一面，當所涉及的數額增加時，伴隨著較差的財務管理而來的焦慮也會與日俱增。並且，就算你在二十歲時覺得五十歲還很遠，但當五十歲來臨時，離六十歲的時間看起來就很短了。不管你有多麼焦慮，現在的確該結算一下你是否有足夠的錢，弄清楚你想要的是什麼，並且開始「保持」。

不過，首先你需要知道什麼會激勵你這樣做。請提醒自己，你

的主導後設程式是什麼。如果它是避開型的，倘若你不開始累積儲蓄和投資的話，會發生什麼事情？如果它是趨向型的，獲取更多的財富能夠使你享受、獲得或發現什麼樣的機會？在大多數情況下，你是以自身還是他人作為參考？誰的需求對你的激勵最大？請弄清楚你會如何自發地行事，這能夠使你在熟悉的系統內運作，或者使你透過做些不同的事情，來施展自己的才華。

不管你是贊同或抗拒我們到目前為止所說的內容，以下是你能夠獲得資訊的兩個 NLP 問題，而且都是以尊重你的「抗拒」的價值為基礎的。

## ■ 是什麼阻止你獲得財富？

我們的經驗是，當人們清楚自己想要的是什麼，卻無法實現它時，都是有很好的原因的。在某種層次上，一個正面的目的正在起作用。只要你繼續與自己爭辯，或者因為沒有做某件事而自責，就會阻礙這條重要的資訊。NLP 的問題「什麼阻止了你？」，能狗打破這種周而復始的爭論和自責，並以好奇心來取代。

我們已經提到一件阻止許多人累積儲蓄金錢、創造財富的事情。在我們的案例中，卡洛琳清楚她需要限制花費，但她總是要先多買一件商品。她明天就會開始累積儲蓄的。她受到今天的感受和需求所影響，這些對她來說是十分直接、有吸引力，其影響力要遠遠大於「未來的銀行帳戶裡會有錢」的模糊遙遠的想法所帶來的影響。卡洛琳是「處在時間中」的人，而這種人常常會發現，他們很難為了一個看起來極為遙遠的目的，而從當下很有吸引力的事物中全身而退。未來對他們來說並沒有從字面上看起來那麼清晰或真實。

在卡洛琳的案例中，有兩件事情很有幫助。其一是一位曾經參加NLP培訓的同事，告訴她如何轉變時間軸，以便她對此有一個「跨

越時間」的觀念。卡洛琳開始利用這項新技能，來幫助她規畫每個月的活動和預算。她也開始將此當作一項策略，來檢視她現在想要購買的物品在以後是否也是一個很好的想法。當她在商店裡看到自己喜歡的物品時，會停下來思考一會兒，想像她在幾週或幾個月之後穿著或使用這件物品的時刻。如果她不確定這件物品仍然有用，就不會購買。

　　卡洛琳利用自己的後設程式的另一種方法，就是與累積儲蓄建立連結。她決定，每次抗拒一件商品後，就會把這筆錢放進儲存帳戶裡。但是，她並不想依靠不花費來存錢，因此，在莉莎的幫助下，她計算出自認為每週能夠積極累積儲蓄的金額，並且制定了一個慣例，即每週六拿出一定的現金存入她新開設的儲蓄帳戶裡。她尊重自己的「處在時間中」的緊迫性，並且對它進行控制來增加財富。之後她每週都這樣做。同時，她也在增強利用「跨越時間」的傾向，來進行長期計畫，以及對行為產生的結果進行評估的能力。她也練習設想，在實施了這種與花費和累積儲蓄有關的新行為幾個月或幾年之後，事情看起來、感覺起來、聽起來如何。

　　在卡洛琳的案例中，阻止她的是習慣性建構自己的時間體驗的方式。阻止你的，往往是一些與過去的知識或你的信念有關的事情。當我們提出「是什麼阻止你獲得財富？」這個問題時，一個人的回答是：「當全世界的人們在挨餓時，擁有大筆金錢是不道德的。」另一個人的回答則是：「我的父母是工人階級，他們以此為榮。」不管你的回答是什麼，你都需要尊重它。因為它是由那些對你十分重要和有價值的事情所引發的。

　　一旦你知道這些事情在阻止你增加自己的財富方面，具有多麼大的影響時，你就能夠開始弄清楚如何繼續尊重你的體驗和信念，並且仍然做出改變。假如你做了如上所述的回答；那麼，當你變得

更富有，就能撥出一部分財富，來幫助發展中或貧困國家的人。顯然，如果你一直處於缺錢的狀況，他們也不會得到救助。但是，當你意識不到關於金錢的價值觀時，那些隱藏的價值觀就會使你陷入困境。同樣地，在變得更富有的同時，你也能繼續尊重你的工人階級傳統。有很多尊重這種傳統的方法，都比保持貧窮更加有效。

或者，你被一種假設阻止了發展，這種假設會認為，增加財富代表你必須放棄一些特別的待遇、樂趣，以及日常的一些額外開銷來節省錢財。如果你能一方面進行計算，另一方面又提醒自己，增加財富與定期的保持有關，而不是徹底的節制，對於改變這些特殊的封鎖狀態是很有幫助的。

如果富有代表違背了你的工人階級傳統，你就很難應對有關增加財富的身分、忠誠和行為的內心掙扎。對於那些將富有看成是有能力慷慨施捨的人來說，則能輕易解決這個難題。

因此，「富有」這個詞讓你想起什麼？引發了哪些信念？請快速將這些記錄下來。

## ◤ 你認為變得富有之後會發生什麼事？

有時，阻止我們的是對於未來的假設，也就是所預期的實現目標的結果。我們認識一個人，他對自己的職業十分熟練，並且能夠賺入目前薪水的數倍金額。但我們發現，他擔心如果變得比朋友富有，他就會失去朋友，因此裹足不前。然而，多年來，他沒有意識到，這使得他總會設法避開那些能夠取得的傑出成就，以及隨之而來的經濟回報。對他而言，朋友更重要。直到他回答了這個問題，才意識到自己做了多少假設，而這些假設是經不起檢驗的。這使他得以從中解脫並去實現目標，同時也發現，朋友依舊是朋友，因為他們支持他。

請完成下列的句子：

- 如果我變得富有，這可能意味著……
- 如果我變得富有，我恐怕……

將它們與你先前寫的項目放在一起，這些就是你對於變得更富有意味著什麼，所懷有的信念。這些信念是否支持你為了變得富有而投入的行為？

## ◤ 立即開始保持財富

NLP 在這個階段也提供了一些十分有用的方法。其中一個就是下切（向下歸類，參見第三章）。一旦你清楚了長期目標，將它歸類為可以處理的較小且不同的階段，會更有幫助。如果你的目標是在十年內賺幾十萬元，或是到退休為止進行很多投資，那麼在五年內你能夠實現的合理金額是多少？兩年內呢？你到今年年底要實現的目標又是什麼？當然，這也可以是另一種類型的歸類。你需要做哪些事情，才能夠實現這些增額？你可以再一次歸類：如果你需要找一份新工作或增強技能，這一週或今天你能夠做些什麼事情，以便在一定程度上實現它？你可以將那些有用的事情列出來，並把它們與你的時間框架上相應的位置連結起來。

另一個適合此處的 NLP 技術就是創造「肯定的未來」（參見第三章）。無論何時想起，這個未來對你來說越豐富多彩、詳盡仔細、令人激動、引人入勝，它就越能幫助你去做任何能夠實現未來的事情。正是這種吸引力，能幫助你對於不符目標的誘人開銷說「不」、給你勇氣去冒險打電話、嘗試意料之外的工作，或者承諾去進行長遠的計畫等等。如果你傾向具有避開型動機，請試著創造一個令人

信服的關於年老時貧困的未來，以幫助你現在就採取適當的行動！

　　清楚你的需求、辨別出當下正在阻止你進步的人或事，並且確保你的目標是可實現且具有足夠的吸引力，能促使你去行動，而這些都是幫助你增加財富的必要方法。保持的原則意味著，增加財富不必剝削自身；相反的，你所獲得的選擇權，其本身就是一種回報，累積儲蓄和將事情按優先順序安排的習慣，能使你毫不費力就做出所需要的改變。或許，財富並不是你只能在未來某個遙遠的時刻才能獲得的；NLP 有助於使其成為一種經歷。只要你一開始就去從事所要求的事情，就能不斷地擁有這種經歷。

## 如何獲得幸福？

　　幸福是一種高度的個人狀態，一種由生理、心智和情感因素構成的複雜混合體。對於一些人來說，它是指在假期中不問世事、完全放鬆。對另一些人來說，它是指真正地發揮自己的才智。還有一些人認為，它是他們完成馬拉松比賽的那一刻。它可以是一分鐘，可以是幾個月；或者根據人們對它進行的詮釋，它也可以是一生的時間。

　　幸福並不一定依賴於事件或成就。NLP 告訴我們，它源自於我們處理自身體驗的方式，而不是體驗本身。

### 案例

　　珍妮是牛津大學二年級的學生。她住在一棟漂亮的學院建築裡，已經適應得很好，也算交了朋友。她的學業也很出色。然而，她卻打電話跟家人訴說自己很痛苦。她的父母實在無法理解。「妳為什麼不幸福呢？妳已經得到想要的了。」珍妮的父

親惱怒地問道。

住在樓梯走道另一邊的泰德，正在應付他的功課，他覺得這比想像中難得多。他總是遲交論文，還必須補考。不過，他在社交和運動方面的情況比較好。他被選為學院橄欖球隊的一員，並且在學院內外都有很多朋友。他是一個幸福快樂的人。

幸福並不是與外界的環境、財富或成功相關聯，實際上，很多富有的成功人士都很痛苦。《實用技能》（*Know-How*）的作者萊絲里·卡麥隆·班德勒（Leslie Cameron-Bandler）、大衛·高登（David Gordon）和麥克·勒博（Michael Lebeau）提供了一個簡明扼要的方法來描述如何獲得幸福。他們說：「擁有（幸福）的藝術，在於你想要的就是你得到的。」

幸福是一個過程。它要求我們參與一種特別的活動，因為它涉及**選擇**；在所有能夠為你所用的資訊和體驗中，請注意那些能夠使你獲益最多，而不是獲益最少的事物。

讓我們來研究兩位以不同方式處理生活事務的人。

## 案例

亞瑟是一名會計，多年來一直在倫敦商業區的同一家公司工作。他是所屬部門中年資最長的員工，也十分擅長本職工作。他不是一個很有雄心的人，滿足於停留在同一個職位上，並且目睹了很多同事和經理的去留。他能夠將某件事牢牢記住，這對他所做的詳細的程序性工作有很大的幫助。但是，這也會對他不利，因為無論何時，亞瑟談論他的辦公室時，記得最清楚的就是他感到失望、被輕視、被利用的時刻。他的朋友和家人，

都聽他講過很多這類的事。亞瑟低聲抱怨且感到被欺騙;但當他感到被不道德地利用時,卻從沒有直接說過任何話,或者採取任何行動。

從外在條件來看,愛麗絲過著十分艱苦的生活。她靠著丈夫的微薄且不穩定的收入,養育七個孩子。只有到現在上了年紀,他們才能夠休息。他們毫無積蓄,只能靠政府養老金過活。但當她的一個孫女問她生活得如何時,愛麗絲毫不猶豫地說,她十分幸運,她擁有一個女人所能擁有的最好的丈夫,有很好的孩子,有家可住,朋友都在旁邊。有時生活的確艱苦,但她不會去改變它。

亞瑟和愛麗絲處理體驗的方式極為不同。亞瑟在工作上相對比較成功,但是留在他的記憶裡的,並不是他身為公司的有用員工為其工作四十年的事實,而是他感到無助或被利用的情景。他很少滿足,儘管實際上生活中有很多能令他滿足的事情,前提是如果他能留意到的話。愛麗絲有很多關於生活讓她吃盡了苦頭的記憶,她也很容易覺得生命沒有善待她;但是,她卻自發地將注意力放在那些讓她感到被珍視、被支持和滿足的事情上。她是一個無論如何都會幸福的人。

## ◢ 選擇幸福或不幸福

顯然,這兩個人處理體驗的方式不同。身為教練,我們看到很多人都會重複出現許多關鍵問題:

1. 你對那些沒有按照你的意願發展的事情做何反應？

2. 你如何協調自身？

3. 你如何理解自己的體驗，以及自己感到獨立自主的程度？

4. 你每天都留意些什麼？如何建構你的記憶？

5. 你對周圍人們的感覺如何？

6. 你能否確保生活中有夠多使你感到有意義和幸福的事情。

引發上述這些問題的根本原因，是我們在本書中一直強調的兩大主題：意識和選擇。

## 對困難狀況的反應

當亞瑟感到被利用或被忽視時，他不會理會這些感受，而是抑制住生氣和憤恨，多年來讓它日益加劇，並在一些情況下惡化。而且他從經歷中形成了一個模糊的信念：「只有華而不實才會被注意」。

愛麗絲也會感到憤恨，因為生命帶給她的是貧窮和艱苦工作，但是她相信發牢騷是沒有用的。如果感到生氣，她會說出自己的想法，但是她不會抓住這種感受不放。她對生活有著完全不同的歸納，她認為生活還是很美好的，她相信如果努力的話，事情會得到解決的，而且為那些你無法改變的事情而氣憤，是沒有什麼意義的。

**建議**

請對那些使你焦慮或感到困擾的事情採取行動。如果你什麼都不能做的話，請別在腦海中不斷重演這些事件，或者無休止地向別人傾訴。當你每次重複某件事情時，就會使其根深柢固。請選擇去牢記一些美好的經歷。

如果一個人、一個角色或一種情況繼續使你不開心、生氣不舒服，就設法改變它。有些人會從那些使他們不開心的工作和關係中抽身離開，即使他們不確定接下來該去哪裡。結束那些限制你的經歷，並且更加清楚你想要什麼，是開創更美好的未來的第一步。

## 與自我保持協調

與自我保持協調，是擁有自我和生活的根源。這會產生一致的體驗，讓你覺得自己是一個整體。而且它需要你意識到自己的體驗並尊重它。它意味著給予自己擁有體驗的權力，然後對其採取行動。

亞瑟並沒有擁有他的體驗。他將負面的感覺壓抑下去，因此變得不協調。隨後，這些未被注意的感受就點燃了他的內心對話，使他在很久以後仍然一直在批評和抱怨。他沒有學會去全心珍惜生活中正常運行的事情。愛麗絲則直言不諱，然後繼續過自己的生活。她將注意力集中在當下和未來，因為在這些時候，她能夠影響事情的發展；她不會把注意力集中在過去，因為它早已消失。

**建議** 請留意你的感受，然後去思考：如果可以的話，你需要採取什麼行動？確保這些行動得以執行，你就能將這些感受釋放出來，而它們就會有所改變。以這樣的方式，你會變得越來越協調一致。

## 闡釋你的體驗

NLP 曾被描述為「對主觀體驗結構的研究」，因為它精確地展示了我們如何建構自己內心的「現實」。處理從外界和內心體驗所獲取的過量資訊的一種方法，就是簡化和歸納，而愛麗絲對於生活的歸納是可行的，但亞瑟的歸納卻使他更不滿、更痛苦。他認為別人在欺騙並小看他；這是他所預料的。所以，他只注意那些使他痛苦的事情，而不是盡量利用那些給他帶來自信和快樂的事情。

另一方面，愛麗絲相信她的生活中有些事情是不能改變的；她並不是在愚弄自己，說辛苦的勞作、貧窮及不穩定的收入會使她很開心。她從所能做的選擇中獲得樂趣和意義。她以當一名「卓越的管理者」為榮，因為自己經常為家人準備一桌料理、讓孩子衣食無

憂而自豪。她的家使人心情舒暢。她對人們很忠誠，朋友和家人也以忠誠來回報她。

## 你每天都注意什麼

亞瑟和愛麗絲在經歷生活時，各自注意到了十分不同的事情，就像人們戴著不同的有色眼睛來觀察世界。當亞瑟注意到一些令人心煩的事情時，立刻就會將它與其他使人心煩的事情聯繫起來，這樣就對它進行了強化。愛麗絲擅長注意小事情，並且能夠盡量享受各種小喜悅，比如一簇在秋雨中開花的灌木，或是在公車站聽到的一個笑話。她總是能夠注意到別人的幽默和善良。當有些事情使她煩惱時，她會將它當作是其世界觀的一個例外，而不會用它來證實一個負面的觀點。這樣的話，她就能夠更輕易地從中跳脫。

時，將發生的所有美好和令人愉快的事情羅列出來，花幾分鐘時間來「淘金」。即使它只是來自售貨員的一個微笑，也要將它重新找回來並再次體驗。這樣的話，這一天在結束時就有了美好的色彩，同時，你也養成了留意美好事物的新習慣。

## 你對他人有何感受

當亞瑟抱怨現今的火車越來越不可靠時，愛麗絲卻告訴丈夫說，她在排隊時一位年輕人與她共享雨傘，還有當這位年輕人等的公車到來時，另一位乘客又是如何接著與她共享雨傘的。她經常因為這樣的事情而感到高興。與此相反，亞瑟的失望感意味著他會去注意別人是如何搶在他前面攔計程車的。

**建議**　為自己和別人複述一些美好而不是糟糕的故事。養成習慣，激發別人去做一些使人開心的行為，而不是消極地等著他們自願提供幫助。我們認識的一個人有一些「微笑時光」，在這個時候，她會對擦肩而過的人微笑。很多人（不是所有人）都會以微笑來回應她。

## 生活中的意義和樂趣

儘管亞瑟擁有房子和車子，每年都出國度假，並且是高爾夫俱樂部會員，也擁有退休基金，實際上他還是無法擁有自己的生活。而愛麗絲卻擁有並享受自己的生活。

**建議**　列出生活中你感到滿意的事情，並且讀一遍。如果你仍然感到不滿足，就請思考一下你究竟想要什麼。認真對待你的答案。它是否或能否滿足那些結構良好的前提（參見第三章）？你接下來能做些什麼？

## ◢ 幸福和健康

我們個人的幸福額度，也會提供一些暗示。幸福與我們的健康有很大的關係。亞瑟的不滿意反映或體現在胃潰瘍和糟糕的睡眠模式中。愛麗絲的身體已經遭受了極其辛苦的體力壓力，但到了八十歲的時候，仍然十分活躍和健康，會幫助丈夫耕種，並且設法找時間定期拜訪一位住在街角的體弱「老婦人」，而這位老婦人實際上只比她大兩歲。

學會如何變得更幸福，有助於我們同時學會如何變得更健康。發生在你腦中的事情，會影響發生在你身體上的事情，不管那事情是好還是壞。正如先前提到的心理—神經—免疫學，它致力於研究身心聯繫如何正面和負面地影響免疫系統的運轉。當你自我感覺良好時，就有更好的機會來保持健康。當你意志消沉時，你的免疫系統也會變得效率低下。

你是否像亞瑟那樣很少感到幸福或甚至不幸福？你會對此做出改變嗎？在改變之前，多多瞭解你如何建構自己的體驗，是很有用處的。一個有用的 NLP 工具，就是去弄清楚你如何變得「幸福」和「不幸福」。在這裡，對比分析將會派上用場（參見第三章）。拿出兩張紙，在一張上盡可能記下你上一次感到幸福的資訊，在另一張紙上盡可能記下你上一次感到不幸福的資訊。對於每個方面的資訊，都要考慮以下的問題。我們將舉例說明該如何去做。

### 正面的經歷

- 它讓你有什麼感覺？

    ——當我幸福時，我會感覺輕飄飄的。

- 具體來講，你如何知道自己很幸福？你看到、聽到、感受到、品嚐到、聞到了什麼？

——我感到自己在哼曲子。色彩看起來十分亮麗。

- 你是否立即或稍後才知道你很幸福？與你的感受相關的次感元是什麼？

——我幾乎立刻就知道了。每一樣事物移動起來好像都很快且毫不費力。從視覺上來說，我會看到一些清晰分明的視覺對比和細節。

- 是什麼使你幸福的？

——工作上受到表揚。

- 你的周圍正在發生什麼？

——日常的辦公活動。打字、打電話、人們相互交談、來回走動。

- 你的內心正在發生什麼？

——興奮且充滿活力。

- 你是否有一些內心對話？如果有，是什麼？

——我記不得了。

- 你對自己的感覺如何？對別人呢？對你的生活呢？對整個世界呢？

——我的自我感覺很好。我很驚訝他們竟會表揚我的工作。這個世界很美好。

- 這種經歷是加強還是削弱了你與他人的聯繫？

——加強了聯繫。

## 負面的經歷

- 它讓你有什麼感覺？

——當我感覺痛苦時，我感到又沉重又冷。

- 具體來講，你如何知道自己不幸福？你看到、聽到、感受到、

品嚐到、聞到了什麼？

——事情看起來變得黏稠、緩慢。每件事情都很費力。

• 你是否立即或稍後才知道你不幸福？與你的感受相關的次感元是什麼？

——我花了幾小時才意識到事情出了錯，好像它是不知不覺到來的。就像一些東西在固化或結冰。

• 是什麼使你不幸福的？

——與伴侶吵架。

• 你的周圍正在發生什麼？

——我們最後分房睡覺。我們打消了一起入睡的念頭，因為編造不出一些解釋，我們就不知道如何面對彼此，況且我們也不想去編造。

• 你的內心正在發生什麼？

——我在想自己真蠢，竟然會使得這麼小的事情惡化成這樣。

• 你是否有一些內心對話？如果有，是什麼？

——的確有，我在斥責自己。

• 你對自己的感覺如何？對別人呢？對你的生活呢？對整個世界呢？

——我的自我感覺很糟。我也很生他的氣。一切事物都沒有了生命和溫度。

• 這種經歷是加強還是削弱了你與他人的聯繫？

——我感到有些孤立無援。


請研究一下你的答案的模式。在我們舉的例子中，這個人是從視覺和動覺上處理大量經歷的。她特別會從動覺來處理痛苦。並且在她感到痛苦時，也添加了批評性的內心對話。雖然這不會改變外

界的事件，卻有助於她做一些不同的事情。比如，她能夠改變內心對話的語氣，使其說的內容更加鼓舞人心（例如，回憶以前她和伴侶是如何解決問題的）。她能夠訓練自己運用視線解析（參見第三章）從視覺上獲取資訊，將注意力從負面的動覺體驗上轉移過來。她也可以選擇回憶過去一些關於這份關係的美好回憶。雖然沒有正確的標準答案，卻有很多可能的選擇，請你現在就想出一些選擇。

歸結到最簡單的因素，若要幸福，你就需要：

1. 拒絕忍受使你不幸福的事情，並且動手解決它。
2. 找出是什麼使你幸福的，然後多做這樣的事。
3. 訓練自己去過濾經歷，以使你能全身心地投入到能夠充實你的任何事情中。

## ◢ 小結

- 幸福不是盲目的樂觀主義；它是我們處理體驗的一種方式，以及所關注的結果。

- 它是一種日常的狀態，而不是一種變化的狀態。更進一步來說，它是很容易產生的狀態，但不是靠人為誘發的。

- 它是一種複雜的狀態，與身為獨一無二的個體的你有著明確的關係。弄清楚幸福對你而言意味著什麼，是把握幸福不可缺少的一步。因此，如果你在想：「我想要變得幸福」，就請思考這些問題：

　　——對你而言，幸福意味著什麼？

　　——具體來講，我如何知道自己是幸福的？我看到、聽到、感受到、品嚐到、聞到了什麼？

- 幸福是你能夠積極創造和努力完成的事情，因為你可以創造能夠激發幸福的環境和思想態度。
- 同時，幸福也是一種附帶結果。它來自於你駕馭生活、從整體上理解事物的方式，而不是來自於你具體或總體上要著手實現的一種狀態。
- 它涉及身體、心智，並且還常常涉及精神。
- 它通常也會涉及感官的敏銳性。
- 它還經常涉及從具體的經歷中做出正面的歸納。它的特點是心滿意足，而非心花怒放；是冷靜，而非焦慮、緊張不安，甚或「興奮不已」
- 儘管幸福是很個人的，你也不應該對自己有所限制。想想你所認識的幸福的人，他們是如何做到的？觀察那些看起來很幸福的人；關於他們，你注意到什麼？請模仿他們來拓展你的全部技能。
- 如果你這樣做的話，大部分時間都會十分幸福。

# 第 16 章
# 讓工作更有價值

不管你是一位社會工作者、公司裡的執行長、教師、清潔工，或是航空公司的飛行員，工作都占據了你生活的很大一部分，因此很值得去確保工作在各個方面都要盡可能地有價值。不過，對於不同的人來說，工作有著不同的含義，因此，針對工作在你的生活中的地位進行思考，是一個很好的開端。工作是：

- 因為占據了你的太多時間或生活，而讓你不願意去做的事情嗎？
- 你不思考就會去做的事情嗎？
- 付租金或還房貸的主要途徑嗎？
- 為那些對你來說很重要的嗜好，提供基金的方法嗎？
- 零用錢；你並不是用它來支付日常生活的開銷嗎？
- 一個使你感到興奮的挑戰嗎？
- 一種實現自我和表達自我的途徑嗎？
- 一個假期嗎？

這些本身並沒有好壞之分，卻會對你有利或有害。假如你感到厭煩、時常不滿，被所要承擔的責任嚇倒、害怕被「揪出來」、覺得自己是公司制度或要求很高的老闆的奴隸，或者完成你承擔的義務卻無法獲得足夠的回報，覺得自己找不到任何途徑去做真正想做的事情，那麼你的工作就很可能會使你感到壓力重重、不開心，甚至

生病。即使不會這樣，你也會有一種揮之不去的感覺，害怕直到退休都還在做著一成不變的事情。那麼，此時就是去回顧自我、生活目標和工作這三者之關係的絕佳時刻。回顧一下你的生活輪盤（參見第三章）會很有幫助。與生活中其他事情相比，你會如何評價工作？如果工作占用的時間，明顯多於它帶給你的滿足，這就是在告訴你該考慮做些改變了。

我們在這一章裡將會探討四種關鍵的技能，有助於你使得自我、目標和工作之間更加適合。一開始，我們先提供一些看法。

1. 工作會漸漸變得越來越有價值或無價值。這種情況也同樣適用於你所承擔的具體任務。

2. 使自我和工作相互適合是十分重要的。這需要探究對你重要的事情與任何晉升前景這兩者的關係。有時，人們會被晉升前景引入歧途，去爬不適合自己的梯子。

3 即使你覺得自己就像圓洞裡的方釘一樣格格不入，也不一定會一敗塗地。NLP 教練方法有助於你對這種問題產生真正的好奇。意識到不適合，會使你不再責怪自己或抱怨工作，並且變成十分有用的回饋，使你開始計畫做些改變。

你可以使用邏輯層次（參見第三章）來找出你的工作在什麼地方適合或不適合你。有時候，工作在某些層次會十分適合，但在別的層次卻不適合。當你意識到這一點時，就可以開始根據事實做出一些選擇。或許做一些簡單的環境調整，會使你實現這一點。但是，有些時候，你會意識到自己被整個工作操弄，會在身分層次對你所做的事情感到局促不安。如果你不打算浪費生命，此時進行培訓就顯得十分重要。

- **環境**：請考慮你工作的自然環境及社會環境。哪種設施、社交模式適合你？你可以提出上千個問題。有沒有地方供你停車？你的辦公室有沒有窗戶？能否觀賞風景？你是否擁有自己的空間？或者你是否發現有免費的工作站可以登錄電腦系統？你是否獨自辦公，或者在一個大空間裡與別人一起辦公？人們下班後是否會一起外出？有沒有社交活動和俱樂部？不管對你來說具體情況是什麼，更重要的是如何使你擁有的與喜歡的事物相互匹配。

- **行為**：你參加了哪些具體的活動？這個團體是否適合你？是否有一些事情是你喜歡在工作環境中做，而不能在當下的任務中做的？你現在正在做的，是否就是你喜歡的？或者你是否必須以那些感到不舒服的方式去適應？

- **能力**：你能夠發揮長處、做真正擅長的事情嗎？你能夠發展做這份工作所需的新技能嗎？

- **信念和價值觀**：當同事和你有著不同的信念時，你就會覺得孤立無援或者被削弱了力量。你甚至會開始懷疑自己的信念的正確性。或者你會開始鄙視同事，變得憤世嫉俗。你所處的邏輯層次越高，這種不匹配的潛在代價就越高。那麼，這份工作和這個組織，是否與你的信念及價值觀相協調？在這種環境中，你是否感到有能力說出你的重要事情？或者你必須對你所說的話進行刪減？

- **身分**：如果一份工作與你的身分感相衝突，你就會感到做起來十分不容易。你會覺得自己被要求做一些事情，而它們並不能體現真正的你。如果這份工作與你的自我感相一致，就會使你增強決心、充滿活力。你也會自然地擁有極大的熱情。那麼，現在你感到自己有多大的熱情？你是否對自己的角色

感到舒適？你是否覺得能夠保持自我？或者你是否隱匿在這個組織的底層？發現你與工作之間的適合及不適合之處，能夠為選擇前進的道路打下很好的基礎。在這一章的剩餘部分中，我們會研究四種方法，可以用來讓工作在各方面都更有價值。牢記你剛才發現的關於你個人與工作的適合之處，這可以幫助你在這一章的各個部分中進行選擇，並且辨別出在何處使用 NLP 策略能夠對你有所幫助。

雖然 NLP 工具和策略顯然有助於事業的發展和財富的增加，但它們還有更多的用處。以我們身為教練來看，工作應該是有價值的，它能給予你一種目的感，使你多加開發潛力，並且增強充滿活力的體驗。我們希望你的工作能使你在心理上強壯健康。至少，如果你打算從工作中獲取最多，那麼這份工作在占用你的時間、利用你的技能時，給予你的應該不僅僅是一份薪水。你正在將生活中的一大部分時間分配在工作上。這一部分會向你展示 NLP 如何幫助你認識到工作在各方面都是一個有價值的過程。

## 如何管理自己和他人？

### ◢ 管理自己

在工作中對自己進行管理的第一步，就是要清楚你要管理的是什麼樣的人。你需要意識到自己是什麼類型的人，以及自己的工作方法和目標。因此，我們要再次回顧第三章中關於後設程式的討論。如果你打算確保工作與你相互適合的話，就請思考一下這些資訊提供了什麼暗示。以下的例子可能有助於闡明這是如何發生的。

## 案例

阿安是一個熱愛動物的聰明少年。他家裡總是養著貓狗。在他十歲時，家裡養了一隻愛鬧的小狗，阿安就開始對馴狗產生了興趣。當小狗長大時，阿安開始帶牠進行靈敏度訓練、參加比賽。他們兩個都對此十分熱衷。在學校，阿安的很多科目都學得很好，尤其偏重於自然科學。有一天，他聽到家族的一位朋友跟他的母親說：「阿安很會與動物打交道，自然科學又學得這麼好，他真應該去當獸醫。」隨後阿安就生氣地對母親說：「我不想跟生病的動物相處。只因為能夠做某件事，並不表示我就必須去做這件事。」

阿安母親的那位朋友，是按照類似之處來處理事情。這引導她去想，阿安對動物的熱愛十分適合當獸醫，因為這是一份與動物相關的工作。但是這卻漏掉了一個重要的因素：他喜歡健康而不是生病的動物；他喜歡訓練而不是治癒動物。他學校裡的職業培訓教師是一位 NLP 合格執行師。他問阿安：「你想要什麼？」阿安決定拿一個開放大學的自然科學學位，這樣他就能在家學習，並繼續進行靈敏度訓練及參加比賽。

凱莉在學校時數學學得很好，並且在進入大學之後學的是薄記。她發現這學起來很容易，也很令人愉快，而且她很快就在當地一家較小的公司找到了一份工作。公司裡的人真的很高興有她，因為他們的前任記帳員不太可靠。凱莉很快就將帳本重新整理好，而且每個人都很滿意。但是，過了不久，凱莉就發現她已經感到厭煩了。她以為是公司太小的緣故，所以就在一

個有著繁忙的員工社交生活的較大組織中，找到了另一份工作。但是，幾個月之後，她又一次感到厭煩了。在換了幾次工作之後，她開始擔心將來的雇主會認為她不可靠，想找一位教練來幫助她。

教練問她，對於工作，她最喜歡的是什麼？凱莉才意識到她最喜歡的是工作的前幾個月。在這段時間裡，她正在瞭解和掌握這些系統；一旦事情順利運行，她就開始厭倦了。凱莉的教練幫助她認識到，她喜歡安裝、更新和精簡系統。她的個性是具有創造性且側重於選擇。相較於在同一個組織中長期穩定的工作，短期的應對危機的工作結構，與這種個性更加適合。

在教練的幫助下，凱莉決定創造為自己量身訂做的工作。她會為小的公司提供管理帳戶的救援服務。當他們遇到麻煩時，她就會介入並創建他們所需要的系統。當他們的記帳員請假時，她可以臨時代班。她重回大學充電、擴展自己的技能基礎，並且開始在當地宣傳她能提供的服務。在短時間內，她創造了一個能夠給予她想要的所有挑戰、變化和刺激的工作。而且因為總是有需求，所以她一直有工作。此外，當很多有著相似技能的人，樂於在「舒適圈」從事穩定的工作時，凱莉卻喜歡在她的「能力圈」花費更多的時間。還有，透過創建自己的事業，她能夠創造一個既能滿足顧客需求，又能使自己滿意的工作。

## ◣ 清楚對你而言什麼才是重要的

理想的工作是什麼樣的？對大多數人來說，它很可能涉及以下的一些面向：令人愉悅的環境、有趣的任務和程序、在社交方面能夠和諧相處的人們、一種目的感和成就感、適當的回報。如果你上

推，就會發現較大的議題，比如舒適、意義和認可。如果你下切，就能添加一些為了工作中的自我滿足感而需要的具體事宜。這些具體事宜因人而異。為了闡明任何可能的位置，請思考以下的問題：

### 上推（向上歸類）：

- 這份工作能體現哪些持質、價值觀和信念？
- 這些如何與我的重要信念和價值觀相匹配？
- 這份工作會使我成為一個極具影響力的人嗎？
- 這份工作是否令我滿意？

### 下切（向下歸類）：

- 確切地說，什麼是我所認為的理想的環境、任務、組織和角色？
- 在我最適合的工作中，我所要求的具體細節有哪些？
- 是什麼讓我知道這份工作適合我？
- 這如何進行比較？

在草擬這份具體說明時，請記住，如果你要做出選擇，總是得向一些項目妥協；但是，不經選擇就妥協的話，你就只能一直妥協！意識是一個平臺。在這個平臺之上，你能夠做出最好的選擇、設計有效的策略，並且發現你能夠實現的事情。

我們認識一位經理，他的工作涉及大量的出差。他的辦公室總部沒有自然採光，他在那裡所花的時間還沒有全部工作時間的一半。對一些人來說，這樣的環境是無法接受的、令人沮喪，甚至會使人生病；但是，對他來說則無所謂，因為辦公室只是一個打電話和口授信件的地方；只要有他需要的設備，工作場所是無所謂的。

另一位辦公室職員在一棟現代建築裡，一間設備很好的辦公室裡工作。在那裡能夠看到賞心悅目的風景，她卻發現工作很無聊，並且覺得辦公室本身也孤零零的。她寧願處在一個忙碌的、無隔牆的辦公室裡，身邊有很多人和各種活動。在她看來，她的空空蕩蕩、寂靜無聲的辦公室，就是產生不同結果的差別，因此她離開了。

既然你不想要每天非常不舒服地待在家裡八小時，為什麼要讓自己在辦公室裡也處於這種狀態呢？當你來上班時，生活並不會止步不前。因此，請確保這份工作具有在各個層次都為你服務的品質。並且你也要考慮較高層次的價值觀或身分問題，與環境或行為的具體情況之間的關係。如果你的辦公室或部門位於地下室或一個龐大建築群邊緣的舊房子裡，要讓你感到自己的工作處於整個組織價值觀的核心，談何容易？如果你的辦公室設備破爛不堪，裝潢也褪色了，你會感覺受到照顧嗎？總是有「很好的原因」來解釋這些問題，但是它的影響又是什麼？

環境會傳遞一些我們無意發出的訊息，但是又有誰會意識到這些訊息是什麼，或者做些事情來改正或彌補它們呢？如果你不得不為它們辯解，或者對它們不聞不問，那麼這份工作給了你什麼樣的感覺？我們認識一位校長，他接管一所破舊的城市學校後，做出的第一個決定就是重新裝修教職員辦公室，並且改進其設施。他很明智地認識到，透過在環境層次上的微小細節來照顧教職員，有助於在信念或身分層次上增強他們的士氣，並且提高他們在困境中的效率。

## ◤ 檢視你的方向

人們由於各種原因而工作，並且由於正面或負面的原因而繼續工作。不時盤點一下工作對你而言的價值，以及它如何與你生活的方向感相關聯，這是擁有你的工作體驗的有用方法。或許一段時間

之前，你從事這份工作是因為它是事業階梯的下一個階段，那麼你是否仍然想要攀登這個事業階梯？也許你從事這份工作是為了貼補家用，那麼你清楚家人從中獲得了什麼？你又從中得到了什麼呢？也許你已開始感到不輕鬆，也許你原有的信任感正在逐漸減弱，也許你對工作之外的事情更感興趣，這是否在告訴你該做出改變，甚至可能是一個根本的改變了？

如何應對你的職業生活，是一個關乎整體生活的根本決定。當然，自己回答這些問題，會透露更多你和工作是否適合的相關資訊。這是十分有用的，不僅因為它能使你更加確信，還因為它讓你清楚是什麼產生了那種極佳的適合度。如果你打算做出改變，就需要知道你想要保留或維護什麼，以及什麼對你來說並不重要。

直覺也是原因之一，所以我們力勸你關注來自它們的資訊。請思考這如何與你的技能、潛力和舒適感相關聯；並請檢視你此時此刻的工作體驗，如何與你為整體生活而追求的事物相關聯。這是一種自我領導的行為。

因此，花幾分鐘思考一下你自身和你的工作。這份工作是否仍然有助於你到達想去的地方？匹配之處和不匹配之處有哪些？請開始對它們以及任何你不確定的事情感到好奇。如果你花時間去研究它的話，「不確定」就是進行學習和發現的開始。請回顧你所做的關於不同邏輯層次上適合程度的紀錄，並且創建一個能夠用來評估目前工作的適合狀況，以及你將來可能想要去做的事情的檔案。

## 管理你的狀態

認識並理解狀態（參見第三章）是在工作及其之外管理生活的一個重要部分。NLP 幫助我們理解了構成狀態的許多身心歷程之間複雜的相互關係；不過，更重要的是，它告訴我們，狀態是可以被

認識、管理、創造和改變的。這有著巨大的自主權。

比如，當你正在拚命努力完成某件事情，老闆卻告訴你，他想讓你先去做別的事情，或者他說你應該用另一種方式來做事時，會發生什麼？你的第一反應很可能是惱怒、受到傷害或者抗拒。你的感受可能會被他跟你說話的方式「引發」，但是，只要你把責任歸咎在他的身上，你就還是一名受害者，相對而言也會感到無能為力。

只要你認識到自己所處的狀態，就從第一位置步入了第三位置（參見第三章），即使只有片刻的時間。採取第三位置給你提供了一種「暫停」狀態，以及獲取情況的一種不同視角。

當所處的狀態是消極或不合適的時候，認識到你所處的狀態，是重新獲取你所具有的影響力的有用方法。對自己如何這樣做產生好奇心，也同樣有價值。這兩種方法都有助於你對所處狀態進行片刻的改變，也會使你與相關的感受保持一定的距離，重建平衡，對於什麼是更有效的狀態做出一些選擇。

認識到別人所處的狀態，也同樣很有幫助。例如，你能夠提醒自己，主管總是在下午容易急躁（低血糖？會議太多？他的上司使他生氣？），而且他實際上是處於不適合的狀態。那麼你就能決定閉嘴，繼續做他想要你去做的事情，因為你知道明天早上他會感到抱歉，並且會迫不急待地來讚賞你的辛苦工作。或許你會決定，主管又一次改變了他的首要任務，類似的事件再一次發生，而你需要告訴他，你不願意像這樣進行工作。

工作中其他類型的狀態管理，也很有用。到目前為止，我們已經對改變不適宜和無效用的狀態進行了討論。那麼，利用關於狀態的知識，來確保你能夠提前準備好在某事上處於適宜的狀態，會怎麼樣呢？或許你已經清楚自己最專注的時段是早晨，為什麼不在這個時間預約最重要的會議？或者你知道要花很多時間才能讓你準備

好去做事情，你如何利用這些知識，來確保你在適合的時間處於適合的狀態？你是否在散步時思路最佳？如果是這樣，你是否有時間和空間這樣做？什麼樣的狀態對你獨立工作，或者作為團隊成員來工作，或做演講，最有幫助？如果你不確定某種狀態是否處在你現有的全部技能之內，你知道誰看起來能夠自發地使用它？你如何模仿他們？

## 你在工作中處於何種狀態？

想一想你效率最高的工作狀態。它們有什麼特點？或許你會識別出幾種特點。你能否針對每種狀態，以及刺激它們或者有助於對它們設定心錨的事物，創建檔案？例如，有些人發現，當他們活動身體時更有創造力。另一些人卻更喜歡待在安靜、沉思的場所，這樣他們就會想出點子。當手邊有一杯咖啡或茶時，你是否能夠進行最佳思考？你是否喜歡圖表和彩色筆？你是否善於徵求別人的意見？環境和行為對於創造及保持狀態具有促進作用。弄清楚它們是如何對你起作用，你就能夠盡量利用那些給予你支援的事物，或者最小化或改變阻礙你的事物。

你的內心對話是否對你的資源狀態具有促進作用？你是否鼓勵自己或「為自己解釋清楚」所發生的事情？你是否聽到朋友或賢明顧問的聲音在提供建議或支持你？一旦你清楚自己在資源狀態下會「自發地」做些什麼，就能夠選擇刻意這樣做，以確保你在需要時能夠進入資源狀態。

思考一下你效率最低的狀態，也就是那種會阻礙或破壞你的高效率和控制感的狀態。它們有什麼特點？你能否追溯到第一次經歷它們的時間和地點？啟動這些狀態的觸發器是什麼？在有噪音的時候，你是否很難好好地工作，或者你是否得停下正在做的事情去接

電話？你是否聽到有微弱的煩人聲音在質疑你的能力，或者將你與別人進行比較？一旦你識別出這些模式，就能開始設法來改變事情，並幫助自己處在一個有效的狀態，去做正在做的事情。你可能會做出環境上的改變，比如安裝一部電話答錄機，或者對你的內心對話做出一些改變。一旦你認識了各種 NLP 策略，就能利用它們來對慣有的模式進行有益的干預。

## ◢ 管理他人

### 關於影響力

有些人認為，思考如何管理他人，會在某種程度上顯得「愛擺布他人」。以這個觀點來看，預先策畫就代表你的行動沒有想到什麼就做什麼那麼自然。這其中流露出對於根據需求來規範行為的一種偷竊和欺騙。有這樣的情況嗎？是的；如果你不在乎對方在這種情況下的需求或感覺。

然而，你終究會以某種方式影響他人，這是不可避免的。比如，自我吹噓、疏遠他人的人有著巨大的影響力，只不過他們影響別人的方式完全不是有意為之。既然我們難免會影響他人，認識到這一點並將之用於好的用途，就比不假思索地行動負責任得多。

透過模仿很多傑出的溝通者和經理，我們知道這些人以特別的方式來利用自己的影響力。在一個階級組織中，不管人們是利用自己的影響力去管理下層、以地位相同的團體成員進行橫向管理，還是應對上層，並將資訊和想法傳達給管理他們的人，他們總是在尋求一種雙贏的狀況。

在 NLP 中，尋求一個對每個人來說都是贏家的結果，稱為「吻合的成果」。這個觀點在第十三章建構良好的關係中提過。為了使成

果對每個人來說都是吻合的，你需要：

- 清楚你的成果是什麼。
- 要明白你如何得知自己獲得了這個成果，你看到、聽到、感受到了什麼？
- 檢視一下別人的成果是什麼。
- 弄清楚他們在獲得這個成果時的所見、所聞、所感。
- 明白目前議題的關鍵之處，如何與你的成果和其他成果相互適合。
- 如果有分歧，請研究一下各個邏輯層次，看看在哪個層次上適合、在哪裡又會不適合。通常，適合的情況會出現在比討論的議題更高的層次。例如，你和老闆可能都同意客戶需求是首要的，但是在如何實現它的方式上則產生分歧。
- 請再次確定你們對於在哪個層次上重建已有共同基礎的事物，已經達成一致的看法。
- 確保你們擁有一致的證明方法，可以展示你們實現這個成果的滿足感。

## 進行向下管理的方法

　　如果你是一名經理，就擁有了影響他人的額外通行證，並且擁有一種確保以雙贏方式來施加影響的附加責任。NLP 能夠在很多方面提供幫助。下面的檢查清單包含了七種有用的不同活動。如果你想要成為一名更有效率的經理，就請輪流採用以下的每項活動，在一段時間內將它視為一項專案來對待。我們培訓過的一名經理就把它當成一個為期七週的專案，並且獲得了很好的效果。

1. 你可以提高你的感官敏銳性，真正看到、聽到你周圍發生的事情。要做到這一點，你可以在那些能夠加強的表象系統中，給自己一些容易處理的任務。

2. 你可以養成採取第二位置的習慣（參見第三章），以便看出別人可能正在經歷什麼，特別是在由於你的行為而使他們有此經歷的情況下。

3. 你可以提醒自己，不管你懷著什麼樣的目的與他人溝通，溝通的真正意義在於對方所接收的訊息。人們的反應會告訴你，實際上你向他們傳遞了什麼訊息。那麼，他們有何反應？這暗示下一步該做些什麼？

4. 關注職員的後設程式和表象系統（參見第三章），以此幫助你理解他們的背景。

5. 你可以模仿那些真正有成效的經理。他們是如何做到的？如果你也這樣做的話，會發生什麼事情？處於組織中任何階級的人，當他很有成效地工作，或者當他與周圍的人相處很好時，你也可以模仿他。你從中能學到什麼呢？

6. 一名卓越的經理通常也是一位卓越的學習者。如果你的心智有彈性的話，學習起來也會更容易。養成從不同的感知位置（參見第三章）看待事情的習慣，來增強你的彈性，那麼當你要做選擇時，就有更多的資訊可以參考。在別人的眼裡，這看起來怎樣？從顧客的觀點來看呢？假如你是牆上的一隻蒼蠅，這又會如何？

7. 充分發揮員工的長處。思考你能從他們那裡學到什麼。我們認識一位真正卓越的經理。他表示，卓越管理的藝術就在於對工作進行調整。對此你有什麼看法？採用這個觀點如何幫助你做出對自己和員工有用的改變？這有哪些限制？

## 進行向上管理

你如何應對職位比你高的人？你沒有掌權，不能吩咐他們去做事，或安排他們的首要任務或目標。你也可能沒有他們的經驗和技能，或者不能概述他們所習慣的各種組織角色和程序。但是請記住，你**的確**會影響任何與你打交道的人。問題是，你將會創造什麼樣的影響，又將如何利用這種影響？

### 案例

溫蒂畢業後的第一份工作是當大學行政官員，也就是擔任大學學院院長的私人助理，管理六位為學院全體職員服務的秘書，並為他們安排首要任務，以及聯絡各學科部門，為學院的學生安排每學期的教學。因為相關任務的範圍很大，她也有一個兼職秘書艾曼達為她工作。艾曼達與她的年齡相仿，但是有更多的工作經驗。她很伶俐、工作認真負責，且十分有魅力。她不常說話又十分謙虛，辦事既快速又有效率。

一段時間之後，溫蒂開始留意到艾曼達會預先考慮需要去做的事情。她會走進來，然後說：「我想知道我們是否應該開始準備……」；「我已經開始準備寫信……」；「我可以打電話且詢問……？」實際上，她開始影響溫蒂的部分工作，在被吩咐任務之前，就已經在做需要去做的事情了。這使得雙方都能夠生活得更輕鬆，也使得學校的行政工作效率更高。溫蒂總是非常感激，不僅因為她從艾曼達那裡獲得了實際的幫助，還因為艾曼達教她成為一個很有能力的行政官員。艾曼達是在進行向上管理。

實際上，有效地進行向上管理，涉及許多與向下管理相同的因素。如果你採取前面歸納的七種活動並努力實施的話，就能更有效地向上管理。不過，我們也可以再添加一些項目：

- 與上級想要的成果相吻合，營造一個雙贏的狀況。為了做到這一點，請處在第二位置來理解他們的立場。
- 檢查他們的成果以及你的成果，請參照結構良好的前提。
- 如果必要的話，請向上歸類，找出共同的信念或價值觀。
- 不要等著被告知去做些什麼，而應根據將來的需求來進行計畫和工作。你可以：
  一列出一個「跨越時間」的時間軸，或許以一種通俗易懂的形式，比如一個年度計畫、日記或流程圖，用可視的過程來區分不同的階段。
  一檢查你自發處理資訊之程序的可行性、吻合性和連續性。
- 定期花時間將你每個階段的參與和「跨越時間」的框架相連結，尤其是在你或他人都傾向於「處在時間中」的情況下。
  一在身分層次上接納這些特徵。
  一在你做出承諾之前，使用時間軸意識對其進行檢視，你就不會做出無法履行的承諾。
- 確保要履行諾言。信守諾言，恪守最後期限，確保品質。要做到這些，你應該：
  一檢視自身的感受和需求，並且尊重它們，然後為之付出。

一旦完成這些事情，你就已經確保自己做出了承諾。並且，即使由於某種原因而無法恪守諾言時，你也能夠解釋其原因，而不是為你已經知道的可能發生的失敗尋找藉口。

若需要更多關於進行向上管理的資訊，也就是將 NLP 應用於工作中的資訊，請參見由伊恩‧麥克德莫特和伊恩‧舍科爾共同編著的《NLP 與新型經理》（*NLP and the New Manager*）。不過，目前我們只建議你給予別人安慰，並且與之成為盟友。你很清楚當你能夠依賴他人時，是多麼美好。如果那個人也能帶來一些你沒有的事物，比如資訊或新穎的想法，就更為珍貴了。讓自己成為老闆的得力助手，思考你能夠給這個組織帶來些什麼。你如何使老闆的生活更輕鬆呢？

## 如何增強你的影響力？

使你更有影響力，是指讓已有的影響變得刻意為之、有針對性、切實可行，而不是偶然、任意和毫無計畫的。它與控制有關，但不是控制他人，而是控制你自己，控制你的資源以及你如何處理這些資源。它與實現你渴望的成果有關，但要透過使你想要的成果與對方的成果保持一致來實現。

### ◢ 為什麼要費心去影響他人？

影響與權力有關，而且不僅僅是你個人的權力。很多人因為缺乏影響而在工作上被剝奪了權力，也不能積極投入。當有人跟你說「我不能做任何與此相關的事情，它並不是我的工作。」或者「我很想幫忙，可是你要知道決定權不在我這裡，而是在總部。」他們表露出的正是毫無權力。假如他們說的不是這些，而是「我十分理解你的感受，你要做的就是向○○抱怨。」或者「讓我把那個在總部工作的人的名字告訴你，你需要按照特定的章程來辦事。」這樣你就會有不同的感受，而他們的感受也不一樣。在那樣的情況下，

他們就是有影響力的。

用來衡量自身及他人的影響力的一個標準，就是去看看這種影響力在什麼程度上會對實現你與他人想要的成果發揮促進作用。在教練技術中，我們稱之為「推進行動」（forwarding the action）。你的影響力是否能夠推進你的行動？

你可能會使別人更有自信，這樣他們就能從事一項富有挑戰性的工作；你可以幫助他們弄清楚阻礙他們的價值觀問題；你可以提醒他們目前所有的能力，或者教新的技能給他們；你可以與他們一起做事，或為他們做些事情，或幫助他們為自身做些事情；你可以在環境層次上做些改變。而他們也會為你做同樣的事情。所有這些行為，都是具有影響力的行為。

請記住，你一輩子都在工作，因此，確保工作有價值、目標明確及令人滿意，就十分值得。要實現這一點，一方面就是要提高以雙贏的方式來影響他人的技能。工作中所做的事情以及做事的方式，都有助於闡明你的自我感。換句話說，它會逐漸在很高的邏輯層次上對你施加影響。

## 負面影響

在你還不能夠影響周圍環境的情況下，很可能會經歷以下這些感受。

- 生氣
- 失望
- 沮喪
- 無助
- 退縮或脫離
- 受挫

花幾分鐘思考一下你所經歷的擁有或缺乏影響力的相關情況。思考一下當你感到毫無權力的時刻。這涉及哪種邏輯層次？你或其他共處此種情況的人，是如何推進這種行為的？另一方面，請思考一下，當你以一種真正有用的方式感受到影響力的時刻，那是如何發生的？它涉及哪些邏輯層次？這種行為是如何被推進的？

如果一個老闆對其下屬所做之事的反應，類似於「是的，很好，無所謂……」，那麼他就極具影響力。他們透過了確保有用回饋的缺席，積極地在員工之中營造一種抽離和無動於衷的狀態。回饋是影響力的重要來源。清晰、具體的回饋，像是「你做得又快，效率又高」、「那篇論文的觀點完全正確，只是需要加強措辭」、「那個主意不錯，不過現在我們需要研究一下詳盡的成本核算」，以一種接收者能理解及處理的方式，傳達了讚賞，也傳達了一種對限制或缺乏的意識。

意識到你擁有的定期影響他人的可能性，也有助於你對自己的價值觀更加瞭解。此處的影響力，是指以一種有助於他人接收的方式，向他們提供其樂於接受的事物，不管它是實際上的幫助、情感上的支持、觀點、評論、建議，還是建設性的批評。不論我們在階級組織中擔當的角色和所處的地位是什麼，都有權力來做這些事情。在這種意義上，影響力是很有價值的貨幣，它能夠被分享，可以流通，也能夠增加組織和個人的綜合價值。

## 你如何影響他人？

影響力與互動有關，也是一種領導行為。不過，你需要與他人保持同步，才能進行領導（參見第三章的「同步和引領」單元）。話語是影響力的主要手段之一，因為它們能夠使你保持同步並加以領導。想像一下，你對以下這兩個人的感受有多麼不同。一個人說：

「不，事情不是這樣的。」另一個人卻說：「哦，我理解你的情況，也看到你已經發現這的確在起作用，但是我也想讓你思考一下這種方法。」話語具有力量。我們講話的方式不同，別人的感受和回應就大不相同，我們的影響力也就大不相同。

同步可以在任何層面保持，既有言語層面的，也有非言語層面的。你可以與別人的語速、身體姿勢、言語和想法保持同步。保持同步是創建和維持關係的重要方法，而且因為行動勝過言語，當兩者的言語內容不一致時，保持同步經常會比言語更有力地傳遞訊息。當你與別人的講話模式保持同步時，就是在說他們的語言，即使你並不贊同他們所說的內容。如果你與他們的身體語言和節奏保持同步，就是在傳達理解和尊重，即使你的目的是去幫助他們改變自己。舉個例子，假設某個人很焦慮。如果你能夠先與他們講話和動作的速度相配合，而不是簡單地勸他們「鎮靜下來」，你就能夠影響他們，要使他們鎮靜下來也就更容易了。

你也可以透過設定一些有用的心錨（參見第三章）來增強影響力。我們認識的一位醫師，完全清楚他最多只能給每一位來診所看病的患者五分鐘的時間。於是，他就有這個想法：每位患者進來坐下時，他就會抬起頭來，把椅子向後挪一挪，而他所傳遞的訊息是，他有足夠的時間來對他們進行診斷，並且將注意力集中到他們身上。他想讓患者感到自在從容，他們就會說出想說的話以及想知道的情況。把椅子向後挪，是他改變自己內在狀態的方式，也是向患者表示他可以接待患者的信號。

一旦我們建構了關係，就處於開始產生影響的地位。從一種迅速的態度逐漸轉變到一種平和的態度，能夠向某個情緒激動的人表明，你理解這種感受，並且也向他們示範，這是可以改變的。那位醫師透過將椅子向後挪，給患者留下一些空間；當患者陳述病情時，

那位醫師會坐直身子來與患者保持同步。只有做完這些之後，他才會將身體往後靠，鼓勵患者自己去體驗更好的空間感和放鬆感。身為一位天生充滿同情的醫師，他自發地這樣做，而他也是一個深思的人，能夠意識到自己正在做的事情及其影響，隨後就刻意做同樣的事情。

透過與他人不匹配，也可以影響他人。

## 案例

溫蒂的女兒夏洛特在上初中的時候談論說，她們的一位老師經常生氣，一些孩子很怕她。夏洛特想要試試看，如果她在任何時候遇見這位老師，都對她微笑的話，會發生什麼事情，即使她並不是真正認識這位老師，也沒有被她教導過。一、兩週後，夏洛特報告說，現在每次他們相遇時，這位老師都會對她微笑。影響力取決於感官的敏銳性。夏洛特的影響力，是建立在她最初對這位老師乖戾、急躁的行為和表情的觀察，以及這些行為和表情使得孩子怕她的事實之上。夏洛特也很好奇，如果她以一種可能引起不同反應的方式行事會發生什麼事情。

你想從周圍人的身上引發什麼樣的反應？你如何以非語言的方式來尋求它們？

在使自己具有影響力的道路上，對模式進行觀察是十分重要的一步。在任何環境中，當你要運用影響力來創造雙贏的情況時，行為模式、話語模式、反應模式、情況或問題的解決模式、思維和態度模式，都會提供極有價值的資訊。而且，針對人們的個人模式進行觀察，也是一種尊重個體性的方式。

## 影響力是真誠的一部分

當你透過行動向別人展示你已經留意到並尊重他們眼中的世界，並以此為準則來行事，幫助建構一個雙贏的情況時，你就傳遞了這樣的訊息：你十分真誠地尊重他們，不管你自己有多麼不贊成這個觀點。

影響力與設法改變他人是不同的。如果影響他人不是建立在尊重之上的話，別人就會感到被施加了影響，那麼這就是操控，而且，如果你想要以操控來發揮影響力的話，就會產生致命的損害。

同樣地，損害也可以指言語和行為之間的不一致，這種情況也適用於組織中。舉例來說，在一些照顧人的服務行業中所存在的根本問題是，這些職業的價值觀是與照顧和支持他人相關的，但是這些價值觀卻往往沒有在組織內部的同事之間推行。結果就是這些組織或職業的「支援理論」，與它的實踐並不相符。這種不相符會使得組織及其內部職員的真誠出現問題。用 NLP 術語來說，就是這個組織缺乏一致性。為了對他人產生真正的影響，你在行事時應該與你所支持的信念保持一致。用 NLP 術語來說就是，你需要言行一致。

## 影響力如何使他人受益？

當考慮到影響力時，我們至少一開始時會想到要實現自己的需求。但是，影響力也常常是別人想從我們這裡獲取的東西。人們不僅想去影響他人，也想被他人影響。比如，你是否在一個缺乏卓越領導的組織中待過？缺乏領導就是缺乏影響力，而人們會十分注意這種缺乏。

同樣地，當你設法在有分歧、相互衝突的電子或電腦設備的零件中做出選擇時，你也可以尋求影響。通常我們想要的不只是資訊。我們想知道，「哦，你會怎麼做？」

當我們無計可施或需要資訊或支援時，都會去尋求影響力。在這樣的時刻，我們願意把自己置於他人的掌控之下。這容易帶來一定程度的傷害，因為當我們感到被人利用或者無人傾聽時，就會在某些方面感到生氣。但是，只要我們表明自己願意受他人的影響，並且一向如此恭敬，這就會是一個完全有用且令人愉快的經歷。

對他人來說，這種情況同樣適用，因此，也會有別人尋求你的影響力的時候。如果你很清楚這些差異，那麼做出合適的反應就容易得多。因此，請思考以下的情況來弄清楚這些差異：

- 請思考當你想要獲得建議或專家的幫助時，別人以一種尊重你的方式來影響你的時刻。那個人是如何做到的？你的反應是什麼？
- 請思考當你想要獲得幫助、建議或資訊，卻不能如願的時刻。你對此有何反應？
- 請思考某個人在事先沒有與你建立關係，或者他的要求與你的不匹配的情況下，設法影響你的時刻。你會有何反應？

參考你的反應，你認為在你設法影響他人時，他們的反應又會怎樣？

## 如何在工作上有進展？

對你而言，「在工作上有進展」意味著什麼？它可能包括：
- 晉升
- 更豐厚的薪水
- 更多的責任

- 更有意思的工作
- 受到喜愛
- 更具影響力
- 使壓力和麻煩最小化

請瀏覽這份清單，並勾選你認為重要的項目。

接著，再瀏覽一遍，並且留意所涉及的邏輯層次有哪些。哪些是能夠給予你動機的層次？這項工作是否需要能增強你的身分？它是否必須與你的價值觀相符？這項工作能讓你運用或擴展或學習新技能，這一點是否重要？你是否想讓它滿足你的經濟需求，或者為你提供良好的設備，或者以別的方式從行動或環境上來照顧你？

現在我們想請你來思考：

1. 你怎麼知道自己以上述的方式「在工作上有進展」？有什麼具體的事情證明了這些嗎？（如果你選的是更多的責任，那麼這種責任是由哪些事情組成的？）你考慮了什麼具體的事情嗎？（如果你選了更豐厚的薪水，那麼一份「更豐厚」的薪水到底是多少？）
2. 如果你沒有選擇任何一個項目，這是為什麼呢？這些對你而言是真的不重要，還是你安於現狀而不願意獲得它們？

身為教練，我們經常發現，人們可能因為不自覺，或是並不相信能夠擁有那麼多，而限制了自己的追求。而且由於人們依靠自己的信念來行事，覺得這些信念好像就是事實，所以這些信念對他們而言就成了事實。

舉個例子，如果你相信經理要麼就是雷厲風行、令人討厭，要

麼就是稱兄道弟、無用無能，你就不得不在這兩者之間做出選擇，而且你也不會去探索使你受人喜愛又能雷厲風行的方法。如果你相信只有當你擁有一份低層級的、常規性的、不負重要責任的任務，工作起來才不會有麻煩；你也相信帶頭和做決定的權利，必定會涉及壓力，那麼你就會做其他選擇。你不會去探索使壓力最小化或減輕壓力的方法，不會去探索把工作留在辦公室做的方法，或者能夠促進沒有麻煩的關係發展的交流方法。

請再研究一下你的清單。透過對以下問題進行思考，來當自己的教練；你真正想要選擇哪些項目？哪些阻止你選擇這些項目的信念正在發揮作用？你的這些關於成敗的個人信念是如何相互關聯的？現在又有哪些你想要選擇的其他項目？

這也是思考那兩個極有用的 NLP 問題的好時機：「**是什麼阻止了我？**」以及「**如果我這樣做，會發生什麼事？**」對這兩個問題進行思考，有助於引出一些假設和個人價值，它們就深埋在關於「在工作上有進展」的那些選擇中。

你可能在職業生涯開始時，曾經夢想要爬到事業階梯的頂端或者開創自己的事業，但目前你仍然處於中間位置。思考「**是什麼阻止我獲得晉升的？**」或者「**如果我的確獲得晉升的話，會發生什麼事？**」這兩個問題有助於你在思想和假設的「現實」中，發現阻礙你的人或物。獲取這個資訊，有助於你認識到「現在所處的位置就是你真正想要的」，那麼在這種情況下，為什麼不擁有並享受它？或許它也會向你展示，那些存在於思維和行為之中、有效地阻止你發展的限制性因素出現在哪裡。多加瞭解這些以及你真正想要的事情，是在工作上再次有進展的第一步。

## 瞭解自己及什麼適合自己

首先，在工作上有進展涉及了保持你與工作之間的良好適合度。你可以利用 NLP 工具來創建這兩者的檔案，由此來檢查適合度。

利用邏輯層次來創建你自己與工作或組織的檔案，是從環境問題到身分問題建立兩者匹配度的一種方法。並且你所處的層次越高，任何不一致都會顯得越來越重要。那就是說，千萬不要低估環境的重要性。在我們參與的一個組織中，有兩個不同部門的生產力大不相同，就連缺勤率和職員流動率也是如此。這是怎麼一回事呢？一個先前無人察覺的重要因素就是，在一個部門中，所有職員都在同一樓層相鄰的辦公室裡辦公；在走廊裡也有一個簡便的咖啡機，職員往往會在那裡相遇及聊天。與之相比，另一個部門的職員在不同樓層的辦公室裡辦公，也沒有集中的社交地點。你很可能猜得出來，第二個部門的生產力較低，而且缺勤率較高。

請使用第三章關於後設程式的資訊，來檢查你的個人檔案是如何與工作檔案相適合的。對於你的工作來說，需要哪些技能？涉及什麼類型的任務？它們是否與你的後設程式相配？在後設程式層次上，你與工作之間的適合度，是極度滿意或極度牴觸的源泉。

我們認識一個較大組織中的一位經理，他正在尋找一位真正能幹的助理。他的上一任助理非常能幹，而他希望正在面試的所有人都應該更有能力、更能勝任這份工作。當他為前任助理寫出一個包括每週半天「創新時刻」的「週時間表」時，才把原因弄清楚。他的前任助理的優點是程序性的，但是他真正想要的人才還應該有能力對選擇進行歸納。

思考工作環境是如何適合你的，而非只考慮工作內容，這也同樣重要。你是否想成為團隊的成員？你是否喜歡獨自工作？你喜歡

得到密切的支持和監督指導，還是喜歡被分配工作，並且留下來繼續完成它？舉個例子，如果你在管理他人，你和你的部門是否能夠容忍一位在積極進取和銷售技能上表現很糟的團隊成員？如果你認識到一個只在乎自己、具有好勝的後設程式的人，與一個相互合作和顧及他人的群體這兩者之間的差異，就能開始找出方法來處理這種情況。或者，另一方面，當員工進入到其技能可受到重用的工作場所和職位上，你也要全力支持他們。

## ◤ 在工作上有進展

### 分享你的祕密技能

一旦你已經知道自己與工作之間有了很好的適合度，還能做些什麼來幫助你在工作上有進展？以我們的經驗來看，這是一個詢問和展示的混合體。換句話說，這與如何跟他人溝通有關。

誰瞭解你所擁有的技能？很多人都有「祕密技能」，也就是一些在工作上沒有被認可的技能。我們限制自我的方法之一，就是考慮我們**可以**做些什麼，而不是我們**如何**做些什麼。我們將注意力集中在內容上，而不是過程之中。請思考你在工作之外的生活，你有哪些愛好？你參與了哪些社交圈和關係圈？你的祕密技能可能就是你在工作上有進展的一種方法，但條件是你要先認識到這些的確是技能，並且也讓其他人瞭解到這些。

### 案例

安琪拉是一位年輕的母親，只有在結婚前曾經上班工作。隨著孩子的成長，她開始參加學校的活動。她幫助運送牛奶；進行義賣；她是家長教師聯誼會的創辦人之一。直到她的丈夫意外

被解雇，她才開始考慮去上班。

安琪拉在跟一位教練朋友討論時，十分悔恨自己沒有市場競爭力。教練指出，她實際上是有的，她在身為一名組織者、管理人員和演說者上，有很多經驗，只不過這恰巧與學校相關而已。他幫安琪拉列出了她實際上擁有的具有市場競爭力的技能，以及一份能夠證實這些技能是多麼令人矚目的履歷。安琪拉的朋友對那些她以前認為是愛好或者僅僅是做過的事情進行了換框，將它們當作是她的技能。

安琪拉懷著一種新的自信，向一個規模較小但很有發展前途的公司應徵辦公經理的職位。公司知道委任她會冒一定的風險，但是老闆卻為安琪拉的平靜自信和履歷所折服。六個月後，他告訴她說，他十分高興那個時候雇用她，以及他所冒的風險如何獲得了回報。

　　你有哪些祕密的技能？你如何更大限度地利用這些技能？你如何對它們進行換框，以便從中獲得更多的益處？誰需要對你的這些技能有更多瞭解？你打算如何讓他們瞭解這些？

## 多加關注

　　如果你處於一個較高的地位並且在管理他人，就應該這麼做。當你要求別人去做某件事時，請觀察他們的身體語言和臉部表情。如果他們看起來有些猶豫，或者他們的身體語言、言語或聲調有些猶豫或消極，不管他們說些什麼，都要對此進行檢視。請思考你所看到或聽到的：「你看起來相當困惑。有什麼問題嗎？」「你在說『是的』，但是我覺得你的話有些保留。你能告訴我原因嗎？」尊重他們

的猶豫，邀請他們做進一步的解釋，那麼你也不會對他們稍後的毀約感到失望。

## 多走幾里路，如果值得的話

在工作上有進展的人，都是珍惜時間、精力、技能，並且對它們進行明智投資的人。你也應該這樣。這些是你能夠提供的最珍貴的事物。請計算你打算對這些投資多少，而進行計算的最佳依據就是它有什麼價值，其內涵有很多種。如果它有助於按時完成一項重要的工作、幫助他人走出困境、向老闆展示你的能力、支援你珍視的同事，它就值得你「多走幾里路」。比預期的多做一些的理由五花八門，只要你瞭解自己預期的是什麼並且做出選擇。但是，如果你最終感到被剝奪或者被利用的話，你的怨恨也會造成損害，並且會失去你的影響力。從長期來看，「很少獲得回報」會使你失去影響力。

## 對時間進行有益的投資

除了技能之外，你的精力和時間也是工作中的重要資產。對這些進行明智的投資，是在工作上有進展的下一步關鍵措施。有時，這意味著選擇不去做某件事情，因為它可能會降低你投資更重要之事的能力；有時，這會與決定投入多少時間和精力，來使得工作令人滿意（而不是完美）有關。請試著思考這項任務是否需要你做到最好、投入更多的時間和精力，或者它只需要你付出七成或八成？這是一個合乎邏輯的問題，有助於你認識到一份「足夠好的」工作並不總是一樣的。這是另一個匹配的問題──是指將你所耗費的資源與要實現的目標相匹配的問題。

莎莉是一位學生。她要去參加舞會，可是沒有零用錢，因此她決定不去購買禮服，而是做一件。她喜歡縫紉，而且她清楚自己不必經常穿著一件莊重的禮服。當她要完成褶邊時，並沒有用手工把它縫好，而是用膠帶把它黏住了。「我只打算穿一次。」她說：「我可以用節省下來的時間寫半篇論文。」就算莎莉堅持說自己對經濟學一無所知，她也是對縫製褶邊的機會成本十分熟悉。

## 如何過有益的生活？

就像很多人一樣，你可能會在使工作和家庭的要求保持平衡上遇到麻煩。或許你的工作時間很長，或者你會發現自己「把工作帶回家」，即使不是實際上的，但是在腦子裡也會想著工作。以我們的經驗來看，這些問題就是產生壓力，以及引起壓力相關症狀的最常見的來源之一。這些症狀有：頭痛、入睡困難、肩背痛，有時甚至會易患感冒，以及容易受病毒感染。

此時就是重新回顧你先前填寫的生活輪盤的良好時機，也要提醒自己，生活中的不同部分是如何相互關聯的，尤其是工作與非工作活動之間如何相互關聯。毫無例外，只要有利益和時間的衝突，就會涉及信念和價值觀的問題。這也可能會有隱藏的「應該做的事」和「必須做的事」，這些又再次告訴你，這其中涉及了價值觀。那麼這些是誰應該做的事情呢？

組織和職業對那些從屬於它們的人持有期望。這些期望與行為及價值觀或能力有關。通常，這些期望會相互糾結在一起。身為一

名初級醫師，是否就必須在困難的條件下，進行令人難以接受的長時間工作？年齡大一些或者較高一級的醫師很可能會說是的，因為他們就是那樣子過來的。但是在一些國家裡（比如紐西蘭），醫師聯盟為了限制初級專業人士的工作時間而進行的抗爭，已經取得了勝利。因此，在行為方面，身為一名初級醫師的價值大相徑庭。

或許你是一位伴侶或者為人父母，那麼什麼樣的行為代表你是一位「好的伴侶」或「卓越的父母」？這些行為是否與你的工作本身和雇主、你個人與伴侶的期望十分適合、不太適合，或者完全不適合呢？

在建構你想要達到的、在時間和注意力的不同需求之間的平衡時，你也要牢牢記住那些結構良好的前提。請先將你想要的成果變成一個正面的形式。如果一開始時，你很自然地處於一種避開型趨勢（我希望它不會是這樣……我很想不再這樣做……），請想一想你想要的是什麼。然後請檢視你想要的實際上有多少處於你的掌控中。弄清楚那些阻礙你實現想要的狀態的限制是否實際存在，或是你或別人假設的結果，這是你重獲控制力的重要一步。

## 案例

山姆有妻子珍妮、一個小孩，還有一個即將出生的寶寶。他還擁有一間新公寓、一項新的抵押債務、一份費力但薪水相對不錯的工作。然而，他和妻子在一起的時候並不是真的幸福，實際上，他在得知妻子懷第二胎之前，曾經想要離開。工作時，他也不開心，因為要管理的人比他預期的多，而且他在這個領域缺乏信心。

山姆陷入了困境。因為孩子，他不能從這種關係中抽身離開。因為這份工作能夠帶來所需要的收入，他也不能離開。事情看

起來是環環相扣的。幸好，山姆的雇主為經理們提供了專業的培訓；山姆的教練幫助他釐清了不同的需求。他意識到，與妻子在一起、解決他們的問題，是他真正想做的事情，因為他真的很想做孩子們的父親，並且讓他們過美好的家庭生活。另一方面，他也意識到，他很想盡快找到另一份工作，因為他對於提高自己的人事管理技能並不感興趣。

最後，他和珍妮決定，兩人都去從事兼職工作。這樣可以使珍妮有機會再次利用她的專業技能；這也使得山姆能從事更適合他的能力和興趣，並且薪水也差不多的工作。他們兩人創造了足夠的額外薪水，當兩人的工作時間重疊時，他們可以用這些錢來支付一些額外的保母費。

## ◢ 回歸自我

在新科技出現後，伴隨而來的就是大量關於工作改革的討論。還記得我們那時是如何打算去適應大量的空閒時間嗎？實際上，所發生的事情正好相反。擁有更多的家電設備，好像產生了使家庭更加整潔的期望；擁有電話答錄機、傳真機、影印機和電子郵件，產生了需求應被立刻滿足的期望。公司在更短的周轉時間裡運轉，電子郵件看起來也需要立即回覆。公司在裁員，你不能靠一份工作來謀生，職業的階梯需要你自己來搭建。獲得晉升很好，但是你要做好搬遷的準備。

在這種環境中過有益的生活，是很有挑戰性的。一些人透過把生活奉獻給公司來換取安全感。用 NLP 術語來說，你繼續工作的原因，很可能是避開型而不是趨向型的。換句話說，你的行為會被一種懼怕所驅使，因為你害怕如果說「不」或「受夠了」或「我不能」

的話，會發生一些可怕的事情。因此，你會盡力克制自己所有的相互牴觸的期望和要求、盡最大力量去應付狀況，結果往往最後會遭受痛苦。與我們一起工作的一位財務經理吉姆，曾經盡力使自己和他的家人相信，他們會過得更好，因為他的工作意味著他能夠提供更好、更安穩的生活水準。但是，當我們第一次遇見他時，吉姆正患著過敏性消化道症候群，還經常和妻子爭吵。不管是他的妻子還是他的孩子，實際上都沒有覺得生活過得比以前好。吉姆需要做的就是回歸自我，並且決定什麼對他來說是重要的。我們可以從利用生活輪盤來展開這個過程。

你也可以這樣做。請回頭參考生活輪盤，並且思考你真正想在每個部分投入多少的生命和精力。有多少是投入到你的工作中？你是否能夠接受這個百分比？這是你想要的嗎？如果不是，請花些時間思考哪裡有漏洞。請記下任何表明這些狀況的身體和情緒信號。

我們在幫助吉姆時，將他在一週內想要做的事情，以及他在這些事情上所花的時間完整地羅列下來。我們發現，這真是一個有趣的練習。一週有 168 個小時，但每次我們這樣做時，都會發現把所有活動相加在一起後，所花時間的總數大多會超過 168 個小時。而吉姆的時間則達到了 243 個小時！現在他明白了為什麼他會覺得壓力如此大、他的身體為何如此疲倦不堪。

我們再次建議你也為自己做這樣的練習。你所得出的數字會告訴你很多資訊。不過你還要記住，如果你打算獲得適當的睡眠量，可以從每週的時間總數減去 56 個小時，得出的是每週 112 個小時的活動時間。這與你如何「巧妙」地工作無關，因為在這個時間量裡，你實際能夠考慮的活動數量是有限的。這就是必須決定什麼對你來說最重要的原因。

身為 NLP 教練，我們相信積極投入工作並好好生活是有可能

的。我們也相信，這可以從此刻投入到對你來說最重要的事情開始。你現在就能夠這樣做。請思考：

• 目前我的生活中最重要的事情是什麼？

記下你最先想到的那個答案。然後再思考：

• 現在，我生活中**真正**最重要的事情是什麼？

通常，第一個答案會由於信念、他人所做安排的痕跡，以及一天的戲劇性變化，增添了一些非理性的色彩。如果你的第二個答案正好與第一個相同，那麼你是很幸運的，不過也是極少數的！

第二個答案是檢視和評判你的實際生活經驗，如何與你的重要事情保持一致的準則。使這兩件事同時發生，是一個持續的動態進程，它涉及了你的持續關注。若要在身體上保持平衡，你就必須持續重新保持平衡；你永遠都是在矯正不平衡，在心理上也是一樣。使你的工作與非工作活動保持平衡，這並不會在明確規定的時間內發生，也不是一件能夠完成或結束的事情，而是一種持續的進程；這種進程是指以一種使壓力最小化來的方式，讓你感到滿足並且能實現不同的生活標準。

對那些在工作上有進展的人、從工作中得到滿足的人、具有影響力的人、生活得很好的人進行模仿，向我們展示了：這些都是透過意識到你自己的願望和反應，並且對它們做出回應而實現的。它告訴我們，照顧自己實際上就是照顧他人的基礎，處理好自身就是處理好他人的必要基礎。

# 第 17 章
# 保持精神煥發

　　更自如且更有效地管理你生活中的關鍵領域，與發展你的意識，以及在各個邏輯層次擴展選擇範圍相關：環境層次、行為層次、能力層次、信念和價值觀及身分層次。與所有層次相關的，是我們精神煥發的狀態；不過，這種狀態遠遠超出了這些層次。

　　精神煥發意味著什麼？NLP 對此能夠提供什麼幫助？你可能遇過那些在生活中擁有太多有利條件的人，但他們的內心卻已然枯槁。從所有的邏輯層次上來看，他們一切順利，可是終究還是缺乏了什麼。這個額外的部分就是一種目的感或願景。從理論上來看，它是在各個邏輯層次影響你、給你動力的事物，是能夠使我們作為其中一分子而在所有系統中存在的事物。你的目的感和願景能夠使一切具有價值，不管它是刻意表達出來還是在無形中存在；而你的生活是以它為依據，無意識地建構出來的。它們鞏固了微小的日常行為以及較大的目的，而透過你所做的事情和做出的選擇，它們將小的部分與大的部分聯繫在一起。這樣的目的和願景，與你心中關於自己的重要性、價值或地位的衡量標準毫無關係。它是一些更個人化的東西。為了擁有它，你不一定要成為德蕾莎修女或者亞伯拉罕·林肯。你不必參與那些涉及很多人，或發生在一個更大的社會舞臺上的活動。目的感和願景是為了你而使你的生活具有價值的。

　　就像每個邏輯層次為你提供的，與問題（誰、什麼、為什麼，等等）相關的資訊一樣，這個額外的部分會提供一些有助於回答「別的誰（或者什麼）？」的問題。它可能會使你疑惑著「所有這些都是

為了什麼？」或者「生活是什麼？」或者「我的生活如何與事情的宏偉規畫相一致？」它還會不時地激發起一種好奇、驚歎和敬畏的感覺。

從這種價值上來看，精神煥發是一種品德體驗，它可能包括在普遍接受的宗教或抽象價值上的精神活躍，不過這只是其中的一種體現。很多精神煥發的人都擁有願景和目的來影響他們的生活，卻沒有加入任何宗教。

他們共同擁有的是一種包含自己而又超越自己的感受。一些詞語，比如「目的」、「價值」、「重要性」，表明了他們已經感覺到生活中的日常事件與更加廣泛的價值之間存在著關聯，在一個確實很高的層次上存在著一致性。而且，看起來這些人共同擁有的還包括一些特質，諸如「腳踏實地」、「集中精力」、「目標明確」、「積極參與」、「精力充沛」和「關切掛念」。我們可以說，這其中存在著一種關聯感，這種關聯感將我們與他人，或者我們與自然，或者我們與上帝聯繫起來，並且在各個層次影響著我們的生活。

就外界而言，精神煥發並不能直接由你所做事情的重要性來衡量。它與教育、社會階層、財富或年齡無關。但是，正如 NLP 所揭示的，它也不一定是一種偶然的天賦。如果你模仿那些精神煥發的人，就能夠辨別出他們的共同之處。如果將這些歸納起來，我們能夠提供以下四項使你精神煥發的忠告：

1. 停止嘗試
2. 活在當下
3. 創造更廣泛的意識
4. 心懷感激

# 如何停止嘗試？

從表面上來看，「嘗試」有時意味著產生正面的結果。它與努力、目的和專注有關，這些都是正面的價值觀。那麼，為什麼停止嘗試會是使精神煥發的方法呢？

「嘗試」的消極面，是它與有意識的努力有關，這與無意識的巧妙做法是相反的。它也往往與緊張、焦慮有關，因此會抑制自由、創造力和思想的連貫。它著眼於目標，卻以損害好奇心，以及進行一次次的試驗為代價。進行過多的嘗試，會限制你的感悟能力和足智多謀。簡言之，嘗試往往會令人嚐盡苦頭。與之相伴的應該或必須做的事情，也會削弱你的感悟能力或者降低你的自尊。

我們在第一部分提到的美國運動教練提摩西‧高威，在 NLP 興起之初就發展了他的內心競賽技術。他說，「嘗試」會干涉我們真正潛能的發揮。他指出，嘗試與懷疑有關。因此，在他的教練工作中，鼓勵人們透過將精力集中在意識和體驗上，來繞過這些始料未及的挫折。他幫助人們在無意識的層次上，樹立能夠處理和負責有效行動的信心。

在強調無意識層面的理解和掌控的價值時，高威是想為其先前支持的有意識行事做出公正的調整。不過，進行有意識的處理，顯然有其真正的價值，但要在正確的場合進行。讓我們來探討一下如何更加充分地利用大腦的兩個部分，並且增強它們之間的信賴感與和諧感。

你的心智中無意識的部分真正擅長的是：

• （透過類比）創建關聯和連結

• 具有創造力，超越已知

- 處理情感

- 與生理相聯繫，並且管理其行為

　　當你允許自己去關注體驗的細節時，就更容易產生一種輕鬆的專注狀態。在這種狀態中，你的心智和身體就能夠自如、和諧、不受干涉地在多種層次上運轉。

　　當你停止嘗試時，就能夠多加運用你的心智，使其更容易且更有效地與身體相互聯繫，對回饋也更敏感，而且能夠對其做出反應。正如我們所表明的，你的身體會一直提供無意識地「瞭解」到的資訊。停止嘗試的確十分有益，這不僅因為它會消除緊張，還因為它會使你更投入到體驗中。這不是全神貫注地去想應該做什麼，而是去觀察它是什麼。因此，這意味著你能夠獲得更多的回饋，更快地對其進行處理，將其與你的內心活動和外部世界更快、更準確、更有彈性地聯繫起來。

　　那麼，你的心智中有意識的部分如何進入這種狀態？你的心智中有意識的部分真正擅長的是：

- 分析

- 將資訊分類整理

- 按照事情的輕重緩急行事，進行有效的安排

- 按順序工作

- 學習程序、規則和範疇，並對其加以利用

　　清楚明確地表達問題，以此幫助你決定去關注什麼，或者進一步探究「直覺」或「直覺知識」（這兩者都是無意識的處理過程），都需要意識。如果你有意識地鼓勵自己不加批判地保持意識更清醒，

就會收集到更多資訊，而且也不太可能會透過臆想和偏見來扭曲價值。你可以進行訓練使心智更有意識、更加自覺。這樣當你變得具有批判性或自責時，就能夠意識到這種情況。你可以對自己的後設程式的限制性保持警惕，並且刻意鼓勵自己去改善以不太熟悉的方式進行資訊分類的能力。你可以有意識地做出決定，去收集、尊重那些以不同的方式透過各個感官傳遞給你的資訊，而且能夠更尊重並利用你的無意識的處理過程。

所有這些都與「嘗試」正好相反。以我們的經驗來看，大多數人都會發現少做一些「嘗試」是一種極大的解脫，也會高興地發現，這樣做會使他們的效率更高而不是更低。

批評自我或者試圖強迫自己，會使你在一段時間內變得不統一、變得更加分裂。各個部分相互協調的同時又十分自覺，是精神煥發的重要面向。當美國心理學家亞伯拉罕・馬斯洛透過與人們進行交談，來找出他們的「巔峰體驗」時，發現這些人的一個共同之處，就是在他們的體驗中有著充滿活力、全身心投入的強烈感受。而嘗試卻會阻礙這種體驗。

## ◢ 盤點你進行了多少嘗試

你認為自己忙於嘗試的時間有多少？哪些情況或人會刺激你去嘗試？你是否嘗試去完成專案、嘗試恪守最後期限、嘗試對你的伴侶更友好、嘗試對你的孩子更有耐心、嘗試在開車時少一些急躁、嘗試去放鬆……？你的內心對話中有多少與應該做的事、必須做的事，或最好去做的事相關？所有這些嘗試都在你的身體裡顯示出來了嗎？你的身體上有哪些地方感到僵硬和緊繃？你是否認為自己已經再次出現了與嘗試相關的壓力模式、焦慮模式或亞健康模式？

另一方面，請你思考一下你放縱自我、在自身和活動中體驗自

由自在的頻繁程度。有些人將此稱為一種「心流」（flow）狀態。你可能正在努力工作，就像在賽跑中那樣，但是你實際上並不覺得疲憊。你進入了心流狀態，而在它最純粹的形式中，你會毫不費力地完成任務。你就會少勞而多得。

什麼樣的情況、人或活動會刺激你放縱自我？你是否採用一些方法來放鬆，使自己進入這種心流狀態？或者你是否依賴一些偽裝，比如酒精和電視？如果你能夠投入活動並且超越自己，幾乎任何事情都能夠將你帶入這種變化的狀態。是的，它可以是冥想，但也可以是衝浪、園藝、繪畫，或者任何其他活動。

這種狀態如何影響你的身體？它是否能夠使肌肉放鬆、使想像更為清晰、使你的欲望消失，或者別的什麼？

假設你打算開始探討是什麼使你超越平常的界限，實現了一種更好的輕鬆自在、更高的成就和更大的喜悅。那麼這會給你的生活帶來什麼？

# 活在當下

活在當下意味著你能夠真正地與你的體驗連結在一起，並且能夠不受干擾或不加扭曲地對其進行處理。它意味著去關注實際上現在、此刻正在發生什麼，而不是去評判或忽視它。活在當下不僅與處理細節有關，還與欣賞這是某個大事物的一部分有關，像是你領略壯美夕陽的每一種色彩和形式的變化，感受自己正與大自然獨處。

當你停止嘗試時，活在當下這種狀態就會更容易產生。「嘗試」會在很多方面使你脫離當下的體驗，「嘗試」會使你與之分離，因為你成了一個局外人，並且往往是一個自責的旁觀者。它會以一種過去或當下有影響力的人物的準則或威脅的形式，把其他的一些聲音

添加到你的內心對話中。「嘗試」也是你自身不同部分之間內在的衝突和爭論的徵兆。

如果你不去阻礙的話，活在當下就會自然而然地產生。因此，我們列出了你無法活在當下的一些最常見的面向，這樣你就能夠注意到自己經常做哪些事情。你會：

- 透過將一些標準強加到你的體驗上，使自己不能專心於正在經歷的事情。你可能會提醒自己說，即使你的心思不在這件事情上，也能夠享受它。

- 脫離當下，而且由於對未來進行揣測而裹足不前；要麼就是由於對你所害怕的事情感到焦慮，要麼就是由於對你期望發生的事情進行幻想。當你想像發生一些糟糕的事情時，你的心智就會參與到你正在創造的場景中。並且，就「心智」而言，正在經歷的就是「現實」，你很可能會立刻在你的生理和情感上創造一個真正的災難所帶來的影響。對美好的未來進行想像，是一種使之實現的方法。但是，只有當你將那些夢想與現在、今天以及下週需要發生的事情聯繫起來，只有當你檢視它們是否能夠滿足結構良好的前提時，它才會實現。

- 脫離當下，重播以前發生的事情：溫習原來的怨恨或失敗，或者一遍遍地重播那些你不確定所做之事是否明智的情況。

- 時刻提醒自己，人們是如何利用你或重傷你的。從較壞的情況來看，每次重演這種體驗時，都會強化它所帶來的影響，並且引導你做出扭曲的歸納，比如「你不能相信任何人」、「人們很自私，並且都只顧自己的」等等。

- 在事情看起來進展順利時，思考有哪些隱患或者什麼出了差錯。在這背後有著一個自我保護的意圖，但它是暗中損害你

對當下體驗的信任和參與的另一種途徑。要是你多次這樣做，它就會使你懷疑自己的感官所給出的依據，也會損害你的自信和自尊。

　　若要活在當下，就要弄清楚哪些對你來說最為適用。採用你現有的 NLP 工具，首先對如何以自己的方式做到這件事產生好奇心，然後去做一些不尋常的事。活在當下與全面敞開你的體驗有關，有時你的體驗，像是疾病、疑惑、不確定、沒有進步、沮喪，會令你感到不舒服。但是，試圖隱藏或否認這些不愉快的經歷，會使我們進入另一種形式的嘗試中，並且在一定程度上移除我們的體驗，讓我們不能全面地感悟體驗。從本質上來說，是那些你不支持的事物在主宰你的生活。

　　當人們被問及深刻的體驗時，並不會只挑選愉快的體驗來說。深刻的體驗可以與悲傷、痛苦和死亡有關。連結狀態的願景也是深刻體驗常見的一部分，甚至會與精神和身體分離的神祕感有關。或者它也包含了對人類精神力量的驚歎。

　　如果你允許自己像體驗愉快的經歷那樣，全身心地體驗不愉快的經歷，會發生什麼事呢？通常，使自己去關注體驗和感受，意味著你更能與自我保持一致，並且更願意去尋求治療方法，或者做些改變來改善情況。

　　樂觀主義和憤世嫉俗都是在試圖避免傷害或失望的方式。它們具有自我保護的意圖，但是當你承認傷害和失望是什麼的時候，其實就能更輕易地對付它們了。

　　如果你能夠坦誠面對自己的體驗，並且提高自己進行感官處理的意識，就會增強自信，也會增強別人對你的信任。

　　培養感官敏銳性（參見第三章）是你使自己活在當下的一種方

法。你關注的越多，它就越能使你扎根於體驗之中，不管它是指觀察一朵花的細微之處、一個人的表情，或者聆聽一首樂曲中不同樂器的聲音，或者關注你內心深處正在發生的事情。

若要活在當下，你需要具有「處在時間中」的能力。如果你的風格主要是「跨越時間」的，當你要做選擇時，請訓練自己去適應處在時間中的風格，這會給你一個全新的感官體驗的世界（參見第三章）。

能夠將你的體驗與一個更大的角度或面向連結在一起，會使活在當下更加豐富。實際上，這是我們自發地去認識自身和他人精神的額外面向的一種方法。在人們害怕愛滋病具有傳染性、把愛滋病患者當成「不能接觸的人」時，戴安娜王妃伸出手接觸了這些愛滋病患者。她公開信任並且參與那些愛滋病患者的姿態，將他們目前的狀態，以及作為人類無法改變的身分和價值觀連結在一起。戴安娜王妃的遠見卓識影響了她的行為，她的遠見卓識又透過行為表現出來。這不僅在她的信念和行為之間建構了聯繫，也將一個事件與一種更加廣博的、有關人類的聯繫和重要性的信念連結起來。

## 如何創造一種更廣闊的意識？

NLP 和教練方法都強調意識的重要性，將它視為豐富和管理生活的一個關鍵。意識使你能夠注意到自己和他人的思維與行為模式，讓你能夠去模仿那些起作用或不起作用的事物，而在這種價值上，它是理解和改變的關鍵。已經增強的感官意識，也會使生活更令人愉快，並使你在與他人和自己的溝通上，變得更敏感、更有效。

然而，意識也有另一面。如果你想起了感到壓力重重和煩惱疲憊的那些時刻，那麼很可能會發生的一件事，就是你會受到限制，會

透過繃緊身體或者用盡全力來堅持到底。看起來好像你已經開始停下來，而且你的意識也是如此。一位學員描述了他的思考方式在這種壓力之下是如何變化的。他的視野變得狹隘了，「我的思考也變狹隘了」。

與之相反，當你的自我感覺十分放鬆時，就能夠體驗一種超越身體的自在，也能夠以不同的方式面對事情。你不會指望生活對你好一些，而是感到自己能夠處理所發生的事情，也擁有新的可能性。「就好像我的內心有著更多的空間。」一位學員如此描述道。我們把它稱為「更廣闊的意識」。

在你的生活中創造心理的空間，是培養這種廣闊意識的極佳方法。定期留一些時間給自己，是十分珍貴的。你不必遠行。對一些人來說，僅僅騰出一些時間，就能夠阻止他們形成任何強迫性的隧道視野。

那麼你如何在生活中創造使你擁有「存在」的空間？這是一個值得定期回顧的問題。我們在培訓中發現，當人們感到自己擁有空間去選擇他們的狀況以及將要做些什麼時，就會做出重要的改變。

有很多方法能夠使你的意識逐漸增強，而其中一些顯然會擴展你的能力。養育孩子就是一個很好的例子。儘管父母對孩子的養育十分辛苦、耗時，有時令人疲憊不堪又沮喪，它還是會不斷地迫使你去思考，自己的存在如何以一種內在的固有方式，與你所關心的他人的存在相互關聯。養育孩子會使你採取不同的位置。它會使你十分清楚地意識到你處在第一位置的狀況。但與此同時，你的伴侶和孩子也會強烈要求他們獲得理解和接受的權利。因此，為了瞭解事情對他們而言的狀況，你需要處在第二位置。有時，即使你會充滿熱情地參與事情，也需要處在第三位置，用關切的、惋惜的、贊許的，或者理解的眼光，來監看事態的發展。

其他地方和文化的文學與藝術，會使你明白存在於你熟悉的世界之外的不同世界。這會使你在不同的面向與不同的傳統及假設相聯繫，使你更能意識到自身。旅行會拓寬你的思想，這不僅是因為它會向你展示不同的生活方式，還因為這樣做會使你增強自身的人類意識。

舉個例子，在西方文化中，個人主義是一個非常可取的目標。但是，在一些東方文化中，可取的目標是指在家庭、組織或民族環境中，從屬並獻身於文化。遭遇這些差異，不僅會給我們提供機會去理解他人世界的「現實」，也要求我們重新審視自身。

生活中發生的事件也會擴展你的意識。生活總會使你去重新評估那些你認為理所當然的事情。我們認識的一個大家庭，是透過三姊妹定期的電話交流而團結在一起。這三姊妹互相通知所發生的事件，舉辦家庭聚會，並且十分珍惜三代家庭成員公認的「家庭價值觀」。直到這三位姊妹在八十多歲時相繼去世後，這個極其重要卻不引人注目的角色，才變得清晰起來：她們的孩子們互相喜歡，而且十分親密。他們意識到，如果打算保持這種重要的家族感，現在就得去接替母親們的角色。

到目前為止，我們已經對外部事件如何激勵你擴展自己的意識，進行了仔細的探究。不過，這也可以透過刻意借助 NLP 技術和策略來實現。如果你需要溫習對具體方法的理解，請參考第三章，並且按照下列方法進行：

- **從不同位置看待問題**：研究一下你的習慣，包括你的環境、行為、技能和能力、信念和價值觀、身分。請把你當作來自火星的客人，或者一位想要獲取你的簡介的面試官來進行思考。那種慣常的思考模式、行為模式或存在模式，是如何產

生的？它對你來說意味著什麼？它是否仍然起作用，或者它只是你個人歷史上廢棄的紀念碑？當你將此解釋給想像中的局外人時，是否感到舒適？或者你現在是否已經開始對生活中的這種模式所處的地位感到驚訝？當你學習時，這種模式從你有意識的感知進入到無意識的儲存中，這個過程往往是十分有用的，因為很多已經習得的模式並不需要進行重新評估。不過，這也意味著你會保持自己的模式，即使它們已經不再適當。採用好奇的局外人的觀點來看待問題，是使這些模式進入到有意識的感知中的一種方法，並且也提供了在它們之間做出選擇的機會。

- **允許自己提出大的問題**：生活中我真正想要的是什麼？目前生活中最重要的事是什麼？我真正想要做卻從未做過的事是什麼？我如何能夠將那些較大的夢想，劃分成可以實現的任務，以便開始去實現它們？第一步該怎麼做？常言道，生活不是彩排，請思考一下你的生活是不是令你滿意的表演。鼓勵自己的願景與你的重要事物相聯繫，這會使你去勘查你的邊界，去發現當下如何豐富你的生活，而不是在今後為其感到遺憾。

- **思考你真正重視的是什麼**：你自身和他人的哪些特質或行為，對你而言十分重要？請思考你的生活如何與這些緊密相關。你是以此來生活的嗎？你確定周圍的人也是為了這些而生活的嗎？如果你給出的答案有很多都是「不」，那麼你在精神煥發上的感受，就很可能會大打折扣。為了使你的生活與你的價值觀更加一致，你能採取的第一步措施是什麼？

- **讓你的身體幫助你**：創造一種更廣闊的意識也有其生理重要性。身體是你存在狀態的最好資訊資源之一。情感模式，比

如持續憤怒、怨恨或失望，往往會在生理上反映或表達出來。舉個例子，如果你正在屏住呼吸，或者收緊雙肩，或者胃部發酸，或者胃脹，那麼想要處於一種放鬆的意識狀態，可能性有多少呢？

你能夠關注你的生理，並且利用它來監看你的精神煥發度。當你感到最煥發，並且與個人的願景緊密聯繫時，你在身體上發現了什麼？比如，它是否是一種輕盈的感覺或是運動的敏捷？你是否會像很多人描述的那樣，感到一切都在流動？你是否感到相互連結？你是否覺得自己擁有存在和移動的空間？你是否能看得很清楚？與之相反，當你心煩意亂時，是否感到很沉重？遲鈍？緊張？狂躁？陷入困境？緩慢？一切是否亮麗分明？或是極不協調？你是否感到被束縛？留意正在發生的事情，會告訴你是否有可能獲得想要的事物，並且朝著正確的方向前進。你可以將這樣的資訊當作羅盤，來確定你需要做些什麼。

當你感到遲鈍、意志消沉或身體不舒服時，請留意這是由什麼引發的。當你緊張得就像一個上了發條的鐘錶時，請留意這是由什麼引發的。請將你所處的狀態當作生物回饋程式，來提醒你需要做什麼改變。當你感覺十分自在、能夠看到更宏觀的景象、感覺也更開闊時，請一定要留意是什麼幫助你實現這些的，因為這是你在生活中大量需要的。

**練習：監看當下的狀況**

· 花幾分鐘關注你現在的感受。你的身體是放鬆且機警，還是緊張不適？

- 你如何對這個回饋做出即時的反應？你是否正在盡量利用它，並且讓它來引導你呢？
- 如果你還沒有對自己所處狀態提供的資訊進行處理，那麼你現在能夠採取的第一步行動是什麼？

## ◢ 照顧各個層次

　　當你積極地尋求意識放鬆的狀態時，就是在給自己提供最好的機會去進行自我療養，實現活在當下，同時又與那些能夠表明精神煥發的深層價值觀保持和諧。產生此狀態的一種方法，就是去學習並練習改變狀態的多種技能。冥想、自我放鬆技能、自我催眠和瑜伽，都是能夠在身心層次上幫助你的方法。每一種方法都能夠產生所謂的「精神集中的思想漫遊狀態」和「放鬆的機警狀態」，它的特點是身體平靜、改變大腦中的生物電活動和內啡呔的分泌量。

　　那麼你可能很想去思考，哪些身體和心智技巧有助於保持與恢復你的幸福感。即使你已經能夠這樣做，思考自己還可以做些什麼，也是有價值的。通常你還會發現自己能夠享受一些新的樂趣。

### 案例

　　湯尼是一位向我們求助如何減輕壓力的學員。他在一個電腦軟體公司工作，壓力很大。他下班後還會去舉槓鈴、打壁球。我們指出，他在工作或下班後的狀態幾乎是一樣的，其特點是速度、競爭、實現的動力。他的身心總是處於壓力之下，結果是他睡不好，而且很難放鬆。他繁忙的日程表上，幾乎沒有給任何的一時興起留有時間，而且他的友誼也正在變糟。

　　湯尼明白這一點之後，就決定做一些徹底的改變。他像一位獨立的顧問那樣安排事宜，這樣就更能掌控自己從事的工作及工

作時間；並且他給自己安排了一些鋼琴課，因為這是他一直想要學習的一種技能。即使是一位初學者，他也發現彈鋼琴會讓他進入一種完全不同的精神狀態：一種專注平靜的狀態，一種能夠使他進行基本訓練，並且提醒他去注意以前從來沒有時間去關注的生活的整個面向。不久後，他就買了一架鋼琴，以便將這種體驗當作日常生活的一部分。

## 如何心懷感恩

　　思考你生活中真正特別的時刻，也就是你的「深刻體驗」。你是否像很多人一樣心懷感恩？這是深刻體驗的一個常見部分，它通常與一種「超脫感」相關聯，其特點就是精神煥發。對一些人來說，這與他們的宗教信仰直接相關，像是對上帝的感恩。對另一些人來說，他們可能不會對任何事情感激，只會對他們的體驗表達感恩。有人將此描述為「一種對此地、此時、當下的活躍存在的感謝」。對一些人來說，這是一種祈禱體驗，基督教神祕主義者艾克哈特（Meister Eckhart）說，最簡單的祈禱文就是「謝謝你」。

---

**練習**

請想一想你生活中的一種深刻體驗。通常這些體驗都是獨一無二、你永遠記得的時刻。對一些人來說，這是孩子出生的時刻。或許它是你完成重要事情的時刻、頓悟或突然意識到的一剎那、一次不尋常的經歷，或是對美進行高度鑑賞的時刻。在腦海中重演這種體驗。你感覺如何？你是否有連結感？是否驚歎？是否感謝或感激？

---

贈與禮物是需要有接受者的。要接受禮物，你就得坦誠地對待它。培養我們正在談論的這種意識，有助於你坦誠地接受其他人事物所提供的東西。透過停留足夠長的時間去觀察並融入你的體驗中，你就能輕易做到這件事；而對伊恩來說，每一餐之前就是這樣的時刻。有人會稱之為「感恩祈禱」，但他卻不會說任何話語。你能夠定期在生活中創造哪些專注以及坦誠的時刻？

　　不管你的生活中還會發生什麼，如果你鼓勵自己停下來，並且關注這個世界給你提供的一切，體驗的技巧就能夠一天一種地培養出來。

　　精神煥發就是去使生活變得有價值並有意義。它能夠使我們感到整個複雜的世界就是一個豐富的統一體，或者使我們感到這個特別的時刻、特殊的經歷，在某種價值上代表了人類的整個體驗。在這樣的時刻，你能夠感受到一種存在於你這個獨一無二的個體與一些更博大的事物之間的強烈連結感。

　　NLP 告訴我們，不必坐等這些極具影響的經歷發生在我們身上。NLP 提供了培養這些經歷、坦誠對待它們，以及更完整地生活的方法。我們衷心希望你會喜歡這樣去做。

# 附錄：NLP 教練培訓課程

如果你覺得這本書很有趣，應該很樂意與 NLP 教練打交道，甚至會考慮自己也成為一名教練。

為了確保找到一位接受過完整培訓的指導者，你需要查明他們在合格執行師及高級執行師的層次上，接受過全面的 NLP 培訓，而且接受過 NLP 教練的具體培訓。

由於教練技術是目前最受歡迎的技術，我們懇請你小心謹慎，務必檢查他們的證書。目前，這是購買課程者需要注意的事情。因此，你可能要聯繫國際教學研討會（ITS），其培訓主席是伊恩‧麥克德莫特。國際教學研討會開創了 NLP 教練培訓技術，並且擁有所有經過培訓的教練清單，這些資料可以從網站上獲取。

許多開始採用一些 NLP 策略的人意識到，NLP 極其有用，而且能夠使他們對 NLP 提供的任何策略更加熟練。如果你想知道更多關於 NLP 的資訊，現有很多可用的書籍。我們已將其中一些收錄在參考書目裡。因為 NLP 是以技能為基礎的，所以你可以在實際操作訓練中快速學到很多。這些訓練會提供將所學方法付諸實踐的機會。

國際教學研討會是世界上少數幾個知名的 NLP 培訓機構。它在 NLP 全面培訓方面於英國市場上位居前列，側重於 NLP 的實際應用。國際教學研討會提供了數量眾多的短期課程及整套專案，包括合格執行師、高級執行師和教練技術文憑培訓。在這裡，伊恩‧麥克德莫特和全世界最好的國際 NLP 培訓人員會對你進行培訓。

若要獲取更多關於教練技術和 NLP 的資訊，請造訪國際教學研討會的網站，上面有很多文章以及所有培訓和 ITS 教練清單的詳細內容。如果想獲得免費的最新資訊，你也可以使用電子郵箱。請登陸網站並留下你的電子郵件地址。

若想與伊恩・麥克德莫特主席取得聯繫，或者獲取更多關於教練技術或培訓的資訊：

ITS 網站：www.itsnlp.com

Email: info@itsnlp.com


若想獲取免費的宣傳手冊，請與國際教學研討會聯繫：

英國國內：01268 777125　傳真：01268 777976

國外：+44 1268 777125　傳真：+44 1268 777976

您也可以與溫蒂・賈珂聯繫：

E-mail: wendyandleo.jago@virgin.net

# 參考書目

關於教練技術的書籍越來越多，而且關於 NLP 的書籍也有數百本之多，因此我們將其匯總成以下的條目。NLP 標題摘自伊恩‧麥克德莫特的著作，他的書籍涵蓋了許多關鍵的領域。我們已經將這些進行了主題分類，以便你能夠根據興趣來查閱。

## 教練技術

*Coaching: Evoking Excellence in Others*, James Flaherty, Butterworth, Heinemann, Boston, 1999

*The Inner Game of Tennis*, W.Timothy Gallwey, Random House, New York, 1974

*The Inner Game of Work*, W.Timothy Gallwey, Random House, New York, 2000

*A Simple Way*, Margaret Wheatley and Myron Kellner-Rogers, Berret-Koehler, San Francisco, 1996

*Coaching for Performance*, John Whitmore, Brearley, London, 1992

*Co-Active Coaching*, Laura Whitworth et al, Davies-Black, Palo Alto, California, 1998

*Your Inner Coach*, Ian McDermott & Wendy Jago, Piatkus, London, 2003

## NLP

· **NLP 入門**：

*Way of NLP*, Joseph O'Connor & Ian McDermott, Thorsons, London, 2001

*First Directions NLP*, Joseph O'Connor & Ian McDermott, Thorsons, London, 2001

· **NLP 個人應用**：

*Manage Yourself, Manage Your Life*, Ian McDermott & Ian Shircore, Piatkus, London, 1999

· **NLP 與商業：**

*Practical NLP for Managers*, Ian McDermott & Joseph O'Connor, Gower, London, 1996

NLP and the New Manager, Ian McDermott & Ian Shircore, Texere, London, 1998

· **NLP 與健康：**

*NLP and Heath*, Ian McDermott & Joseph O'Connor, Thorsons, London, 1996

· **NLP 與治療：**

*Brief NLP Therapy*, Ian McDermott & Wendy Jago, Sage, London, 2001

· **系統方面：**

*The Art of Systems Thinking*, Joseph O'Connor & Ian McDermott, Thorsons, London, 1997

# 謝詞

我們要感謝 NLP 的創始人理查‧班德勒和約翰‧葛瑞德，以及其他開發者，他們為當今世界聞名的 NLP 領域做出了巨大貢獻。同樣的，我們要向提摩西‧高威和所有推動當今教練技術發展的人們致敬。

特別感謝我們的朋友兼同事揚‧埃爾夫萊恩（Jan Elfline），我們與他一起度過了許多有益的時間，探索並發展 NLP 與輔導的關係。

最後感謝 Piatkus 出版社的吉爾‧貝利（Gill Bailey）進行這個專案，以及明智的編輯回饋。我們也感謝所有編輯團隊改善了本書的內容。

**NLP 實踐指南：人生幸福和事業成功的全面指導**
The NLP Coach: A Comprehensive Guide to Personal Well-Being & Professional Success

作　　　者———伊恩‧麥克德莫特（Ian McDermott）、溫蒂‧賈珂（Wendy Jago）
譯　　　者———張小孬、李曉岩
封面設計———江孟達
內文設計———劉好音
特約編輯———洪禎璐
責任編輯———劉文駿
行銷業務———王綬晨、邱紹溢、劉文雅
行銷企劃———黃羿潔
副總編輯———張海靜
總　編　輯———王思迅
發　行　人———蘇拾平
出　　　版———如果出版
發　　　行———大雁出版基地
地　　　址———231030 新北市新店區北新路三段 207-3 號 5 樓
電　　　話———（02）8913-1005
傳　　　真———（02）8913-1056
讀者傳真服務—（02）8913-1056
讀者服務 E-mail—andbooks@andbooks.com.tw
劃撥帳號　19983379
戶　　　名　大雁文化事業股份有限公司
出版日期　2024 年 12 月 初版
定　　　價　660 元
Ｉ Ｓ Ｂ Ｎ　978-626-7498-49-1
有著作權‧翻印必究

國家圖書館出版品預行編目資料

NLP 實踐指南：人生幸福和事業成功的全面指導／伊
恩‧麥克德莫特（Ian McDermott）、溫蒂‧賈珂（Wendy
Jago）著；張小孬、李曉岩譯 . – 初版 . – 新北市：如果
出版：大雁出版基地發行, 2024. 12
面；公分
譯自：The NLP Coach: A Comprehensive Guide to Personal
Well-Being & Professional Success
ISBN 978-626-7498-49-1（平裝）

1. 自我肯定 2. 自我實現 3. 生活指導 4. 成功法

177.2　　　　　　　　　　　　　113016611